Cornelia Wrege

Pappkarton-papier (braun), Ölpastellkreide, Kartoffeln

Zu diesem Buch

Hassan, fünf Jahre alt, wirft einen Stein auf einen israelischen Soldaten. Der packt ihn und fragt: «Wer hat dir befohlen, Steine zu werfen?» Hassan: «Mein Bruder Hussein.» – «Und wo ist dein Bruder Hussein?» – «Zu Hause.» Der Soldat, froh, einen der jugendlichen Rädelsführer endlich verhaften zu können, läßt sich zu dessen Haus bringen. Dort findet er Hussein. Hussein ist sechs Jahre alt.

Geschichten wie diese werden im Gaza-Streifen wieder und wieder erzählt, bis sie zu Legenden geronnen sind. Und doch: Die Schebab, die palästinensischen Kinder und Jugendlichen, sind zu den Helden und einer neuen Macht in der Intifada, dem Aufstand gegen die israelische Besatzung, geworden. Sie spielen «Juden» und «Araber», sie kämpfen für «Würde» und «nationale Ehre», sie organisieren politische Demonstrationen und hängen provozierend die verbotene palästinensische Fahne über Stromleitungen. «Wir werfen Steine auf die Juden», erzählt Tarik, elf Jahre alt, der in dem Ruf steht, einer ihrer Anführer zu sein. Er kennt die Besatzungsmacht nur als schwerbewaffnete Soldaten, die die Väter und Mütter demütigen, die Brüder und Schwestern schlagen, Krankenhäuser überfallen und Verletzte verhaften, Ausgangssperren verhängen und die Häuser mit Gasgranaten beschießen.

Ivesa Lübben und Käthe Jans, freie Journalistinnen, haben die Menschen im Gaza-Streifen, dem «Soweto Israels» (Amos Oz), aufgesucht. Sie haben «Israels Türken» auf ihrem Grenzgang zwischen zwei Welten, ihrem Arbeitsplatz in Israel und ihrem Zuhause in den Flüchtlingslagern, beobachtet. Sie haben sich von dem Leben in den Gefangenenlagern berichten lassen, in die auch Kinder eingeliefert werden. Wie der zehnjährige Nabil, der Steine wirft, weil er davon träumt, nicht mehr im Dreck und Abfall der Lager spielen zu müssen. Sie erzählen von Arna, der israelischen Jüdin, die nicht vergessen hat, daß sie als Kind noch friedlich mit den arabischen Kindern des Nachbardorfes gespielt hat. Sie haben die palästinensischen Frauen aufgesucht, die in ihren winzigen Innenhöfen kleine Gemüsegärten angelegt haben und die Selbstversorgung untereinander organisieren, Verletzte pflegen und für den Unterhalt der Familie sorgen müssen, wo die Männer verhaftet, verletzt, vertrieben oder getötet worden sind.

Sie alle haben die Angst vor der Besatzungsmacht verloren. Sie fordern ein Leben in Freiheit und Würde, einen eigenen Staat und das Recht auf Rückkehr in ihre Heimatdörfer. Für sie gibt es kein Zurück mehr zu den Demütigungen des Lebens vor dem Aufstand: «Die Israelis wollen, daß wir schweigen. Aber wir schweigen nicht. Sie verhindern, daß Mehl und Gemüse ins Lager gebracht werden. Dann bauen wir eben Gemüse auf unserem Boden an. Wir sind gewöhnt, mit wenig auszukommen. Selbst wenn wir nichts als Salz haben, leben wir. Wenn nötig, werden wir auch Steine essen. Den Gefallen aufzugeben, tun wir ihnen nicht.»

Ivesa Lübben / Käthe Jans

Kinder der Steine

Vom Aufstand der Palästinenser

rororo

Rowohlt

rororo aktuell – Herausgeber
Ingke Brodersen · Freimut Duve

Originalausgabe

Veröffentlicht im Rowohlt Taschenbuch Verlag GmbH,
Reinbek bei Hamburg, Dezember 1988

Umschlaggestaltung Jürgen Kaffer
(Foto: Chip Hiris / GAMMA, Studio X)
Satz Bembo (Linotron 202)
Gesamtherstellung Clausen & Bosse, Leck
Printed in Germany
980-ISBN 3 499 12556 0

Inhalt

Vorwort

Seit 1967 hält Israel den Gaza-Streifen und die Westbank besetzt. Für viele Israelis – unter ihnen auch der derzeitige Premierminister Shamir – sind sie Teil eines Großisrael, auf die das jüdische Volk einen historischen Anspruch habe. Aber die dort lebenden Palästinenser sind nicht länger bereit, sich mit der israelischen Besatzung abzufinden.

Ein Zwischenfall am Grenzübergang Erez, bei dem ein israelischer Lastwagen zwei Autos mit palästinensischen Arbeitern rammte und dabei vier Palästinenser tötete, war der letzte Anstoß: Seit dem 8. Dezember 1987 befindet sich die palästinensische Bevölkerung in den besetzten Gebieten im Aufstand. Die «Intifada» nahm ihren Anfang mit Demonstrationen der Kinder und Jugendlichen, hat sich aber längst zum Volksaufstand ausgeweitet, an dem alle beteiligt sind.

Der israelische Verteidigungsminister Rabin gab dem Aufstand anfangs nur wenige Tage, dann würden die kampferprobten israelischen Soldaten schon wieder Herr der Lage sein. Doch weder der gezielte Einsatz von Schußwaffen noch die sogenannte Politik der Knochenbrüche, weder Massenverhaftungen noch Ausgangssperren haben den Widerstand der Palästinenser brechen können. Jeder weitere Tote löste – als Märtyrer betrauert – nur neue Demonstrationen aus. Die Angst vor dem Sterben ist längst einer kollektiven Wut gewichen.

Volkskomitees haben heute im Gazastreifen das Sagen und organisieren das Alltagsleben. Eine «vereinigte nationale Führung des Aufstands», zusammengesetzt aus den wichtigsten palästinensischen Organisationen, bestimmt die Gesetze des Aufstands. Sie senkt Mieten, veröffentlicht Listen israelischer Waren, die nicht mehr gekauft werden dürfen, bestimmt die Ladenöffnungszeiten und kann selbst die von der Besatzungsmacht eingesetzten palästinensischen Bürgermeister zum Rücktritt zwingen. Durch systematische Razzien versucht die israelische Regierung ihrer habhaft zu werden – bisher ohne Erfolg.

Heute, fast ein Jahr nach Beginn des Aufstands, ist jede Familie in der ein oder anderen Form zum Opfer der israelischen Maßnahmen geworden. Jede hat Tote zu betrauern oder Verwundete zu beklagen, die Frauen haben Fehlgeburten infolge von Gaseinsätzen erlitten. Hausdurchsuchungen, bei denen israelische Soldaten wahllos mit CS-Gaspatronen um sich werfen, gehören zum Alltag, und die Söhne, Brüder und Ehemänner sitzen im Gefängnis. Diese Opfer sollen nicht umsonst gewesen sein.

Wir wollten mehr über die Menschen wissen, die diesen Aufstand machen, die ihr Leben riskieren, um ihr Recht auf Heimat und einen eigenen palästinensischen Staat zu erlangen. Wir wollten ihre ganz persönlichen Motive dabei kennenlernen, von ihrer Vergangenheit und ihren Träumen von einer anderen Zukunft erfahren.

Wir beschäftigen uns schon seit Jahren mit dem Nahost-Konflikt. Eine von uns beiden war 1984 nach Damaskus gegangen, um Arabisch zu studieren und hatte ein Jahr in dem größten Palästinenserlager Syriens, Yarmuk, einem schmutzigen Vorort von Damaskus, gelebt.

Wenn ich von der Schule kam, liefen mir die Nachbarskinder entgegen, die Frauen luden mich zum Essen ein, damit ich meine Zeit nicht mit Hausarbeit vergeude, und während des Lagerkriegs im Libanon zwischen der schiitischen Amal und palästinensischen Fedajin kamen selbst die Männer, um zu erfahren, was die ausländischen Zeitungen über den Lagerkrieg schrieben.

Erst durch die enge Freundschaft zu meinen Nachbarn begriff ich, was es für den einzelnen bedeutet, Palästinenser zu sein. Täglich wird der Palästinenser daran erinnert, was es heißt, Palästinenser zu sein: Er fühlt sich als Faustpfand politischer Machtinteressen im Nahen Osten. Er kann jeden Tag verhaftet werden, weil die PLO sich mit irgendeinem arabischen Regime erzürnt hat – wenn der Konflikt beigelegt ist, wird er wieder freigelassen. Er kann morgen wieder gezwungen sein, sich von der Familie zu trennen. Ständige Verhöre durch Geheimdienste gehören zum palästinensischen Alltag in den besetzten Gebieten genauso wie in den arabischen Ländern.

Da war zum Beispiel Abu Nasser, der fast sein ganzes Leben lang von Frau und Kindern getrennt war. Nach der Geburt seiner Töchter war er von Jordanien nach Gaza gegangen, um sich der dortigen Guerilla anzuschließen. Er wurde verhaftet und in Israel zu acht Jahren Gefängnis verurteilt. Wieder zurück in Jordanien, wurde er vom jordanischen Geheimdienst verhaftet und mußte das Land verlassen. Seine Familie blieb in Jordanien. Er darf nicht nach Jordanien reisen, und seine Familie erhält wegen seiner politischen Aktivitäten kein Ausreisevisum. Oder Mona, die zwei kleine Söhne hat, drei und fünf Jahre alt. Sie war 1982, nach der israelischen Libanon-Invasion, nach Syrien geflohen. Aber bis heute sind sie und ihr Mann bei der UNWRA, der

UNO-Hilfsorganisation für palästinensische Flüchtlinge, im Libanon registriert. Ihre Söhne haben deshalb keinen Ausweis, weil die UNWRA in Syrien nicht für sie zuständig ist. Ihr Ältester müßte 1989 eingeschult werden, aber keine Schule in Syrien nimmt Kinder auf, die sich nicht ausweisen können.

Der fünfzehnjährige Nasser wollte mich immer auf seine Schulausflüge mitnehmen. Eines Tages verschwand er. Einige Wochen später erhielten seine Eltern die Nachricht, er sei im Flüchtlingslager Schatila gefallen. Er war zu den Fedajin, der palästinensischen Guerilla, gegangen. Und als Schatila durch die schiitische Amal belagert und ausgehungert werden sollte, war es seine Aufgabe gewesen, die Milizen durch Vortäuschung einer Schießerei von den Lastwagen abzulenken, die Lebensmittel in das Lager bringen sollten. Er wurde erschossen. Heute hängt sein Bild im Wohnzimmer der Eltern.

In Yarmuk lernte ich auch eine Frau kennen, die mir aufgefallen war, weil sie ihren siebenjährigen Sohn mit ausgeprägter Fürsorge umhätschelte. Sie war aus Schatila. Sie und ihr Sohn waren die einzigen der ganzen Familie, die das unter dem Schutz israelischer Soldaten von libanesischen Falangisten verübte Massaker von 1982 überlebt hatten. Ihr Mann ist noch im Libanon, bei einer der PLO angehörigen Organisation. Die Syrer verbieten ihm die Einreise.

Wenn bei uns das Wort Palästinenser fällt, denken die meisten an bewaffnete Kämpfer und Terroristen. Aber selten stellt sich jemand die Frage, welche Verzweiflung die Söhne und Töchter der palästinensischen Bauern, die 1948 aus ihren Dörfern flüchten mußten, dazu getrieben haben mag, Anfang der siebziger Jahre mit so spektakulären Maßnahmen wie Flugzeugentführungen auf ihr Schicksal aufmerksam zu machen. Kaum jemand bei uns weiß, welche Demütigungen die palästinensischen «Kinder der Steine» im Gaza-Streifen und in der Westbank dazu gebracht haben, mit dem Stein in der Hand heute einen so ungleichen Kampf gegen die schwerbewaffnete Besatzungsmacht zu führen. Für die Palästinenser aber wurden sie, die Schebab, zu den gefeierten Helden des Aufstands, die das jahrzehntelange Joch der Demütigung und der Angst abgeschüttelt und ihnen ihre Würde, ihren nationalen Stolz zurückgegeben haben.

Als wir die Geschichten, die wir gehört und erlebt haben, für dieses Buch aufschrieben, fragten wir uns, wie die Menschen in einer solchen Situation leben können. Während unseres Aufenthalts im Gaza-Streifen haben wir die Situation oft als weniger schlimm empfunden, nicht weil die Maßnahmen der Besatzungsmacht in Wirklichkeit weniger schrecklich gewesen wären, als hier beschrieben, sondern weil die Menschen gelernt haben, damit umzugehen. Wir hatten oft sogar Spaß, zum Beispiel mit den Kindern im Schati-Camp, die uns mit einem manchmal sarkastischen Humor von ihrer Sache überzeugen wollten, wie der zehnjährige Hussein, der uns erzählte, daß Soldaten bei einer Hausdurchsuchung im Haus der Nachbarn eine Lampe zerschlagen hätten und sich fragte, was die Lampe wohl mit dem Aufstand zu tun habe. Sie könne doch gar keine Steine werfen. Oder mit den vier Schwestern Selma, Hanin, Nur und Fida, mit denen wir manchmal bis tief in der Nacht zusammensaßen, Witze machten, Lieder sangen und die uns – jede für sich, ohne daß die anderen es hörten – ihre kleinen Liebesabenteuer anvertrauten. Wenn wir uns mit ihnen heimlich während der Ausgangssperre ins Schati-Camp schlichen, freuten wir uns alle wie Kinder, die israelischen Soldaten überlistet zu haben.

Die Solidarität der Menschen untereinander, das Gefühl, gemeinsam betroffen zu sein, macht das Leiden erträglicher. Der Aufstand ist eine Art Ventil für jahrelang erlebte Frustration. «Wenn wir einen Stein werfen, wollen wir damit die Gefühle ausdrücken, die wir im Herzen haben», sagte der dreizehnjährige Hussein. Genau das macht es den Israelis so schwer, der Lage Herr zu werden.

Unsere Gesprächspartner haben wir uns nicht aussuchen können, sie begegneten uns zufällig. Unter den Bedingungen des Aufstands und der Besatzungsmaßnahmen war es kaum möglich, etwas zu planen.

Häufig genug machten uns Ausgangssperren einen Strich durch die Rechnung, wenn wir uns verabredet hatten. Wir erlebten damit aber auch ein Stück Realität der Intifada.

Namen, persönliche Daten und zum Teil auch die Ortsbeschreibungen haben wir zum Schutz unserer Gesprächspartner verändert, denn inzwischen werden die verschiedenen Volkskomitees, in denen die Palästinenser sich organisiert haben, als terroristische Vereinigungen verfolgt, gleich, ob sie Verletzte versorgen, die Verteilung von Lebensmitteln organisieren oder Demonstrationen vorbereiten. Der israelische Premierminister Shamir hat die Steine zu «tödlichen Waffen» erklärt und damit die israelischen Soldaten offiziell ermächtigt, auf Steine werfende Palästinenser mit scharfer Munition zu schießen.

Bremen, im Oktober 1988

Staatenlos, heimatlos

Geschichten aus einem besetzten Land

Ihr Wolken aus meiner Heimat, regnet nicht über mir.
Ich werde euch mit Feuer beladen und damit werdet ihr weiterfliegen.
In einer Neujahrsnacht werden wir gemeinsam weiterziehen
und die Wolken werden Feuer regnen.

Aus einem Lied von Marcel Khalife

Mit einem arabischen Sammeltaxi, das das graue Nummernschild der Autos aus dem Gaza-Streifen trägt, warten wir in der Schlange an der Militärkontrollstation Erez.

Bewaffnete israelische Soldaten kontrollieren hier die Fahrzeuge, die in den Gaza-Streifen wollen oder ihn verlassen. Auf einem Hochsitz an der Straßenseite sitzt ein israelischer Soldat, das Maschinengewehr im Anschlag.

Hier fand am 8. Dezember 1987 jenes Ereignis statt, das den Aufstand in den besetzten Gebieten auslöste: Ein großer israelischer Armee-Lastkraftwagen rammte zwei Autos, in denen palästinensische Arbeiter aus den Flüchtlingslagern Jabalia und Maghazi im Gaza-Streifen saßen, die auf dem Heimweg von ihrer Arbeit in Israel waren. Vier Palästinenser wurden getötet, sieben weitere verletzt.

Noch am gleichen Tag kam es im Flüchtlingslager Jabalia zu spontanen Demonstrationen aufgebrachter Lagerbewohner. Sie hielten das Ereignis nicht für einen Unfall, sondern für einen geplanten Racheakt für den Tod eines jüdischen Geschäftsmannes aus Tel Aviv, der zwei Tage vorher in Gaza City erstochen worden war. Auch am folgenden Tag bei dem Begräbnis für die getöteten Palästinenser kam es im Jabalia-Camp zu Demonstrationen und Zusammenstößen mit dem israelischen Militär.

Das Jabalia-Camp, in dem etwa 45 000 Menschen leben, ist eines der acht großen Flüchtlingslager im Gaza-Streifen, in denen die Mehrzahl der dort lebenden palästinensischen Flüchtlinge wohnt. Seit Beginn der israelischen Besatzung 1967 hat Jabalia den Ruf, eine Hochburg des palästinensischen Widerstands zu sein.

Die Demonstrationen, Streiks und Auseinandersetzungen mit der israelischen Armee weiteten sich in den Tagen nach dem 8. Dezember sehr schnell auf den gesamten Gaza-Streifen, dann auch auf die Westbank und Ost-Jerusalem zu einem allgemeinen Aufstand der palästinensischen Bevölkerung aus. Heute hingegen scheint ein ruhiger Tag am Militärkontrollposten Erez zu sein, nur wenige Fahrzeuge stehen in der Schlange, die in den Gaza-Streifen fährt. Ein junger israelischer Soldat mit Sonnenbrille und dem Gewehr lässig über der Schulter befragt uns kurz und winkt uns dann durch. An einer Tankstelle an der Straße nach Gaza City steigen wir aus dem Taxi. Von hier wollen wir unsere Freunde in Gaza anrufen, damit sie uns abholen.

Der Tankwart, ein freundlicher junger Mann, macht für uns in dem Raum neben seinem Büro einen Tee, während wir mit unseren Bekannten telefonieren. Die Tankstelle ist ein kleiner würfelförmiger Kasten, der in zwei Räume unterteilt ist. Eines ist das Büro des Tankwarts, mit einem schäbigen Schreibtisch und zwei Stühlen, im zweiten scheint er zu wohnen. Das graue, unverputzte kleine Zimmer ist nur mit einer Matratze, einem Stuhl, einem Kocher und einem Fernseher möbliert. Der junge Mann hat an der islamischen Universität in Gaza Geschichte studiert und von einer besseren Zukunft geträumt, doch alles, was er finden konnte, war dieser schlechtbezahlte Job als Tankwart.

Vielen jungen Leuten in Gaza geht es so wie ihm. Besonders die armen Leute aus den Flüchtlingslagern bemühen sich um eine gute Ausbildung ihrer Kinder, die oft mit viel Mühe von der ganzen Familie finanziert wird – und dann finden viele doch nur eine Hilfsarbeiterstelle, meist nicht einmal in Gaza wie der junge Tankwart, sondern in Israel.

Im Gaza-Streifen gibt es kaum Arbeit für die 650000 Menschen, die sich hier auf einem nur 45 Kilometer langen und 8 Kilometer breiten Streifen drängen – Gaza ist eines der am dichtesten besiedelten Gebiete der Erde. Hier gibt es keine eigene Industrie, und wie die Schwarzen aus den Townships Südafrikas müssen die schlechtbezahlten Hilfsarbeiter aus Gaza täglich zur Arbeit nach Israel fahren, in Israel dürfen sie nicht übernachten.

Die Bewohner des Gaza-Streifens gelten als Staatenlose, sie besitzen keinen Paß, sondern nur eine Kennkarte der UNO, die sie immer bei sich tragen müssen. Für sie ist der Gaza-Streifen wie ein großes Gefängnis, denn nur unter großen Schwierigkeiten erhalten sie von der israelischen Regierung die Genehmigung, ins Ausland reisen zu dürfen – wenn sie Glück haben, denn oft wird die Reisegenehmigung auch verweigert. Und sie wissen nie, ob sie zu ihren Familien zurückkehren können, wenn sie das Land einmal verlassen haben.

Die israelische Besatzung hier ist allgegenwärtig. In der Westbank mit einer mehr ländlichen Bevölkerung gibt es noch abgelegene Dörfer, in die in all den Jahren der Besatzung kaum je eine israelische Militärstreife kam. Im überbevölkerten Gaza-Streifen ist das israelische

Militär dagegen immer und überall präsent. So sehen wir auch gegenüber von der Tankstelle die Zelte eines israelischen Militärlagers, und der Tankwart erzählt uns, wie er jedesmal die Militärfahrzeuge vorbeirollen sieht, wenn wieder einmal Demonstrationen und Auseinandersetzungen von den Israelis befürchtet werden. Er schätzt, daß normalerweise etwa 15000 israelische Soldaten im Gaza-Streifen stationiert sind. Bei Unruhen und Demonstrationen, wie etwa am «Tag des Bodens», kommen nach seinem Eindruck noch bis zu 20000 hinzu.

1948 wuchs die Bevölkerung des Gaza-Streifens innerhalb kurzer Zeit auf das Dreifache an. Damals begannen paramilitärische Einheiten der Zionisten, die Palästinenser aus ihren Heimatorten zu vertreiben. Viele von ihnen kamen in den Gaza-Streifen, wo sie unter elenden Bedingungen in großen Flüchtlingslagern lebten.

Im Juni 1967 besetzte die israelische Armee nach ihrem Sieg über Ägypten und seine arabischen Verbündeten den Gaza-Streifen. Palästinensische Guerillakämpfer machten den Israelis in den ersten Jahren sehr zu schaffen. In dieser Phase der Besatzung, zwischen 1967 und 1971, hatten die Israelis noch versucht, die Palästinenser im Gaza-Streifen zum Verlassen des Gebiets zu bewegen. Sie fürchteten, daß bei einer Annektion des Gaza-Streifens und der Westbank die arabische Bevölkerung genauso groß wäre wie die jüdische.

Da diese Politik nicht sehr erfolgreich war, wurden Ausgangssperren und andere Maßnahmen ergriffen, die aber ebenfalls scheiterten. Die Israelis öffneten daraufhin ihren Arbeitsmarkt für die palästinensischen Arbeiter aus den besetzten Gebieten. Überall im Gaza-Streifen wurden staatliche Arbeitsvermittlungsbüros aufgemacht. Durch die materielle Verbesserung der Lage der Flüchtlinge hoffte die israelische Regierung, dem bewaffneten Kampf die Grundlage zu entziehen. Eine neue Schicht von Hilfsarbeitern entstand im Gaza-Streifen. Das Geld, das die meist jüngeren Arbeiter aus Israel nach Hause brachten, stellte auch die traditionellen Familienstrukturen in Frage, die sich auf die Rolle des Vaters als Ernährer der Familie stützten. Neue Probleme wie Drogen- und Alkoholkonsum stellten sich ein.

Inzwischen ist die israelische Wirtschaft von den billigen Arbeitskräften aus den besetzten Gebieten abhängig, außerdem sind die besetzten Gebiete auch zu einem wichtigen Absatzmarkt der israelischen Industrie geworden.

Wir werden von der Tankstelle abgeholt und fahren nach Gaza City. Der Sitz des Militärgouverneurs ist ein großes weißes Gebäude, von hohen Zäunen und Stacheldraht umgeben. Hinter dem Zaun sieht man kleine Wachhäuschen mit schwerbewaffneten behelmten Soldaten. Der Platz vor dem Gebäude ist so abgesperrt, daß kein Auto nahe heranfahren kann.

Die große Stadt ist eintönig. Wir sehen keine Kinos, keine Restaurants oder Cafés. Auf der Straße begegnen uns nur wenige Autos – ab und zu taucht eine israelische Militärstreife auf –, die Soldaten haben ihre Gewehre schußbereit in der Hand. Wir fahren durch die Altstadt. Die Straßen weisen viele Schlaglöcher auf, die Häuser sind drei-, vierstöckige Kästen mit nackten Betonmauern oder schmutzig-gelbem abblätterndem Putz. Wir sehen nur wenige Menschen auf der Straße, obwohl keine Ausgangssperre herrscht.

Gaza City ist eine uralte Handels- und Hafenstadt. Schon unter dem ägyptischen Herrscher Tutmosis III. (1504 bis 1450 v. Chr.) war sie das Verwaltungszentrum für die Region Palästina. Durch die Jahrhunderte war die Stadt dank ihrer Lage an einer der größten Handelsstraßen zwischen Afrika und Asien ein wichtiges Handelszentrum und ein strategisch wichtiger Ort, der Ägypten mit der Levante verband.

Durch Gaza zogen jahrhundertelang die kriegführenden Heere der großen syrischen und ägyptischen Mächte. Es war Endpunkt der traditionellen Gewürzstraße des westlichen Arabien und das Zentrum des landwirtschaftlichen Handels zwischen dem Nil-Delta und dem Osten. Gaza wurde von Philistern, Assyrern, Griechen und Römern beherrscht. Es war eine Hochburg der Christen und wurde 634 n. Chr. eine der ersten islamischen Städte.

Im 16. Jahrhundert eroberten die Türken die Stadt, im 18. Jahrhundert wurde sie für kurze Zeit von Napoleon besetzt, danach stand Gaza wieder unter türkischer Herrschaft. Nach dem Ersten Weltkrieg kam Gaza – wie ganz Palästina – unter britische Herrschaft. Nach dem israelisch-arabischen Krieg 1948 wurde Gaza und Umgebung ein Auffangbecken für die palästinensischen Flüchtlinge, die aus den Nachbargebieten fliehen mußten.

Heute macht die einst blühende Handels- und Hafenstadt in weiten Teilen eher den Eindruck eines Riesenslums. Armselige Häuser, schlechtgepflasterte Straßen, manche Seitenstraßen bestehen auch nur aus gelbem Sand. Die kleinen Läden, die wir sehen, scheinen alle geschlossen zu sein. Erst beim näheren Hinschauen bemerken wir, daß die Eisentüren oft nur angelehnt sind und manchmal palästinensische Frauen zum Einkaufen hineinschlüpfen. Die Händler sind immer auf dem Sprung, die Läden zu schließen, falls israelische Soldaten kommen. Der einzige Farbfleck in den grauen, staubigen Straßen sind die arabischen Reklameschriften, die über den Läden angebracht sind.

Wir hatten hier brennende Barrikaden, Demonstrationen, Aufruhr erwartet, doch alles scheint ruhig. Erst nach und nach entdecken wir kleine Zeichen des Aufstands: Palästinensische Fähnchen, die mit einem Stück Holz beschwert über die Stromleitungen geworfen wurden. PLO-Parolen mit roter oder schwarzer Schrift an Mauern oder Häuserwände geschrieben. Am Straßenrand sehen wir Reste von verbrannten Gummireifen, in den Seitengassen umgestürzte Müllcontainer, die vor kurzem noch Teil einer Barrikade waren.

Wir halten auf dem Hof des privaten Ahli-Hospitals, an der Tür lernen wir einen der Ärzte kennen. Er führt uns in die Räume, in denen die Verletzten des Aufstands liegen. Wir betreten ein Krankenzimmer mit acht Betten, hier liegen verletzte Kinder. Der Raum ist voller Menschen. Familienangehörige der Kinder umlagern die Betten. Ärzte und Krankenschwestern kümmern sich um die verletzten Kinder.

Wir sprechen mit einem verwundeten Jungen. Er liegt auf der Seite, sein rechtes Bein ist bis zur Hüfte mit Brandwunden bedeckt. «Die Soldaten liefen hinter uns Kindern her, weil wir eine palästinensische Fahne aufgehängt hatten. Dann kamen sie in unsere Straße gestürmt, immer hinter uns her, bis zu unserem Haus. Sie warfen Feuer in unser Haus, und ich erlitt Verbrennungen.»

Die Mutter des neunjährigen Alla erzählt uns, daß der Junge damals mit seinem sechsjährigen Bruder und seiner kleinen Schwester allein zu Hause war. Soldaten warfen Kanister mit Reizgasen in die Wohnräume. Das Gas entzündete sich und verursachte ein Feuer. Alla und seine Schwester erlitten schwere Verbrennungen, der Bruder starb. Um Alla zu schonen, haben ihm seine Eltern noch nicht erzählt, daß sein kleiner Bruder tot ist.

In einem anderen Krankenzimmer lernen wir Abu Samir kennen. Er ist ein kräftiger, wohlgenährter Mann, von Beruf Fleischer und Besitzer eines eigenen kleinen Geschäfts. Er hat Schußverletzungen in beiden Beinen und im Rücken, sie wurden ihm bei Auseinandersetzungen mit israelischen Siedlern und Soldaten zugefügt. Fünf Siedler kamen in einem VW-Bus in seine Straße gefahren. Um nicht erkannt zu werden, hatten die Israelis sich Kuffieh, die typischen «Palästinensertücher», umgehängt und ein Foto von Yassir Arafat in das Frontfenster ihres Fahrzeugs geklebt. Sie stiegen sofort aus und begannen auf die umstehenden Leute zu schießen. Abu Samir rannte, alarmiert durch die Schüsse, aus seinem Laden und fand seinen Vater, seinen Onkel und einen Vetter blutend und schwer verletzt am Boden liegen. Er lief zu seinem Auto, um die Verletzten ins Krankenhaus zu bringen, dabei wurde er von den Siedlern in den Rücken geschossen. Er stürzte und versuchte, kriechend sein Auto zu erreichen. In diesem Augenblick erschienen Soldaten in der Straße, Abu Samir rief einem von ihnen auf hebräisch zu: «Helft mir, ich bin verwundet. Du bist Soldat, rette mich vor den Siedlern.» Doch der Soldat dachte gar nicht daran: «Wir bringen euch alle um», antwortete er dem Verwundeten und schoß ihm in beide Beine. Kurze Zeit darauf kam ein Krankenwagen der UNWRA (UN-Flüchtlingshilfsorganisation). Die Soldaten schossen auf den Fahrer der Ambulanz und verboten ihm, die Verletzten mitzunehmen.

Drei Stunden lagen Abu Samir, sein Vater, sein Onkel und sein Vetter blutend am Boden. Schließlich kam ein Krankenwagen der israelischen Regierung und brachte die Männer fort. Der Onkel, der Vater und der Cousin von Abu Samir waren inzwischen gestorben, er selbst hatte das Bewußtsein verloren. Später erfuhr er, daß bei dem Überfall der Siedler noch ein weiterer junger Mann einen Schuß in die Brust erhielt. Dreißig Männer wurden von den israelischen Soldaten verhaftet.

Trotz seiner schrecklichen Erfahrungen, trotz des Todes von drei Verwandten ist Abu Samir ungebrochen. Er sagt: «Vierzig Jahre hat man uns vergessen, weil wir schwach waren. Nun sind wir stark, weil wir einig sind. Gott wird unsere Märtyrer segnen. 1947 wurde mein Großvater von den Israelis getötet. 1972 töteten sie meinen Onkel im Libanon, nun haben sie mir Vater, Onkel und Vetter umgebracht. Ich bin stolz auf sie, auf das Opfer, das meine Familie für das palästinensische Volk gebracht hat. Wenn meine zehn Kinder mich im Krankenhaus besuchen, bin ich stolz, weil sie sehen, daß ihr Vater in der Intifada verwundet wurde.»

Ein Begleiter erzählte uns später, was uns Abu Samir verschwieg. Sein Vater hatte mit seinem Schlachtermesser einen der Siedler erstochen, der einen palästinensischen Jugendlichen erschießen wollte. Die Siedler, die Abu Samirs Verwandte töteten, kamen aus einer der achtzehn israelischen Siedlungen im Gaza-Streifen.

Die etwa zweitausend israelischen Siedler haben mehr als ein Drittel des gesamten Gaza-Streifens in Besitz genommen, und zwar die schönsten, fruchtbarsten Landstriche mit einem Großteil der Wasserressourcen, die es hier gibt. Während der Wasserverbrauch für die palästinensischen Bauern im Gaza-Streifen schon seit über zehn Jahren rationiert wird, bohrten die israelischen Siedler in den vergangenen Jahren etwa vierzig neue Brunnen und verbrauchen das Vielfache an Wasser, das die Palästinenser verbrauchen dürfen.

Die israelische Siedlungspolitik begann hier nach der Besatzung 1967 sehr viel zögerlicher als in den anderen von Israel besetzten Gebieten. Zwischen 1967 und 1971 war der Gaza-Streifen durch die Aktivität der Fedajin für die Siedler zu gefährlich, in dieser Zeit wurde nur die Siedlung Kfar Darom errichtet.

Zwischen 1971 und 1978 wurden fünf weitere Siedlungen errichtet, alles sogenannte «Nahals», paramilitärische Wehrdörfer, in denen Soldaten den obligatorischen Wehrdienst absolvieren und sich gleichzeitig aus der Landwirtschaft selbst versorgen.

Erst ab 1978 forcierten die Israelis ihre Siedlungspolitik im Gaza-Streifen. Durch das Camp David-Abkommen mußten sie ihre Siedlungen im nördlichen Sinai, die den Gaza-Streifen wie ein Puffer gegenüber Ägypten abschirmten, auflösen. Dafür begannen sie nun verstärkt, neue Siedlungen im Gaza-Streifen zu gründen. Die Regierung wollte damit vollendete Tatsachen schaffen, um die Annektierung des Gaza-Streifens vorzubereiten. Man plante die Siedlungen so, daß sie durch ihre Lage die arabischen Gemeinden voneinander isolierten und damit gemeinsame politische Aktivitäten der palästinensischen Bevölkerung erschwerten. Vier Siedlungsblöcke wurden im Norden, in der Mitte und im östlichen und südlichen Teil des Streifens angelegt.

Die meisten Siedlungen gehören einer der verschiedenen fanatischen, religiös-politischen Gruppen an, die behaupten, daß Gott ihnen in seinem Vertrag «Erez Israel» versprochen habe und sie als auserwähltes Volk ein legitimes Recht auf dieses Land haben.

Der Angriff auf Abu Samirs Familie war nicht der erste dieser Art. Oft schon tauchten Siedler in arabischen Ortschaften auf und erschossen unbewaffnete Palästinenser. Im Gaza-Streifen treten sie allerdings seltener als in der Westbank in Erscheinung, weil es hier für sie gefährlicher ist.

Im Oktober 1987 tötete ein israelischer Siedler das vierzehnjährige palästinensische Mädchen Intisar Attar. Der Mann wurde, wie oft in solchen Fällen, von den israelischen Behörden nicht bestraft. Im Gaza-

Streifen streikte und demonstrierte die empörte palästinensische Bevölkerung damals drei Tage lang.

Häufig setzt die israelische Armee auch Siedler ein, um bei Demonstrationen die Teilnehmer zu mißhandeln und zu bedrohen. Soldaten sperren dann einfach die Straßen vor und hinter den Demonstranten ab und lassen die bewaffneten Siedler auf die Demonstranten los.

Wir besuchen die Familie einer jungen Krankenschwester namens Selma, die uns zum Tee eingeladen hat. Ihr Haus liegt direkt neben dem Flüchtlingslager Schati, über das eine Ausgangssperre verhängt wurde. Selmas Mutter führt uns auf das Dach ihres Hauses. Von hier können wir über die Dächer des Schati-Camps blicken – ein Meer von gewelltem Asbest, mit Betonklötzen beschwert, damit die Winterstürme die leichten Platten nicht forttragen. Das Schati-Camp, auf englisch Beach Camp, grenzt direkt an den Mittelmeerstrand. Es ist eines der acht großen Flüchtlingslager, die über den Gaza-Streifen verteilt sind.

Wegen der Ausgangssperre sind im Lager keine Menschen zu sehen, nur ab und zu patrouillieren Jeeps mit bewaffneten israelischen Soldaten durch die breiteren Hauptstraßen des Lagers.

Aus den kleinen Fenstern der Häuser, die gleich auf der anderen Seite der breiten Sandschneise liegt, die uns vom Lager trennt, winken uns einige Frauen und Kinder zu. Wir grüßen zurück, und Selmas Mutter, eine lebhafte kräftige Frau Ende Vierzig mit einem gutmütigen runden Gesicht, erzählt uns von ihren Nachbarn. Sie kennt sie alle gut, ihre Familie hat bis vor einem Jahr dort drüben im Lager gelebt. In jedem Haus dort findet man ein Opfer der Besatzung, jede Familie hat eines ihrer Mitglieder im Gefängnis sitzen, verletzt im Krankenhaus liegen oder als verschwunden zu beklagen und niemand weiß, wo es steckt.

So war es auch mit Mohamed. «Dort drüben in dem Haus wohnt Mohamed mit seiner Familie.» Selmas Mutter deutet auf eines der kleinen Häuschen im Flüchtlingslager.

Soldaten kamen eines Tages in Mohameds Haus und fragten ihn: «Wo ist deine Mutter?» Als die Mutter kam, fingen sie an, ihn vor ihren Augen mit Schlagstöcken zu verprügeln. Die Frau flehte sie an aufzuhören, aber die Soldaten beschimpften sie: «Halt die Klappe, du Eselin, du Tier.» Und sie schlugen weiter. Nachdem sie ihn immer wieder auf den Rücken geschlagen hatten, nahmen sie Mohamed schließlich mit in das Gefangenenlager Ansar II in Gaza City. Aber dort wollte man ihn nicht behalten, weil er sehr schwer verletzt war.

Da fuhren die Soldaten ihn weit weg in die Negev-Wüste und ließen ihn dort einfach liegen. Dort lag er, unfähig, sich zu bewegen, der prallen Sonne ausgesetzt, bis eine Beduinenfrau ihn entdeckte, die dort in der Gegend Schafe hütete. Die Beduinen brachten ihn nach Beerscheva ins Krankenhaus.

Das Krankenhauspersonal konnte seine Identität nicht feststellen, denn er lag im Koma, und die Soldaten hatten ihm seine Brieftasche mit Ausweis und Geld gestohlen. Seine Familie machte sich inzwischen große Sorgen und suchte ihn überall. Sie informierte das Rote Kreuz, das sich bei den Israelis erkundigte, aber die erklärten, sie wüßten von nichts. Seine Angehörigen fragten überall in den Krankenhäusern nach und erkundigten sich auch bei Palästinensern, die aus dem Gefängnis entlassen wurden, ob sie ihn gesehen hätten. Schließlich fanden sie ihn. Inzwischen ist er wieder zu Hause, aber er ist heute querschnittgelähmt. Mohamed ist 22 Jahre alt und Vater von drei kleinen Kindern.

Selmas Mutter erklärt uns: «Rabin ist verantwortlich für diese ganzen Prügeleinsätze der Soldaten. Er befiehlt ihnen, den Schebab [palästinensischen Jugendlichen] den rechten Arm und das rechte Bein zu brechen, damit sie keine Steine mehr werfen und keinen Widerstand mehr leisten können.

Inzwischen schlagen sie ja sogar die Mädchen und ziehen sie an den Haaren. Das ist doch unmenschlich. Sie sagen ihnen schmutzige Worte. In drei Familien im Schati-Camp haben Soldaten versucht, Frauen zu vergewaltigen. Sie stehlen ihnen ihren Schmuck und beleidigen sie.»

Selmas Mutter zeigt auf ein anderes Haus im Lager. «Der Sohn unseres Nachbarn dort drüben wurde in seiner Hochzeitsnacht verhaftet. Die Feier war gerade zu Ende, und Bräutigam und Braut gingen in das Schlafzimmer. Soldaten kamen und nahmen ihn einfach mit, und bis heute weiß keiner, was mit ihm passiert ist. Seine Braut trägt seit diesem Tag schwarz.»

Selmas Mutter hat große Angst um ihren jüngsten Sohn, der zwölf Jahre alt ist. Vor kurzem wurde er schon einmal von den Soldaten geschlagen. An diesem Tag hatten die Israelis den Leuten verboten, in die Moschee zum Beten zu gehen. Daraufhin breiteten die Schebab ihre Gebetsteppiche neben den Häusern aus. Soldaten, die mit Ferngläsern in höher gelegenen Häusern postiert waren, sahen das. Sie kamen und fingen an, den Bruder von Selma zu schlagen. Die Mutter wollte ihn schützen und beschimpfte die Soldaten. Die Soldaten befahlen ihr, ins Haus zu gehen. Als sie sich weigerte, ihren Sohn allein zu lassen, fesselten sie ihn und nahmen ihn mit. Sie fuhren mit ihm durch das Schati-Camp, schlugen ihn noch einmal und ließen ihn dann am Strand liegen. Dort wurde er gefunden und nach Hause gebracht. Er bekam viele Schläge auf den Kopf, deswegen wird ihm jetzt oft im Stehen schwindlig. Die Familie traut sich aber nicht, ihn ins Krankenhaus zu bringen, weil sie Angst hat, er könnte dort verhaftet werden.

Seine Mutter hat immer Angst um ihn: «Er ist jetzt zwölf, und ich habe Angst, daß eines Tages die Soldaten kommen und ihn mitnehmen. Meine beiden älteren Söhne leben im Ausland, sie sind nicht bei mir. Er ist der einzige, der mir geblieben ist.»

Auch heute – vierzig Jahre nach ihrer Vertreibung – lebt die Mehrheit der Flüchtlinge im Gaza-Streifen noch in den acht großen Flüchtlingslagern.

Als sie 1948 hierherkamen, waren die meisten – 65 Prozent – Landarbeiter, nur 18 Prozent der Flüchtlinge besaßen eine Ausbildung und weitere 17 Prozent waren Grundbesitzer, Handwerker oder Akademiker. Aber jeder Quadratmeter fruchtbaren Bodens war schon vor Ankunft der Flüchtlinge von den einheimischen Bauern intensiv bearbeitet worden. Es war unmöglich, für Tausende von Arbeitern und Bauern im Gaza-Streifen Verdienstmöglichkeiten zu schaffen.

Um die Flüchtlinge, die meistens nur mitbrachten, was sie am Leib trugen, wenigstens mit dem Nötigsten zu versorgen, damit sie nicht verhungerten, gründeten die Vereinten Nationen die UNWRA, das Hilfswerk für palästinensische Flüchtlinge (United Nations Works and Relief Agency), sie brachte die Flüchtlinge erst mal notdürftig in Zelten unter und versorgte sie mit Lebensmitteln. Monatliche Ration für einen Flüchtling war damals: 1 Kilo Mehl, 600 Gramm Zucker, 600 Gramm Hülsenfrüchte, 500 Gramm Reis, 375 Gramm Öle und Fette. Im Winter gab es noch zusätzlich 300 Gramm Hülsenfrüchte und 400 Gramm Mehl. Außerdem bekamen sie Kerosin zum Kochen und für die Lampen, denn es gab keine Elektrizität in den Lagern.

Die Zelte, in denen anfangs ganze Familien leben mußten, wurden später durch winzige Einraum-Häuschen abgelöst, in denen jeweils eine Großfamilie unterkam. Diese Flüchtlingslager wurden bald eine Brutstätte der Verzweiflung, Bitterkeit und ohnmächtigen Wut, die

die Flüchtlinge immer wieder dazu brachten, die Waffenstillstandsvereinbarungen zu brechen und über die Grenze in ihre Heimat zurückzukehren. Die meisten schlichen nachts hinüber, um ihr Land, die Reste ihres Hauses, ihren Orangenhain wiederzusehen, von dem sie einige Früchte «stahlen» und mit ins Lager brachten. Einige wollten aber auch auf eigene Faust Rache nehmen und versuchten, eine Handgranate auf eine israelische Siedlung zu werfen, die auf den Trümmern ihres Dorfes errichtet war.

Viele dieser «Infiltranten» wurden von den paramilitärischen israelischen Einheiten der Israelis erwischt und erschossen. Ihre Leichen wurden zurückgebracht in den Gaza-Streifen.

In den ersten Jahren nach der israelischen Besatzung waren die Lager dann Ausgangspunkt der Guerillaaktionen der Fedajin. Die israelische Armee beantwortete diese Aktionen schon damals mit wochenlangen Ausgangssperren, vor allem in den Flüchtlingslagern. So stand das Schati-Lager vom 2. Januar bis zum 14. Februar 1971 ununterbrochen unter Ausgangssperre. Männer, Frauen und Kinder wurden verprügelt, und in vielen Fällen wurden ihnen die Knochen gebrochen. Lastwagen mit Palästinensern wurden auf die Sinai-Halbinsel in große Konzentrationslager gebracht, in denen Frauen, Kinder und Männer getrennt untergebracht wurden. Sie hießen Nakhl, Abu Zu' Aiman und Kusseimah, und die Menschen, die dort in völliger Isolation gefangengehalten wurden, wurden des Verbrechens bezichtigt, Verwandte von mutmaßlichen Fedajin zu sein.

Um den Widerstand der Palästinenser zu brechen, wollte die israelische Regierung schon mehrmals die Flüchtlinge umsiedeln. In den siebziger Jahren sollten 300000 Menschen nach dem Rehovot-Plan in die Westbank umgesiedelt werden. Ein anderer Plan sah vor, die Palästinenser nach El Arish auf die Sinai-Halbinsel umzusiedeln.

Aber außer zu Beginn der Besatzung, in den Jahren 1967 und 1968, als zwischen 60000 und 100000 Menschen aus dem Gaza-Streifen flohen, gelang es den Israelis nicht, eine große Anzahl der Bewohner zu vertreiben. Flüchtlinge, die bereit und finanziell in der Lage sind, die Lager zu verlassen, bekommen von der israelischen Verwaltung für 99 Jahre gepachtetes Land zur Verfügung gestellt. Dort sollen sie selbst oder die israelische Verwaltung für sie Wohnungen errichten. Sie müssen allerdings den Bau der Wohnungen und die Erschließungskosten für das Land (Straßen, Wasser- und Elektroleitungen) selbst bezahlen. Bedingung dafür, an diesen Regierungsprojekten teilnehmen zu können, ist die Zerstörung ihrer alten Behausung im Lager. Damit soll verhindert werden, daß andere Lagerbewohner die Häuser mitnutzen und ihr Leben so erträglicher gestalten.

Diese Siedlungsprojekte sollen auf lange Sicht die Zahl der offiziellen Flüchtlinge verringern, die das Recht auf Rückkehr in ihre Heimat haben. Sie sollen auf kurze Sicht die wenigen finanzkräftigeren Flüchtlinge abziehen und die Lager noch mehr gettoisieren. Bisher hatten diese Pläne aber noch nicht viel Erfolg, nur etwa 10000 Familien haben an diesen Umsiedlungsprogrammen teilgenommen.

Abends besuchen wir den Vorsitzenden des Roten Halbmonds von Gaza Dr. Haider Abd El-Schafi. Dr. El-Schafi ist Arzt und seit Jahrzehnten ein bekannter und geachteter Verfechter der palästinensischen Sache. Das brachte ihm auch schon manchen Ärger mit den Israelis ein. Ihm wurde verboten, in Regierungskrankenhäusern zu arbeiten, und er darf sich nicht außerhalb von Gaza bewegen.

Der Rote Halbmond ist eine gemeinnützige Vereinigung, die versucht, die schlechte Gesundheitsversorgung der palästinensischen Bevölkerung zu verbessern. Doch auch bei dieser Arbeit werden den Mitarbeitern des Roten Halbmonds viele Schwierigkeiten in den Weg gelegt. Zum Beispiel wurde ihnen nicht erlaubt, neben den drei ambulanten Behandlungszentren und den drei Zahnkliniken, die sie unterhalten, noch eine weitere stationäre Klinik einzurichten. Auch die Erlaubnis, im Ausland Geld für ihre Arbeit zu sammeln oder bereits gesammeltes Geld für den Kauf medizinischer Geräte zu verwenden, wird ihnen oft ohne Angaben von Gründen verweigert. Dabei können die israelischen Behörden die Verwendung der Gelder genau überprüfen. So wird schon die Arbeit einer humanitären Organisation scharf überwacht und durch viele Restriktionen behindert.

An eine legale politische Arbeit ist gar nicht zu denken. In der Westbank gab es immer eine legale politische Vertretung der Bevölkerung durch die Bürgermeister und Gemeinderäte der arabischen Gemeinden. Im Gaza-Streifen dagegen hat es seit den Zeiten des britischen Mandats keinen gewählten Bürgermeister mehr gegeben.

In den siebziger Jahren war Raschad El-Schawwa, Oberhaupt einer der reichsten Familien im Gaza-Streifen, für einige Jahre von den Israelis ernannter Bürgermeister. Er besaß aber nicht das Mandat und die Zustimmung der Bevölkerung und galt als Kollaborateur und Freund der jordanischen und der ägyptischen Regierung.

Auch jede andere Art von politischer Organisierung (wie zum Beispiel Gewerkschaften) wurde von den Israelis entweder völlig verboten oder mit großen Restriktionen belegt.

Im Gegensatz zur palästinensischen Bevölkerung in der Westbank, die schon unter jordanischer Herrschaft aus Protest gegen die Unterdrückung durch den jordanischen König wirkungsvolle politische Organisationen entwickelt hatte, besaßen die Palästinenser im Gaza-Streifen bis 1967 wenig Organisationsstrukturen, auf die sie zurückgreifen konnten. Sie hatten zwar eine Tradition des bewaffneten Kampfes, aber keine Organisationen, die größere Teile der Bevölkerung repräsentierten, hatten sie unter ägyptischer Herrschaft doch weitgehend darauf vertraut, daß die arabischen Brüder und vor allem der ägyptische Präsident Nasser, der ein engagierter Verfechter der panarabischen Idee war, ihre Interessen schon vertreten würde.

So spielte sich die politische Arbeit und Organisierung im Gaza-Streifen weitgehend im Untergrund ab. Die isolierte Lage des Gaza-Streifens und die Staatenlosigkeit seiner Bewohner machten es der israelischen Besatzungsmacht leicht, jede legale politische Organisierung und sogar kulturelle Arbeit wie Ausstellungen, Musikveranstaltungen und Bildungsveranstaltungen zu unterdrücken.

Das brachte eine Gesellschaft hervor, in der sich die Menschen auf ihre alten Traditionen und auf die Religion zurückziehen mußten, um ihre Identität gegenüber den Besatzern zu wahren.

Mutter Palästina
Ein Volk im Exil

An der Grenze hielten sie mich an.
Sie sagten sie wollen meinen Ausweis.
Ich sagte: Mein Ausweis ist in Jaffa,
meine Großmutter hält ihn versteckt.
Als sie meine Worte hörten, teilten sie sich.
Die einen nahmen die Peitsche
und die anderen fragten mich: Wohin?
Ich sagte: Nach Palästina.
Da rissen sie mich in zwei Hälften.
Die eine blieb an der Grenze,
die andere wurde von den Armen der Großmutter
umschlungen.

Aus einem Lied von Marcel Khalife

Abu Farid, 54 Jahre alt, lebt im Schati-Camp. 1948 kam er in den Gaza-Streifen: «Während des britischen Mandats waren viele Juden nach Palästina gekommen. Sie trainierten sich militärisch und bewaffneten sich. Den Palästinensern war das verboten. Jeder Palästinenser, der eine Waffe trug, wurde bestraft. 1948 endete das britische Mandat. Ich war damals vierzehn Jahre alt. Wir lebten in Falluja. Die Juden griffen unsere Städte und Dörfer an. Falluja wurde umzingelt, sechs Monate lang belagert und bombardiert. Bewaffnete Banden töteten jeden, der versuchte, in dem Dorf zu bleiben – Männer, Frauen und Kinder. Wir versuchten, nach Norden zu entkommen, aber auch dort wurde gekämpft. So zogen wir nach Süden, nach Gaza. Fünfzehn Tage lang irrten wir durch die Gegend, ohne etwas zu essen. Wir hatten nur unsere Kleider am Leib. Wir lebten von dem, was wir unterwegs in den Gärten und Dörfern auf den Bäumen fanden. Manchmal kauften wir etwas Mehl. Dann suchten wir uns ein Metallstück, machten Feuer und buken Brot darauf.

In Gaza lebten wir zunächst unter freiem Himmel in einem Orangenhain, bis es im Winter zu regnen begann. Dann überließ uns eine Familie einen Raum. Später verteilte die UNWRA Zelte. Sie bauten für uns dieses Lager, in dem wir heute noch leben. Anfangs gab es nicht genug Zelte. Manchmal mußten sich zwei oder mehr Familien ein Zelt teilen. Die UNWRA verteilte auch Lebensmittel. Alle vierzehn Tage gab es Mehl, Zucker und Öl. Davon lebten wir jahrelang. Gemüse, Fleisch und Früchte konnten wir uns nicht leisten. Wir hatten kein Geld und keine Arbeit. 1953 begann die UNWRA Häuser zu bauen. Jede Familie bekam ein Zimmer, drei mal drei Meter groß. Dann eröffnete die UNWRA Schulen. Wir gingen barfuß zur Schule. Wir Kinder hatten nur eine Hose und ein Hemd. Das trugen wir die ganze Woche bis Freitag. Freitags wusch unsere Mutter die Kleidung. Wir mußten den ganzen Tag zu Hause bleiben, weil wir nichts anzuziehen hatten.

Wir hatten kaum etwas zu essen und waren immer hungrig. Jeder Schüler besaß nur ein Heft. In das mußte er alles reinschreiben. Ich wollte etwas lernen, aber ich mußte die Schule verlassen und Arbeit suchen, weil wir arm waren. In Falluja hatten wir ein Haus und Land besessen. Wir hatten Weizen, Gemüse und Früchte angebaut, Schafe und Kühe gehalten. Es hatte immer Fleisch und Milch gegeben. Käse machten wir selber. Noch heute sind Reste von Falluja zu sehen: Olivenbäume, Feigen und Kakteen.

Nach der Besatzung 1967 habe ich mein Dorf besucht. Am liebsten wäre ich dageblieben, auch ohne ein Dach über dem Kopf. Aber wir durften nicht lange bleiben. Es ist verboten, dort hinzufahren, und wenn sie uns erwischt hätten, wären wir im Gefängnis gelandet. Wir konnten die Ruinen unseres Hauses noch erkennen, und die Erinnerung kam zurück: dort war unser Haus, dort wohnte der Onkel, hier war die Schule. Und wir fühlten Zärtlichkeit für unser Land.»

Walid ist 32 Jahre alt. Er wurde in Amman geboren, wuchs in Beirut auf und lebt heute in Deutschland. Fragt man ihn, woher er kommt, antwortet er: «Aus Jaffa.» Er hat Jaffa noch nie in seinem Leben gesehen. «Mein Vater stammt aus Jerusalem, aber unsere Familie lebte in Jaffa. Die Verwandten meiner Mutter waren Seeleute, und mein Großvater arbeitete im Hafen. Sie hatten es dadurch einfacher als andere, die fliehen mußten. Sie nahmen ein Boot und fuhren nach Saida in den Libanon. Sie nahmen nicht viel mit, nur etwas Geld, weil sie glaubten, sie würden bald zurückkehren können. Sie ließen alles in Jaffa, Kleidung, Möbel, Haushaltsgegenstände. Mein Vater ging nach Jordanien, kehrte aber später wieder in den Libanon zurück. Wir hatten zunächst die jordanische Staatsangehörigkeit.

In den Schulen waren wir Palästinenserkinder isoliert. Die libanesischen Kinder wollten nicht mit uns spielen. Mein Vater versuchte, uns deswegen einzureden, daß wir Jordanier seien. Die Kinder in der Schule ahnten natürlich, daß wir Palästinenser sind und fragten immer: Seid ihr nun Jordanier oder Palästinenser?

Aber meine Großmutter und meine Tanten mütterlicherseits bestanden darauf, daß wir Palästinenser sind. Oft ging ich nach der Schule zu ihnen. Es war eine reine Frauengesellschaft. Alle meine Onkel waren an den Golf gegangen, um dort Geld zu verdienen. Wenn die Frauen zusammensaßen, sprachen sie über Palästina. Meine Großmutter kramte alte Fotos von meinem Großvater heraus. Er war ein hoher Beamter im Hafen von Jaffa gewesen. Ich fühlte, daß ich Palästinenser bin, aber ich hatte Angst, es laut zu sagen.»

Leila, Ende Dreißig, ist Lehrerin in Tamra, einer palästinensischen Kleinstadt in Israel: «Meine Eltern und mein Großvater flohen 1948 aus dem Dorf Damun, das noch im gleichen Jahr zerstört wurde. Der Onkel meines Vaters floh mit seinen beiden Söhnen nach Libanon. Sie blieben dort. Der eine soll in Nahr-El-Bared leben, von dem anderen haben wir jede Spur verloren. Wir wissen nicht, ob er noch lebt. Wir selbst flohen nach Tamra. Wir kauften Land und bauten ein Haus – aber was für ein Haus! Es war eine Baracke aus Holz und Blech. Mein Vater glaubte, wir würden eines Tages wieder in unser Dorf zurückkehren. Er weigerte sich sogar, Möbel für das Haus zu kaufen. Er sagte immer, wir hätten ja alles in unserem Haus in Damun. Er lebte in der Hoffnung, nach Damun zurückzukehren, bis er krank wurde und starb.

Mein Vater sagte immer alte palästinensische Gedichte auf. Er erzählte, wie unser Volk vertrieben wurde, daß die Palästinenser ein Volk von Flüchtlingen sind, daß wir über die ganze Welt verstreut leben. Er erzählte uns, daß wir Verwandte im Ausland haben und versprach mir, daß ich sie irgendwann einmal kennenlernen werde.

In Tamra weiß jeder genau, wer aus Damun, wer aus Arweith und wer aus Hadatha stammt. Die Flüchtlinge aus den einzelnen Dörfern verhalten sich wie Verwandte zueinander. Wenn jemand aus Damun heiratet, so lädt er alle Leute aus Damun ein. Und wenn jemand aus Damun stirbt, so halten die Männer aus Damun die Totenwache. Selbst in der Politik spielt der Heimatort eine Rolle. Es gibt bis heute noch eine Liste Damun, eine Liste Arweith.»

Drei Palästinenser – drei palästinensische Geschichten. Die Palästinenser sind ein Volk von Flüchtlingen. Während des ersten Nahost-Kriegs 1948 verließ mehr als die Hälfte aller Palästinenser fluchtartig das ehemalige Mandatsgebiet Palästina. Selbst diejenigen, die in dem Gebiet, das am 15. Mai zum Staat Israel proklamiert wurde, blieben, waren zur Hälfte Flüchtlinge – Flüchtlinge im eigenen Land.

Palästinenser leben heute über die ganze Welt verstreut, in Jordanien, im Libanon, am Golf oder in Syrien. Jeder Palästinenser hat obendrein noch Verwandte in den USA und der Bundesrepublik, in Kanada oder Australien. Jede palästinensische Familie ist ein kleines Spiegelbild der palästinensischen Diaspora.

Aber trotz des vier Jahrzehnte währenden Exils ist ihnen die starke Identifikation mit Palästina geblieben. Auch ihre Kinder und Enkel, die in der «Ghourba», der Fremde, geboren wurden, wissen, aus welchem Dorf in Palästina sie stammen, selbst wenn dieses Dorf 1948 dem Erdboden gleichgemacht wurde und heute dort eine jüdische Siedlung steht. Wie kaum ein anderer Araber identifiziert der Palästinenser sich mit seinem Dorf. Ein Palästinenser, der lange unter ägyptischen Bauern gelebt hat, bemerkt: «Ein ägyptischer Bauer nennt auf die Frage, wo er herkommt, nicht etwa den Namen seines Dorfes, sondern der Provinz oder der Provinzhauptstadt. Der Palästinenser nennt zuallererst sein Dorf. Dieser kommt aus Nablus und jener aus Allar. Der Palästinenser liebt seinen Boden auf eine ganz besondere Art. Er streichelt ihn, er riecht ihn, er kennt jeden Quadratmeter, jeden Stein.» Wenn man Palästinenser fragt, wie sie vor 1948 gelebt haben, ist die Antwort immer dieselbe: «Wie im Paradies. Wir waren zwar arm, aber das Land gab uns alles, was wir brauchten.»

Die meisten Palästinenser waren vor 1948 Kleinbauern. Nur ein Fünftel lebte in Städten wie Haifa, Jaffa, Akka oder Jerusalem. Es waren die Bauern, die Widerstand gegen den britischen Kolonialismus und die zionistische Einwanderung nach Palästina leisteten. Sie litten mehr als die Städter unter der Vertreibung. Sie waren es, die in Flüchtlingslager gepfercht wurden, wo ihre Kinder und Enkel bis heute leben.

Das Dorf und die Großfamilie waren die wichtigsten sozialen Bezugsgruppen für den palästinensischen Bauern. Sie gaben ihm soziale Sicherheit und Schutz. Es gab keine schriftlichen Urkunden über Bodenbesitz und keine Katasterämter. Es war die Dorfgemeinschaft, die das Gemeindeland unter den Familien aufteilte und das Nutzrecht der Bauern an ihrem Boden garantierte.

Die Dörfer waren selbstversorgende Einheiten. Das, was man brauchte, wurde selber produziert: Obst und Gemüse, Getreide, Honig und Öl, Fleisch, Milch und Wolle. Im Sommer wurde Dung getrocknet, der im Winter zum Heizen verwandt wurde.

Die vier oder fünf großen Familienclans eines Dorfes waren über Generationen, wenn nicht über Jahrhunderte, immer dieselben. Man verließ das Dorf nicht. Geheiratet wurde unter den großen Familienclans, so daß zwischen allen Dorfbewohnern irgendwelche Verwandtschaftsbeziehungen bestanden.

Jedes Dorf hatte besondere Merkmale. Ein Dorf war berühmt wegen seiner besonders dicken Oliven, ein anderes Dorf wegen der Schönheit seiner Frauen. Die Bewohner des einen Dorfes galten als streitsüchtig, die eines anderen als besonders kämpferisch. Der Dialekt jedes Dorfes hatte seine linguistischen Besonderheiten, und jedes Dorf tanzte seinen eigenen Dabke. Die Herkunft der Frauen konnte man an den Motiven ihrer Trachten erkennen.

Es gab aber auch viele gemeinsame Traditionen der Dörfer untereinander, unabhängig davon, ob es sich um Christen, Moslems oder Drusen handelte. Das Hochzeitszeremoniell, das sich manchmal über Wochen hinzog, war überall das gleiche, nur gaben sich die Christen in der Kirche und die Moslems vor dem Qadi, dem islamischen Richter, im Haus der Braut, das Ja-Wort. Die Moslems feierten zum orthodoxen Osterfest ihren Propheten Musa, und im Karmelgebirge feierten Drusen, Moslems und Christen gemeinsam das Fest des Heiligen Elias.

Ein festes System sozialer Werte und Prinzipien war für alle verbindlich. Die Palästinenser sind bekannt für ihre Gastfreundschaft gegenüber Fremden. Der Muchtar, der Dorfvorsteher, und reichere Bauern unterhalten eine Mudafeh, ein Gästehaus oder wenigstens ein Gästezimmer. In der Mudafeh wird ständig bitterer, mit Kardamon gewürzter Kaffee auf einem Stövchen mit glühender Holzkohle warmgehalten, Symbol dafür, daß die Repräsentanten des Dorfes jederzeit bereit sind, Gäste zu empfangen.

Dorfbeamte wie der Muchtar und der Imam wurden von den Familienclans gewählt. Soziale Unterschiede wurden ausgeglichen. Überschüsse an Obst und Gemüse wurden selten verkauft, meistens an arme Verwandte oder Nachbarn verschenkt. Feiern aus allen möglichen Anlässen boten willkommene Abwechslung zum harten Arbeitsalltag. Das ganze Dorf nahm daran teil. Von einer reichen Familie wurde erwartet, daß sie sich die Bewirtung der Gäste viel kosten ließ. Davon profitierten vor allem die Armen. Die Bauern sparten nicht. Sie konnten darauf vertrauen, daß die anderen ihnen im Fall der Not helfen würden.

Als Schutz vor ausländischen Invasoren und den häufigen Beduineneinfällen versahen die palästinensischen Bauern ihre Häuser mit dicken Außenmauern und bauten sie eng aneinandergeschachtelt auf den Abhängen der Hügel und Berge. Feindliche Eindringlinge wurden mit einem Hagel von Steinen von den flachen Häuserdächern empfangen. Jeder war zur Loyalität der Dorfgemeinschaft gegenüber verpflichtet. Zur Regelung von Zwistigkeiten hatten sie ihre eigenen ungeschriebenen Gesetze. Sie ließen es nicht zu, daß sich jemand von außen in die Angelegenheiten des Dorfes einmischte. «Es kam vor, daß zwanzig Männer nach einem Streit am Boden lagen, aber wenn die Briten kamen, um in der Sache zu ermitteln, dann stellten wir uns ihnen wie ein Mann entgegen», erinnert sich ein Palästinenser.

Die zweite wichtige soziale Gruppe war die Familie, das eigene Haus. Die arabischen Worte Beit oder Dar werden synonym für Haus

Familie benutzt. Im Verband der Großfamilie lebten die unverheirateten Kinder, die Söhne mit ihren Familien, unverheiratete, geschiedene und verwitwete weibliche Angehörige und die Kinder verstorbener Söhne.

In diesen festgefügten sozialen Einheiten lebten die Bauern seit Jahrtausenden in dem Landstrich zwischen Jordan und Mittelmeer. Invasoren kamen und gingen. Das Land wurde von Babyloniern und Persern, Griechen und Römern beherrscht und immer wieder in den Kriegen zwischen den Großmächten zerstört. Aber die Bauern blieben, bauten ihre Dörfer wieder auf. Dabei half ihnen das feste Kollektiv der Dorfgemeinde, auf das sich jeder einzelne verlassen konnte.

Die Palästinenser sehen sich als Nachfahren der altarabischen Stämme, die das Land Kanaan, wie Palästina in der Bibel genannt wird, schon bewohnten, bevor es im 13. Jahrhundert v. Chr. von hebräischen Stämmen erobert wurde. Die Römer nannten das Land Palästina, das Land der Philister. Die Philister waren ein Seefahrervolk, das sich in den Küstenstädten Jaffa, Athlit und Gaza niedergelassen hatte. Sie vermischten sich erst nach Ende der römischen Herrschaft mit den im Landesinnern lebenden Stämmen.

Als die Nachfolger Mohammeds zur Vereinigung der arabischen Stämme unter der neuen Religion des Islam aufbrachen, war Palästina von Byzanz besetzt. Die Eroberung Jerusalems durch die Mohammedaner war in den Augen der Palästinenser eine Befreiung vom byzantinischen Joch. Wirtschaftliche Verbindungen zu den Stämmen der arabischen Halbinsel bestanden schon seit Jahrhunderten. Mit der Religion des Islam übernahmen die Palästinenser schnell das Arabisch des Koran, des neuen heiligen Buches. Das in Palästina gesprochene Aramäisch und das in der Gegend von Mekka und Medina gesprochene Arabisch waren sich sehr ähnlich.

Im 11. Jahrhundert begann erneut ein Jahrtausend der Fremdherrschaft. Seldschuken, Kreuzritter, Mameluken und schließlich die Türken eroberten das Land. Palästina wurde Teil der Provinz Syrien des Osmanischen Reiches.

Aber keiner der fremden Eroberer rührte die Basis der ländlichen Produktion an, den Boden. Das islamische Bodenrecht betrachtet das Land als Eigentum Gottes, das vom Kalifen oder Sultan nur «verwaltet» wird. Das Nutzrecht hatte die Dorfgemeinde. Sie, nicht der Staat, verteilte das Land unter die Familien. Dafür mußten die Dörfer dem Sultan Tribut zahlen. Die Söhne wurden in Kriegszeiten zum Militär eingezogen. Die Steuerbeamten kamen ein- oder zweimal im Jahr zur Erntezeit. Ansonsten wurden die Dörfer wenig behelligt.

Das traditionelle Gleichgewicht zwischen Bauern und Zentralmacht wurde erst in der letzten Phase des Osmanischen Reiches gestört. Dafür gab es zwei Gründe: Die Privatisierung des Bodens und der Beginn der zionistischen Einwanderung nach Palästina. Das Osmanische Reich war verschuldet, und der Sultan brauchte Geld, um seine Schulden an die ausländischen Gläubigerbanken zurückzuzahlen. Er begann, das Staatsland zu einem Spottpreis an arabische Händler, Bankiers und Bodenspekulanten zu verkaufen. Land wurde zum Privateigentum, für den palästinensischen Bauern etwas Unvorstellbares. Für ihn war Land – wie die Luft zum Atmen – Eigentum Gottes, und niemand hatte das Recht, ihm das Nutzrecht auf diesem Land streitig zu machen.

1882 kamen die ersten zionistischen Einwanderer nach Palästina. 1897 beschloß der erste Zionistische Kongreß in Basel die Schaffung einer öffentlich und rechtlich gesicherten jüdischen Heimstätte in Palästina. Der Gründungsvater des politischen Zionismus, Theodor Herzl, suchte dafür die Unterstützung der europäischen Kolonialmächte, erst der Deutschen, dann der Engländer. «Für Europa werden wir dort unten ein Stück des Schutzwalls gegen Asien formen, wir wären der Vorposten der zivilisierten Welt gegen die Barbarei», schrieb Herzl in seinem Buch *‹Der Judenstaat›*. Daß Herzl schon damals die Vertreibung der Palästinenser einkalkulierte, wird in seinen Tagebüchern deutlich: «Die Zionisten müssen sich zunächst in zureichender Weise den Grundbesitz der arabischen Bevölkerung verschaffen. Die Einheimischen sollen unbemerkt über die Grenze in Nachbarländer transportiert werden, nachdem sie zuvor die gröbste Kolonisierungsarbeit im Judenstaat geleistet haben. Den Arabern darf im Judenstaat keine Arbeit gegeben werden; auch ist es der eingeborenen Bevölkerung untersagt, von Juden erworbenes Land zu kaufen», faßt Walter Hollstein Herzls Thesen zusammen.

Nach dem Ersten Weltkrieg übertrug der Völkerbund Großbritannien das Mandat über Palästina. Am 2. November versprach der britische Außenminister Balfour der zionistischen Bewegung, ein jüdisches Nationalheim in Palästina zu errichten. Der erste britische Hochkommissar in Palästina, Sir Herbert Samuel, plante, für die Palästinenser, die infolge der zionistischen Besiedlung ihr Land verlieren würden, in Transjordanien eine Ersatzheimat zu schaffen.

Die jüdischen Siedler kamen nicht in ein «Land ohne Volk», und

Palästina bestand nicht nur aus Sümpfen. Für die palästinensischen Bauern bedeutete die «zionistische Eroberung des Bodens» die Vertreibung von ihrem Land. Die jüdischen Siedlungsgesellschaften kauften das Land meistens von arabischen Bodenspekulanten, die dieses zuvor vom osmanischen Schuldendirektorium gekauft hatten.

So kaufte das zionistische Establishment dem Beiruter Bankier Sursuk 1921 für 282338 Pfund Sterling große Gebiete der Esdraelon-Ebene ab, die Palästina von Haifa bis zur Jordan-Senke durchzieht. Sursuk hatte das Gebiet 1872 für ganze 6000 Pfund von den Türken gekauft. Kaufbedingung war, daß die 21 Dörfer und 8000 Bauern von dort verschwinden müßten. Die Bauern leisteten erbitterten Widerstand, die zionistischen bewaffneten Arbeitsbataillone erhielten Unterstützung seitens der britischen Kolonialpolizei.

Die vereinzelten Widerstandsaktionen der Bauern mündeten schließlich Anfang 1935 in den ersten palästinensischen Volksaufstand unter Ezzedin El-Qassem, den die Palästinenser noch heute als den Che Guevara Palästinas bezeichnen. Das Land könne nur durch einen bewaffneten Volksaufstand der Volksmassen, der Arbeiter und Bauern, vom britischen Kolonialismus befreit werden, der die Hauptverantwortung für die zionistische Landnahme trage. El-Qassem bildete kleine Partisanenabteilungen von je fünf Mann, die sich fast vollständig aus Bauern rekrutierten. Aber der Aufstand, dem die traditionellen städtischen Notablen ihre Unterstützung versagten, wurde von den Briten niedergeschlagen. El-Qassem wurde im November 1935 erhängt.

Die Ruhe hielt nicht lange an. Am 19. April 1936 traten die Palästinenser mit der Forderung nach nationaler Unabhängigkeit in den Generalstreik. In allen Städten und größeren Dörfern entstanden Streikkomitees, die die Widerstandsaktionen koordinierten und die Versorgung der Bevölkerung organisierten. In Nablus beschloß das dortige Komitee beispielsweise die Abschaffung des Geldes. Die Bauern aus den umliegenden Dörfern lieferten alle Überschüsse beim Streikkomitee ab, das die Lebensmittel unter die Streikenden verteilte. So mußte niemand Hunger leiden. Auch der bewaffnete Kampf wurde wiederaufgenommen. Polizei- und Armee-Einrichtungen und zionistische Neuansiedlungen wurden angegriffen, Brücken, Eisenbahngleise und Erdölleitungen gesprengt.

Als die Briten erkannten, daß sie mit dem Aufstand allein nicht fertig werden würden, wandten sie sich an die illegalen, aber inoffiziell tolerierten Einheiten der zionistischen Haganah, Milizen zur Verteidigung der jüdischen Siedlungen, aus denen später die israelische Armee hervorging. Unter der Führung des britischen Geheimagenten Charles Wingate wurden Sonderkommandos, kleine Einheiten unter der Führung britischer Offiziere und jüdischer Unteroffiziere, aufgestellt. Ihre Kampftaktik bestand aus nächtlichen Überfällen auf arabische Dörfer, in denen man Stützpunkte der «Terroristen» vermutete, Häusersprengungen, «Vernichtung von Terroristen», sogenannten «Bereinigungsaktionen». Diese «Special Night Squads» wurden später zu Spezialkommandos der Haganah, verantwortlich für die Zerstörung unzähliger palästinensischer Dörfer.

Von ihren arabischen Brüdern fühlten sich die Palästinenser im Stich gelassen. Emir Feisal, der Führer des «Großen arabischen Wüsten-Aufstands», hatte auf Drängen der Briten 1916 in einem Abkommen mit dem Führer der zionistischen Bewegung, Chaim Weizmann, seine Zustimmung zur Balfour-Deklaration gegeben, in der Hoffnung, daß die Briten seine Bestrebungen, König aller Araber östlich des Suez-Kanals zu werden, unterstützen würden. Antizionismus und ein tiefes Mißtrauen gegen die arabischen Nachbarn, die aus eigenen Machtinteressen Teil der gegen die Palästinenser gerichteten Front zwischen Zionisten und Kolonialmächten geworden waren, prägen bis heute das palästinensische Nationalbewußtsein.

Im November 1947 beschloß die UNO, Palästina in zwei Staaten, in einen jüdischen und einen arabisch-palästinensischen Staat, zu teilen. Entsprechend dieses Teilungsplans wurde dem jüdischen Staat 56,7 Prozent des Territoriums Palästinas zugesprochen, obwohl ihr Bevölkerungsanteil damals nur ein Drittel betrug. Jerusalem sollte unter internationaler Schirmherrschaft verbleiben.

Die Jewish Agency stimmte dem Plan zu, obwohl ihr Vertreter bei den Vereinten Nationen betonte, der Teilungsplan verlange ein großes Opfer von den Juden. Die zionistische Bewegung hatte zwar ihre Ambitionen auf ganz Palästina nicht aufgegeben, aber die Aussicht auf einen jüdischen Teilstaat würde ihr den Zugriff auf Haifa, das damals mehrheitlich von Arabern bewohnt war, und Lydda, das nicht weit von Tel Aviv, aber auf dem Gebiet des geplanten palästinensischen Teilstaates lag, erleichtern, wie Golda Meïr, die spätere israelische Premierministerin, schon damals erkannte. Und so wurde hinter den Kulissen der internationalen Diplomatie eine zweite Teilung Palästinas beschlossen. Zehn Tage vor dem UN-Teilungsbeschluß traf sich

Golda Meïr mit dem damaligen jordanischen Herrscher und Oberkommandierenden der Streitkräfte der arabischen Liga Emir Abdallah. Abdallah meldete eigene Ansprüche auf Palästina an. «Wir erklärten Abdallah», berichtete Golda Meïr dem provisorischen jüdischen Volksrat, «daß wir zwar nicht versprechen können, ihm bei seiner Invasion nach Palästina behilflich sein zu können, ihm aktiven Beistand bei der Verletzung einer solchen UNO-Resolution leisten zu können, aber wenn er uns und die Welt vor fertige Tatsachen stellen würde, so würde das der Tradition unserer Freundschaft nicht im Wege stehen, und wir würden sicherlich eine gemeinsame Sprache in dieser Angelegenheit finden, die in unserem beiderseitigen Interesse läge.» Abdallah verpflichtete sich, bei einem Einmarsch nach Palästina das künftige Staatsgebiet Israels nicht anzugreifen. Im Gegenteil, er zeigte sich sogar bereit, den Zionisten mehr als die UNO von Palästina zu überlassen. Die zwischen Abdallah und Golda Meïr neu verhandelte Grenze entsprach der grünen Linie, die den Kernstaat Israel heute von der Westbank trennt.

Am 14. Mai wurde der Staat Israel proklamiert. Die Unabhängigkeitserklärung legte sich auf keine Grenzen für den neuen Staat fest. Am 15. Mai marschierten jordanische Truppen nach Palästina ein. Abdallah hielt sich an sein Versprechen. Seine Truppen operierten nur in dem Gebiet Palästinas, das entsprechend der Vereinbarung mit Golda Meïr Jordanien zufallen sollte. Um Abdallah nicht allein das Feld zu überlassen, marschierten im Süden Palästinas ägyptische Truppen ein. Von Norden griffen syrische Flugzeuge jüdische Siedlungen an. Die Palästinenser spürten allerdings, daß ihr Schicksal eher ein Vorwand für den arabischen Machtpoker war.

Anfang April begannen die jüdischen Angriffe auf Gebiete des arabischen Teilstaates, die Abdallah der zionistischen Bewegung «überlassen» hatte, der – so Yigal Allon, der Chef der Haganah-Elitetruppe Palmach – «gesäubert wurde, um eine territoriale jüdische Einheit herzustellen». Verbände der extremistischen Gruppe Irgun ermordeten im April 1948 die gesamte Bevölkerung des Dorfes Deir Yassin. Dabei waren die Bewohner von Deir Yassin nicht am Krieg beteiligt, sondern hatten kurz zuvor mit umliegenden jüdischen Siedlungen ein «Friedensabkommen» geschlossen. Deir Yassin war ein kalkuliertes Massaker mit dem Ziel, Angst und Schrecken unter den Arabern zu verbreiten. Menachim Begin, damals Chef der Irgun und später israelischer Ministerpräsident, rechtfertigte das Massaker von Deir Yassin:

«Ohne den Sieg von Deir Yassin hätte es keinen israelischen Staat gegeben.» Deir Yassin diente der psychologischen Kriegführung. Wollte man ein Gebiet «säubern», so verbreitete man die Nachricht, ein neues Deir Yassin sei geplant. Die Menschen flohen in Panik. Wo sie nicht freiwillig gingen, wurde die Bevölkerung ganzer Dörfer und Städte, wie im Fall von Lydda und Ramleh, deportiert.

Die Palästinenser wollten ihr Land nicht verlassen. Sie flohen zunächst innerhalb Palästinas in Orte, die noch von Kampfhandlungen verschont geblieben waren. Viele versuchten, über die Grenze wieder zurückzukehren. Sie wurden erschossen, verhaftet oder deportiert. Von 585 palästinensischen Dörfern wurden 478 dem Erdboden gleichgemacht.

Jeweils 100 000 Palästinenser flohen nach Jordanien, Syrien und dem Libanon, die übrigen in die Westbank und in den Gaza-Streifen. Die Westbank wurde von Jordanien annektiert, der Gaza-Streifen unter ägyptische Verwaltung gestellt. Damit war auch der Rest Palästinas für die Palästinenser verloren.

Für die Flüchtlinge wurden Zeltlager errichtet. Die hygienischen Bedingungen waren katastrophal. Alte Leute und Kinder starben an den Folgen von Unterernährung, Kälte und Durchfallerkrankungen. Hinzu kam das psychologische Trauma. Alles, was ihm wirtschaftliche und soziale Sicherheit gegeben hatte, alles, was für den Palästinenser den Sinn des Lebens ausmachte und Grundlage seiner Identität war, war verloren. Viele Familien waren auf der Flucht getrennt worden. Sie sahen sich nie wieder.

Nur die engen Bindungen zu Verwandten und Nachbarn aus ihrem Dorf, soweit sie sich im Exil wiederfanden, und der Glaube an Rückkehr halfen, mit diesem Trauma fertig zu werden. Wann immer sich Nachbarn und Verwandte auf der Flucht trafen, blieben sie zusammen. Das war ihre einzige Sicherheit. Und bis heute pflegen sie die alten Traditionen.

Walid erinnert sich, wie er als Kind das erste Mal ein Flüchtlingslager im Libanon besuchte:

«Ich hatte das Gefühl, nicht mehr im Libanon zu sein. Die Leute sprachen palästinensische Dialekte. Man konnte sogar heraushören, aus welchem Dorf sie kamen. Sie lebten in einer schizophrenen Situation. Einerseits waren sie im Libanon, andererseits lebten sie weiter so, als wären sie in ihrem Dorf, mit den gleichen Sitten und Gebräuchen. Ich kann mich noch an einen alten Mann aus Majdal-Kroom erinnern.

Früher war er Dorfvorsteher. Jetzt arbeitete er als Straßenkehrer. Es gab andere Leute aus Majdal-Kroom, die als Lehrer arbeiteten. Aber abends, wenn sich die Leute aus Majdal-Kroom versammelten, hatte der Straßenkehrer in allem das letzte Wort, nicht etwa jemand mit einem Hochschulabschluß oder ein Lehrer. Denn er war der Dorfvorsteher.»

Die Flüchtlinge wollten nicht in Syrien, in Jordanien oder im Libanon seßhaft werden. Sie wollten nach Palästina. Als Ende der fünfziger Jahre die UNWRA in Zusammenarbeit mit der libanesischen Regierung feste Häuser in den Camps bauten, zerstörten die Flüchtlinge die Häuser und kippten den Zement auf die Straße. Ein festes Haus war ein Symbol für Seßhaftigkeit.

Die Erinnerung an das Dorf, an Palästina und die Sehnsucht wurden an Kinder und Enkelkinder weitergegeben. Wenn der Palästinenser von Rückkehr redet, meint er mehr, als die Rückkehr zu einem bestimmten Ort. Es ist die Geborgenheit, die Sicherheit, die Rückkehr zu Würde und zu einer eigenen Identität oder, wie es der palästinensische Schriftsteller Fauzi Turki beschreibt: «‹Die Rückkehr› ist der Felsen, auf dem unsere Nation im Exil gebaut ist, sie ist das soziale Gerippe, das unser Volk zusammenhält. Die Sehnsucht nach Rückkehr ist Teil unserer Identität. Als wenn es darum ginge zu sagen: ‹Ich will zurückkehren. Darum bin ich.›»

Die Flüchtlingslager waren für die Palästinenser ein Getto, ein Massengefängnis unter der Kontrolle der Polizei. «Die Palästinenser in den Lagern waren völlig von der Außenwelt abgeschnitten», erinnert sich Walid. «So brauchten wir beispielsweise schon eine Genehmigung, um nur in die Camps hineinzukommen. Die Menschen in den Lagern brauchten selbst dann eine Genehmigung des Geheimdienstes, wenn sie nur ihre Zelte reparieren wollten. Man stelle sich das einmal vor: Im Winter, wenn es regnet und ein Palästinenser ohne Erlaubnis der Polizei sein Zelt repariert, kommt die Polizei und zerreißt es. Unter den Libanesen war es verbreitet zu sagen, man solle in ein Palästinenserlager gehen, wenn man sich mit einer Frau amüsieren will – ich meine nicht die einfachen Libanesen, sondern die Polizei und die Agenten des Geheimdienstes. Sie gingen in die Lager und sagten zu dem erstbesten: Ich will deine Frau oder deine Schwester. Dann mußte der Betreffende ihnen auch noch Arrak besorgen, damit sie sich betrinken konnten.»

Jede Regung palästinensischen Nationalgefühls wurde mit Polizeigewalt unterdrückt. Lehrer, die in der Schule über Palästina diskutierten, erhielten Berufsverbot. Palästinensische Nationalisten wurden verhaftet. Die Palästinenser waren den arabischen Regimen ein Dorn im Auge, erinnerten sie doch ständig an die Niederlage der arabischen Armeen im ersten Nahost-Krieg.

Für die Weltöffentlichkeit waren die Palästinenser «arabische Flüchtlinge», deren Elend es zu lindern galt. Die UNWRA, die gegründet worden war, um das Flüchtlingsproblem durch Integration der Palästinenser in die Gastländer aus der Welt zu schaffen, ermunterte die Flüchtlinge, nach Australien oder Amerika zu emigrieren. Sobald ein Palästinenser sein Flugticket in der Tasche hatte, verlor er seinen Flüchtlingsstatus. Aber die meisten Palästinenser lehnten es ab auszuwandern. Sie zogen es vor, in Armut, aber in der Nähe der Heimat zu leben.

Auch die arabischen Länder spielten ihren Part bei dem Versuch, die palästinensische Identität zu zerstören. Auf Druck Israels und der USA beschloß Ägypten 1955, die Flüchtlinge aus dem Gaza-Streifen in die Sinai-Wüste umzusiedeln und dort «seßhaft» zu machen. Ähnliche Projekte gab es in Syrien. Jordanien machte die Palästinenser in der Westbank, wie auch die Flüchtlinge zu jordanischen Staatsbürgern, um damit den Herrschaftsanspruch auf die Westbank zu untermauern. Politische Aktivität war den Palästinensern untersagt.

An palästinensischen nationalen Gedenktagen, wie dem 14. Mai, des Gründungstages Israels, fuhren Panzer in den Flüchtlingslagern auf, um jede Demonstration im Keim zu ersticken. Es war den Lagerbewohnern selbst verboten, ägyptische und syrische Radiosendungen zu hören, die ständig zur Befreiung Palästinas aufriefen. Soldaten patrouillierten durch die Straßen, um zu kontrollieren, welches Radioprogramm die Leute hörten.

160000 Palästinenser waren in Israel geblieben. Sie wurden zunächst einer Militärverwaltung unterstellt. Für jeden Ortswechsel und jeden Verwandtenbesuch benötigten sie einen Passierschein. Bis heute sind ihnen die meisten Berufe versperrt. Ihre Felder wurden beschlagnahmt. Sie konnten unter Polizeiaufsicht oder Hausarrest gestellt oder deportiert werden, ohne jedes Recht auf Berufung. Erst 1966 wurden die Ausnahmegesetze aufgehoben.

Offiziell gelten die Palästinenser bis heute nicht als Palästinenser. Sie sind die Moslems, die Christen, die Drusen und die Beduinen Israels. «Es war für uns schon viel, überhaupt zu unserer arabischen Identität zurückzufinden. Wir waren ja völlig abgeschnitten von der arabischen Welt. Der einzige Kontakt zur Außenwelt war die ‹Stimme der Araber›, der ägyptische Rundfunk. 1963 schrieb Mahmud Darwisch ein Gedicht: *‹Wisse, ich bin ein Araber›*. Dieses Gedicht lernten damals alle auswendig», erinnert sich die Lehrerin Leila aus Tamra.

Während des Sechs-Tage-Kriegs von 1967 wurden die Palästinenser erneut aus ihren Dörfern, Städten und Flüchtlingslagern vertrieben, ihre Häuser zerstört und die Flüchtlingstrecks mit Napalm bombardiert. 200000 verließen die Westbank, 35000 den Gaza-Streifen und 170000 die ebenfalls besetzten syrischen Golan-Höhen. Für viele von ihnen war es der zweite Exodus. Auch diesmal wird ihnen die Rückkehr verweigert.

Für die zionistischen Kreise in Israel begann damit eine neue Etappe des Aufbaus eines «Groß-Israel». Wie 1948 schon in Galiläa wurden strategische Siedlungen gebaut, die Bevölkerung wurde unter Militärrecht gestellt, der Boden enteignet. Heute gehören 53 Prozent des Bodens in der Westbank und 40 Prozent im Gaza-Streifen jüdischen Siedlern.

Trotz der Unterdrückung durch die arabischen Regime waren die Palästinenser zunächst panarabischer als alle anderen Araber. Sie machten einen klaren Unterschied zwischen den arabischen Herrschern und Königen, die ihrer Meinung nach Teil des «zionistisch-imperialistischen Komplotts» waren, und den arabischen Völkern. Die Einheit der arabischen Völker war für sie Voraussetzung für die Befreiung Palästinas. Die große Hoffnung für die Palästinenser war Gamal Abd el Nasser, der es gewagt hatte, trotz der französisch-britisch-israelischen Intervention 1956 in Ägypten den Suez-Kanal zu verstaatlichen.

Aber die Palästinenser hatten auch untereinander mit vielen gegenseitigen Vorurteilen zu kämpfen. «Bis vor wenigen Jahren wurde man noch als Verräter bezeichnet, wenn man sich mit Palästinensern aus Israel traf», erinnert Walid. «Bis heute können wir uns in keinem arabischen Land treffen. Selbst eine Mutter, die 1948 in Palästina blieb, darf ihren Sohn nicht besuchen, der in den Libanon floh. Sie ist ja eine Israelin, eine Feindin. Die arabischen Regime haben seit unserer Kindheit Mißtrauen gegen unsere Brüder, die in Israel leben, in uns gesät. Sie hätten kapituliert. Sie seien Verräter. Als wir Kinder waren, haben wir uns natürlich auch gefragt: Wie kommen sie überhaupt dazu, einen israelischen Paß anzunehmen? Das war eine Katastrophe für die meisten.

Man darf auch nicht vergessen, daß wir lange unter dem Einfluß des arabischen Nationalismus lebten, der ja auch etwas Chauvinistisches in sich hat. Das Problem wurde reduziert auf ein Problem zwischen Juden und Arabern. Wer einem Juden guten Tag sagte, war ein Verräter.»

Merwan aus dem Gaza-Streifen erinnert sich, wie nach 1967 das erste Mal Palästinenser aus Israel nach Gaza kamen: «Wir waren sehr mißtrauisch und hatten Angst, über Politik zu reden. Außerdem dachten sie, sie seien etwas Besseres als wir. Sie lebten in Israel, hatten israelische Pässe, genossen die israelischen Rechte. Sie haben sich so aufgeführt, als wenn allein die Tatsache, daß sie mehr Rechte als wir haben, auch bedeuten würde, daß sie etwas Besseres seien.»

Auch Leila aus Tamra gibt zu, daß es solche Vorurteile gab: «Es gibt das Gefühl unter den Palästinensern Israels, daß man weiter entwickelt sei, besonders gegenüber den Palästinensern des Gaza-Streifens. Viele, die dort waren, erzählten, wie dreckig es dort sei und wie zurückgeblieben die Leute seien, besonders die Frauen. Auch hatten wir immer das Gefühl, daß sich besonders die Palästinenser in der Westbank schon längst mit der Besatzung abgefunden hätten. Wenn wir zum Beispiel zu einer Demonstration aus Protest gegen die Besatzungspolitik aufriefen, meinten viele einfachen Leute: Was wollt ihr denn von denen? Das sind doch alles Kaufleute mit besten Geschäftsverbindungen in Tel Aviv. Warum sollen wir hier für sie demonstrieren, und sie selber kollaborieren mit der Besatzungsmacht? Und das israelische Fernsehen hat natürlich nur solche Kollaborateure vorgestellt.»

Dieses Mißtrauen zu überwinden und eine eigene Identität als palästinensisches Volk herauszubilden gelang erst mit der Emanzipation der palästinensischen Nationalbewegung und der PLO.

Die PLO war 1964 – auf ägyptische Initiative – von der arabischen Liga als ein bürokratischer Apparat gegründet worden, um die politischen Aktivitäten der Palästinenser kanalisieren und kontrollieren zu können. Im Oktober 1959 gründeten der heutige PLO-Vorsitzende Yassir Arafat, Abu Iyad und der im Frühjahr von einem israelischen Kommando ermordete Abu Jihad die ersten Zellen der «Befreiungsbewegung Palästinas» (Al-Fatah). Schon in ihrem ersten Aktionsprogramm bekannte sich Al-Fatah zum unabhängigen Kampf der Palästinenser gegen den institutionalisierten Zionismus. Der Angriff auf eine israelische Pumpstation am Jordan am 1. Januar 1965 wird noch heute von den Palänstinensern als Beginn der palästinensischen Revolution gefeiert. In dem Sechs-Tage-Krieg fielen die restlichen Gebiete Palästinas unter israelische Kontrolle. Aber auch die Konfrontationslinien gewannen damit an Konturen. Diffuse Hoffnungen auf Rückkehr machten dem konkreten Kampf gegen die israelische Besatzung Platz. Die Niederlage der arabischen Armeen zerstörte bei den Palästinensern die Illusion, daß die arabischen Regime ihnen die Rückkehr in die Heimat ermöglichen würden.

1969 gelang es Al-Fatah und anderen in den sechziger Jahren entstandenen Guerillaorganisationen, wie der Volksfront zur Befreiung Palästinas unter George Habasch und der Demokratischen Front unter Naif Hawatmeh, die traditionelle Führung der PLO zu stürzen und sie in eine Dachorganisation der neuentstandenen Widerstandsbewegung zu überführen, die sich von der arabischen Bevormundung nach und nach befreite und ihr eigenes Aktionsprogramm zur Befreiung Palästinas entwickelte. Die Guerilla fand breite Unterstützung bei den palästinensischen Flüchtlingen. Die Kämpfer nannten sich Fedajin, «die sich opfern».

Allein in Jordanien standen 40000 von ihnen unter Waffen. Für König Hussein wurde der wachsende Einfluß der PLO unter der zu 60 Prozent palästinensischen Bevölkerung Jordaniens zunehmend zur Bedrohung. Nachdem die jordanische Nationalgarde 20000 Palästinenser, zwei Drittel davon Zivilisten, umgebracht hatte, zogen sich die Widerstandsgruppen in den Libanon zurück. In Lageraufständen befreiten sich die Flüchtlinge von der Kontrolle durch libanesische Polizei und Geheimdienst, die schließlich der PLO die Kontrolle über die Camps überlassen mußten. Die palästinensische Flagge wehte über den Lagern, Volkskomitess wurden gebildet, die die Lager selbst verwalten. In den Schulen wurde über Palästina und die Befreiungsbewegung diskutiert.

Auch in den besetzten Gebieten fand die PLO Unterstützung. Nach dem Oktoberkrieg 1973 bildete sich die «nationale Front», die sich selbst zum Arm der PLO in den besetzten Gebieten erklärte.

Für die Palästinenser ist die PLO mehr als nur eine Organisation mit gewählten Führungsinstanzen, mit Kongressen und Institutionen und Geschäftsordnungen. In Ermangelung eines eigenen Nationalstaates ist sie Ausdruck der nationalen palästinensischen Identität, «unser Personalausweis», wie viele Palästinenser sagen.

Das Bekenntnis eines Palästinensers zur PLO ist nicht unbedingt identisch mit einem Bekenntnis zur aktuellen Politik der PLO oder zu ihrer Führung. Er kann sogar in tiefem Widerspruch zu bestimmten politischen Schritten der PLO-Spitze oder der Führung insgesamt stehen, sich aber trotzdem zur PLO bekennen. Das Bekenntnis zur PLO ist ein Bekenntnis zu seinem Palästinensersein, Ausdruck der Sehnsucht nach Rückkehr, der Sehnsucht nach nationaler Selbstbestimmung. Nur so konnte die PLO unzählige innere Zerreißproben und Spaltungen überleben, die Vertreibung der PLO-Zentrale aus Beirut durch die Israelis 1982 ebenso überstehen wie alle Versuche der Syrier, der Ägypter, der Jordanier abwehren, sie für eigene regionalstrategische Interessen zu instrumentalisieren.

«Die Unterdrückung der Palästinenser in den besetzten Gebieten, in Israel, in Syrien, im Libanon oder wo immer sie leben, hat dazu geführt, daß wir, obwohl wir solange voneinander getrennt waren, zusammengefunden haben und so fest zusammenhalten», resümiert Walid. «Das Gefühl, daß wir ein Volk sind, ist Ergebnis der politischen Bewegung und des politischen Bewußtseins. Alle, Araber und Israelis, haben versucht, uns zu verdummen, uns zu spalten. Sie wollten verhindern, daß wir zusammenfinden. Sie wollten uns als Volk liquidieren. Aus diesem Grund ist für mich die Einheit so wichtig, daß ich bereit wäre, meine Seele dafür zu opfern.»

«Sie kämpfen für uns, sie sterben für uns»

Die Kinder der Steine

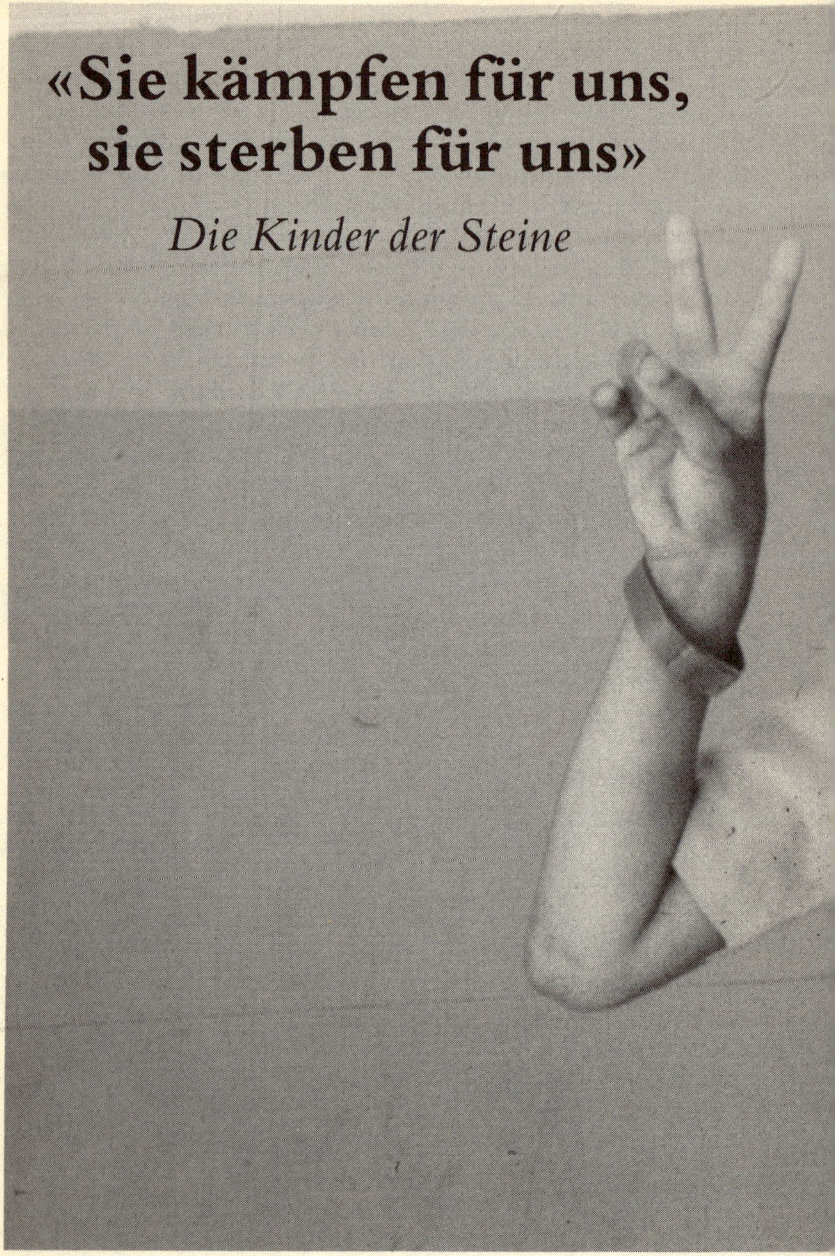

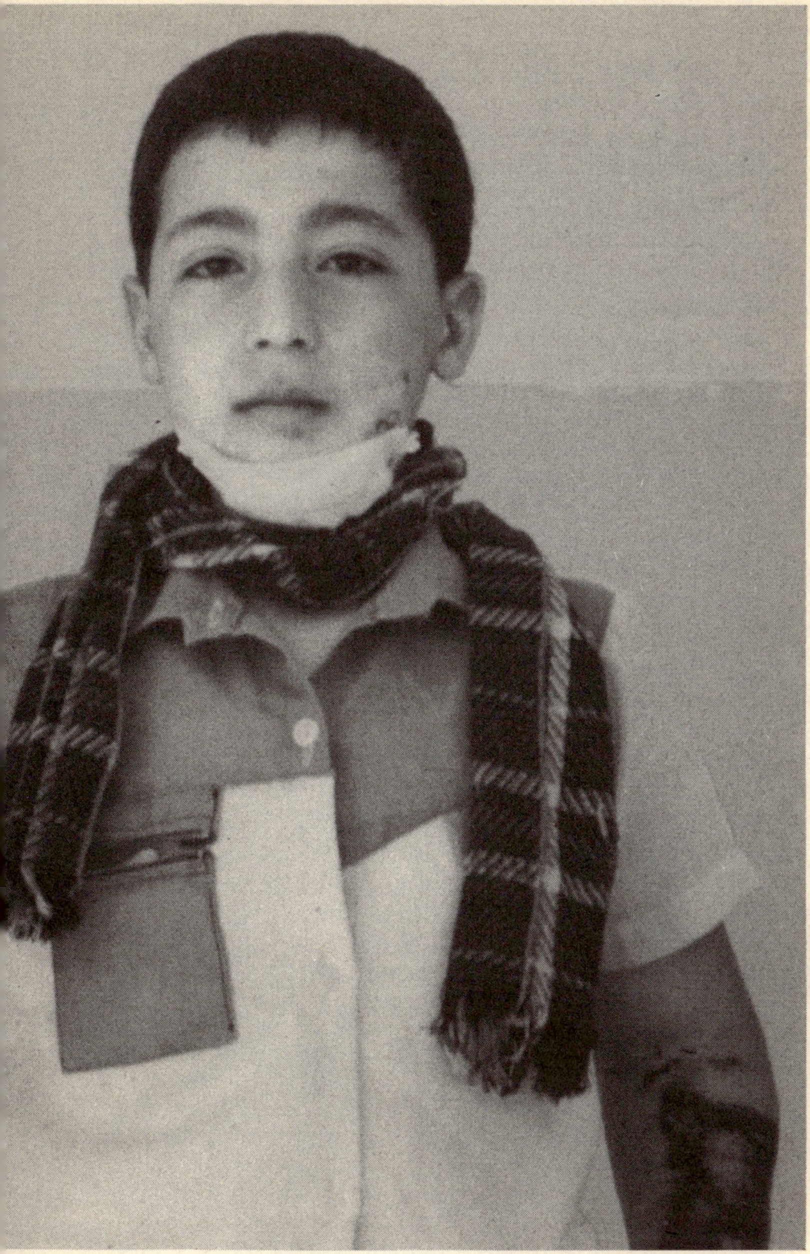

Hier werden wir bleiben und standhalten,
neben Trümmern und Zerstörung,
die Angst in unseren Händen und im Herzen die Treue.
Hier werden wir bleiben und standhalten mit dem Rücken
zur Wand
– zur letzten Wand.

Aus einem Lied von Marcel Khalife

Der Stein wurde zu ihrem Symbol, Kinder und Jugendliche wurden zum Mythos des Palästinenser-Aufstands. Für die einen verkörpern sie den Heldenmut, für die anderen die Verrohung eines Volkes. Die Israelis behaupten, daß die palästinensischen Widerstandsorganisationen die Kinder instrumentalisierten, sie als Kanonenfutter benutzen, um ihre eigentlichen aggressiven Ziele zu verdecken und vor der Welt den armen David zu spielen, der gegen einen israelischen Goliath kämpft.

Bei uns wurden die Schebab (Kinder und Jugendliche) gleichsam als die Rowdies des Nahen Ostens dargestellt, die ihren Vätern, in ihren Augen Feiglinge, weil sie 1948 vor den Israelis wegliefen und sich seit 1967 mit der Besatzungsmacht arrangierten, nicht mehr gehorchen, aber auch auf das Wort eines Yassir Arafat oder anderer «moderater» palästinensischer Führer nicht mehr hören. Waren ihre Väter wenigstens noch in der Lage, eine gemeinsame Sprache mit den Israelis zu finden, so kennen die Jugendlichen nur noch den Stein als Antwort auf das Gewehr. Das Fazit: Verhandlungen mit dieser neuen Generation von Palästinensern sind kaum möglich.

Anderen wiederum gelten die Schebab als die eigentlichen Helden des Aufstands. Sie haben die Ehre der arabischen Nation wiederhergestellt, die bei der Unterstützung des palästinensischen Widerstands so kläglich versagt hat. Ein Gedicht des syrischen Dichters Nizah Qabbani über die Kinder der Intifada ging durch die gesamte arabische Presse: «Sie kämpfen für uns, sie sterben für uns, und wir sitzen in unseren Kaffeehäusern und sehen zu.» Konsequenzen zog niemand.

Immer neue Mythen entstehen um die Kinder, so zum Beispiel die Geschichte von Hassan und Hussein: Hassan, fünf Jahre alt, wirft einen Stein auf einen Soldaten. Der Soldat packt ihn und fragt: «Wer hat dir befohlen, Steine zu werfen?» Hassan: «Mein Bruder Hussein.» – «Und wo ist dein Bruder Hussein jetzt?» – «Zu Hause.» Der Soldat freut sich, endlich einen der jugendlichen Rädelsführer verhaften zu können und läßt sich von Hassan zu dessen Haus bringen. Dort findet er Hussein. Hussein ist sechs Jahre alt. Diese Geschichte hörten wir oft in Gaza, in immer neuen Versionen. Jedesmal wurden die Hassans und Husseins dabei jünger, der Soldat avancierte zum Offizier und später zum Militärgourverneur persönlich.

Wir waren neugierig auf diese Kinder und Jugendlichen. Wir wollten wissen, wie sie leben und warum sie nicht mehr so leben wollen wie bisher. Wir wollten von ihnen hören, was sie über den Aufstand denken, und herausfinden, ob es wirklich nur die Jugendlichen sind, die Steine werfen. So neu allerdings ist das Phänomen der Steine werfenden Kinder und Jugendlichen gar nicht. Auch ihre Väter haben in ihrer Jugend Steine auf israelische Soldaten geworfen. Der Aufstand 1955 gegen die Pläne, die palästinensischen Flüchtlinge in die Sinai-Wüste umzusiedeln, wurde durch eine Demonstration der Schüler der Palästinaoberschule in Gaza City ausgelöst. Eine Palästinenserin aus dem Flüchtlingslager Jabalia erinnert sich an den Aufstand 1967 bis 1971: «Immer wenn Ausgangssperre bei uns im Lager war, holte ich alle Kinder in meinem Viertel zusammen. Wir versuchten, den Soldaten Hindernisse in den Weg zu legen und bewarfen sie mit Steinen.»

Wo immer man im Gaza-Streifen hinkommt, sieht man Kinder – 60 Prozent der Bevölkerung ist jünger als neunzehn Jahre: Kinder, die am Straßenrand Ball spielen, Kinder, die palästinensische Fahnen auf Häuserwände malen, Kinder, die Drachen steigen lassen – oft in den Farben der palästinensischen Fahne. Hier und da stehen Gruppen von Jugendlichen an einer Straßenecke, die meisten einen Stein in der Hand, jederzeit bereit zu werfen, wenn sich ein Militärfahrzeug nähert. An einer Kreuzung winkt ein Jugendlicher, nicht älter als sechzehn oder siebzehn Jahre alt, den Autos, rechts abzubiegen. Niemand fährt geradeaus auf der Hauptstraße weiter, alle folgen den Anweisungen der versteckten neuen Macht. «Wahrscheinlich gibt es da vorn eine Straßenschlacht oder die Jungen bereiten irgend etwas vor», erklärt unser Begleiter, Abu Saleh, ein bekannter Rechtsanwalt aus dem Gaza-Streifen.

Vor ein paar Tagen hat die «vereinigte nationale Führung des Aufstands» die Schüler, die seit Anfang der Unruhen streiken, aufgefordert, in die Schulen zurückzukehren. Um einen unabhängigen Staat aufzubauen, brauche man eine gebildete Jugend. Unwissenheit der Palästinenser sei ein Trumpf in den Händen der Besatzungsmacht. Der Aufruf wurde am letzten Freitag in allen Moscheen des Gaza-Streifens verlesen.

Seitdem sieht man jeden Morgen Gruppen von Schulkindern in blau-weiß gestreiften oder dunkelgrünen Schuluniformen, ihre Schultaschen unter den Arm geklemmt zur Schule marschieren. Manchmal bleiben sie an einer Straßenkreuzung stehen und rufen Parolen: «Nieder mit der Besatzung!» – «Wir wollen unseren eigenen palästinensischen Staat!» und «PLO! PLO!»

Wir fahren nach Tuffah, einem alten Stadtteil von Gaza City. Die Nebenstraßen der Altstadt von Gaza sehen trostlos aus. Die Fahrbahnen wurden seit Beginn der Besatzung nicht mehr ausgebessert. In den Schlaglöchern sammeln sich bei Regen riesige Pfützen. Von den Häusern bröckelt der Putz, die Fensterscheiben in den Treppenhäusern sind fast alle zerbrochen, Eingangstüren fehlen. Einige Häuser stehen leer. Sie sind halb verfallen, die Eingänge durch Abfallhaufen versperrt.

Hier hat unser Begleiter seine Anwaltspraxis. Er will uns mit ein paar Jugendlichen bekannt machen, ein paar von den Schebab, die aktiv beim Aufstand mitmachen. Sie sind noch nicht da. Er schlägt uns vor, in der Zwischenzeit Tarik zu besuchen. Tarik hat den Ruf, der Anführer der Kinder in dieser Straße zu sein.

Tarik ist elf Jahre alt. Er wohnt nur ein paar Häuser weiter im dritten Stock eines heruntergekommenen Mietblocks. Das Wohnzimmer ist karg möbliert: ein altes Sofa, ein Tisch, ein paar Küchenstühle, ein Tassenbuffet aus Blech. Der Steinfußboden und die inzwischen grau gewordenen mit Kalkfarbe gestrichenen, kahlen Wände machen das Zimmer kalt und ungemütlich. Tariks Mutter sieht noch sehr jung aus, nicht älter als Mitte Zwanzig. Sie hat ihre Haare mit einem weißen Häkelkäppi bedeckt. Schüchtern sitzt sie in der Ecke. Ihr Mann ist nicht zu Hause. Tarik wirkt zwar zierlich für sein Alter, ist aber äußerst selbstbewußt. Mit pfiffigen großen schwarzen Augen antwortet er uns und scheint sehr stolz darauf zu sein, daß zwei Ausländerinnen ausgerechnet ihn interviewen wollen. Dabei ist nicht ganz klar, ob das Ganze für ihn nur ein Spiel oder Ernst ist.

Tarik erzählt uns bereitwillig, worin er seine Aufgabe im Aufstand sieht: «Wir werfen Steine auf die Juden.» Für ihn besteht kein Unterschied zwischen Israeli, Juden und Soldaten. Er hat den Gaza-Streifen noch nie in seinem Leben verlassen und kennt Israelis und Juden nur als schwerbewaffnete Soldaten der Besatzungsmacht. «Wir Kinder hier in der Straße sammeln uns, und wenn Soldaten kommen, bewerfen wir sie mit Steinen. Sie laufen hinter uns her und versuchen, uns zu fassen. Aber wir laufen weg. Und dann hängen wir palästinensische Fahnen auf – über den Stromleitungen.

Wir nehmen ein rotes Stück Stoff und schneiden ein Dreieck daraus.

Dann nehmen wir weißen, grünen und schwarzen Stoff, schneiden daraus drei gleich große Streifen und nähen daraus eine Fahne.» Daß seine Mutter ihm dabei helfen muß, verschweigt er geflissentlich. «Am oberen Ende befestigen wir Holzstäbchen, daran binden wir einen Faden und an dessen Ende einen Stein. Dann werfen wir das Ganze über die Leitungen.» Tarik hat schon fünf solcher Fahnen aufgehängt. Er erklärt uns auch, warum er das macht: «Wir wollen in einem unabhängigen Staat leben, in einem freien, palästinensischen Staat, in dem wir machen können, was wir wollen.» Und er klärt uns gleich über palästinensische Geschichte auf: «Früher war hier Frieden. Dann kam der jüdische Staat. Am Anfang kam er noch ohne Krieg. Er kam mit den Engländern, die uns kolonisierten. Sie benutzten einen Vorwand. Sie erzählten den Engländern nämlich, daß das ihr Boden sei und daß sie früher hier gelebt hätten. Dann bekämpften sie uns zusammen mit den Engländern, weil sie Palästina für sich haben wollten. Später kamen die Fedajin und kämpften gegen die Juden und hängten die palästinensische Fahne auf.»

Tarik will in Freiheit leben. Weiß er in seinem Alter überhaupt, was Freiheit ist? «Wir wollen keinen Feind hier haben, der immer, wenn er etwas sieht, gleich losschießt. Als der Aufstand anfing, kamen unsere Feinde von allen Seiten. Sie schlugen um sich, überfielen die Häuser und verhafteten die Leute. Deswegen wollen wir unser Land von ihnen befreien. Damit die Verhafteten endlich freigelassen werden.» Vor fünf Tagen wurde Tariks Vater verhaftet. Ungefähr zehn Soldaten stürmten nachts um drei Uhr in die Wohnung und nahmen ihn mit – ohne Angaben von Gründen, erzählt uns die Mutter. Wir wollen von Tarik wissen, ob er überhaupt keine Angst hat. Wir haben von Kindern seines Alters gehört, die geschlagen, verhaftet und vor Militärgerichte gestellt wurden. Aber er ist mutig, wie es von einem richtigen Mann erwartet wird. «Nein, ich habe keine Angst. Sie wollten mich schon einmal schnappen. Aber ich lief schnell weg und hab mich dann gut versteckt. Sie konnten nicht rauskriegen, wo ich war. Es war ein sicherer Platz.»

Aber weil sein Vater im Gefängnis ist, hat Tarik seine politischen Aktivitäten zur Zeit ausgesetzt. Er hat noch drei kleinere Geschwister im Alter von zehn, acht und sechs Jahren. Als ältester Sohn fühlt er sich in Abwesenheit des Vaters verantwortlich für die ganze Familie und vergißt dabei völlig, daß er selber auch kaum älter ist. «Wenn sie auch mich verhaften, wer bleibt dann noch zu Hause?» Außerdem müsse er auf seine Mutter aufpassen. Diese zwinkert ihm belustigt zu. Wir zweifeln etwas an seiner Rolle als Familienoberhaupt. Schließlich gibt er dann doch zu, daß es wohl eher seine Mutter ist, die auf ihn aufpaßt als umgekehrt. Seinen kleineren Geschwistern verbietet er allerdings zu demonstrieren. «Ich habe Angst, daß man auf sie schießt oder sie verhaftet. Die Soldaten behaupten dann möglicherweise, sie hätten Steine geworfen, und sie wissen noch nicht, was sie darauf antworten sollen. Sie sind doch noch so klein. Aber ich weiß, wie ich vor den Soldaten weglaufe.» Auch um seinen Vater hat Tarik Angst, mehr Angst als um sich selber – behauptet er jedenfalls. «Mein Vater verdient schließlich das Geld für uns. Wenn ihm etwas passiert, wer soll dann für die Familie sorgen? Ich geh ja noch zur Schule, was kann ich da schon arbeiten.»

Tarik verweigert zwar der Besatzungsmacht jeden Gehorsam und verlangt auch von seinen Lehrern, daß sie sich am Aufstand beteiligen, ansonsten akzeptiert und respektiert er aber palästinensische Autoritäten: seinen Vater, seine Lehrer, die palästinensischen politischen Führer. Er weiß zwar nicht genau, wer die Führung des Aufstands in der Hand hat, es gäbe eine ganze Menge Führungen, versucht er uns zu erklären – die vereinigte Führung des Aufstands, die Bewegung des islamischen Widerstands, Al-Fatah, die PLO –, aber wenn die Führung sagt, die Kinder müssen in die Schule gehen, dann müssen alle darauf hören. Tarik behauptet uns gegenüber, daß er gern in die Schule ginge, weil die Palästinenser viel lernen müßten. Er selber möchte später einmal Arzt werden. Aber leider könne man so etwas nicht planen. Zum einen hänge das davon ab, was er für Zeugnisse habe und zweitens von der politischen Entwicklung. «Vielleicht werden die Schulen auch geschlossen. Bei uns muß man ja mit allem rechnen.» Seinen Lehrern gehorcht Tarik und macht immer brav seine Schularbeiten, sonst würde der Lehrer die Schüler schlagen. Auf unsere erstaunte Frage, warum er keine Angst vor bewaffneten Soldaten, aber vor seinem Lehrer habe, antwortet er mit verschmitztem Blick: «Mein Lehrer ist ja schließlich Palästinenser. Da besteht doch kein Grund, vor ihm wegzulaufen. Vor ihm darf man doch nicht weglaufen. Deswegen sollte man ihm lieber keinen Anlaß zum Schlagen geben.»

Zwei Wochen später können wir Tarik noch einmal in Aktion beobachten. Sein Vater wurde nach achtzehn Tagen Haft aus dem Gefangenenlager Ansar II entlassen. Man konnte ihm nichts nachweisen.

Wir sitzen auf dem Balkon in Abu Salehs Büro und beobachten das Geschehen auf der Straße. Ein Jeep der israelischen Armee kommt die

Hauptstraße entlang. Einer der Offiziere entdeckt eine palästinensische Fahne, die über eine der Stromleitungen geworfen im Wind flattert – vielleicht eine von Tariks Fahnen. Der Jeep hält, Soldaten springen auf die Straße und halten einen Palästinenser in einem weißen Kleinbus an. Sie nehmen ihm den Ausweis ab und befehlen ihm, die Fahne von da oben herunterzuholen – wie, das sei seine Sache. Der Mann klettert auf das Dach seines Fahrzeugs. Aber selbst wenn er die Arme ausstreckt kann er die Fahne nicht greifen. Sie hängt immer noch fast zwei Meter über seinem Kopf.

Inzwischen hat sich eine Menschentraube angesammelt. Einer der Schaulustigen reicht dem Mann aus dem Bus einen langen Holzstab, mit dem dieser wie ein Akrobat versucht, die Fahne herunterzuziehen. Nach einer Viertelstunde hat er es schließlich geschafft – die Fahne fällt mitten in die Menschenmenge. Die Männer bücken sich, um die Fahne aufzuheben und zu verbrennen. Der Busfahrer erhält seinen Ausweis erst wieder, wenn er den Soldaten, die in einiger Entfernung in ihrem Jeep warten, an Hand der verkohlten Stoffetzen nachweisen kann, daß er die Fahne, seine palästinensische Nationalfahne, verbrannt hat. Aber die Fahne ist verschwunden. Ein kleiner Junge hat das Schauspiel die ganze Zeit, an eine Häuserwand gelehnt, beobachtet. In dem Moment, in dem die Fahne auf den Boden fällt, stürzt er sich auf die Menschenmenge, drängelt sich durch die Männerbeine, bis zu der Stelle, wo er die Fahne vermutet, findet sie, reißt sie an sich, knüllt sie unter seinen Pullover und rennt weg, so schnell er kann – die Männer hinterher. Der Busfahrer kriegt schließlich seinen Ausweis nur gegen die verbrannte Fahne. Aber der Junge rennt wie um sein Leben. Die Männer holen ihn nicht ein, vielleicht wollen sie es auch gar nicht. Einer von ihnen findet einen grünen Lappen in einem Abfallhaufen. Den verbrennen sie statt der Fahne und bringen den Soldaten die Asche. Auch wenn sie sich anfänglich über den Jungen geärgert haben, sind sie jetzt stolz auf ihn. Er hat nicht nur die Fahne, sondern auch das nationale Selbstbewußtsein der Umstehenden gerettet. Der Junge war Tarik.

*

Inzwischen sind unsere drei Gesprächspartner eingetroffen. Hani ist der älteste, 22 Jahre alt. Er studiert am Lehrerbildungsinstitut in Gaza. Samir ist neunzehn, Schneider. Nasser ist der jüngste, sechzehn Jahre alt und extra aus Scheich Radwan, einem neuen Stadtteil von Gaza City, gekommen.

Hani erzählt uns, wie sich der Aufstand entwickelt hat. «In den ersten paar Tagen nach dem Unfall vom 9. Dezember gab es im ganzen Gaza-Streifen Demonstrationen, die Läden schlossen und Jugendliche errichteten Straßensperren. Es gab Tote und Verletzte. Das heizte die Atmosphäre zunächst noch mehr an. Aber dann sah es so aus, als würde der Aufstand wieder abflauen – nicht weil die Leute nicht bereit waren, gegen die Besatzung zu kämpfen, sondern weil es keine klare Perspektive gab. Die nationalen Organisationen, vor allem die palästinensische Linke, kamen zu dem Entschluß weiterzumachen, weil wir die Bedingungen für günstig hielten. Zwei Wochen nach Beginn des Aufstands fanden überall im Gaza-Streifen Demonstrationen statt, von Rafah bis nach Beit Hanun, an denen sehr viele Erwachsene, nicht nur Kinder und Jugendliche, teilnahmen.

Danach wurden überall Komitees gebildet, im ganzen Gaza-Streifen, die die Arbeit unter dem Schirm einer einheitlichen Führung koordinieren. Zwar ist der Aufstand spontan ausgebrochen, aber man muß die Leute organisieren, sonst werden sie irgendwann müde. Wenn jeden Tag die Steine fliegen, völlig ziellos, dann kriegen die Menschen irgendwann einmal selber Angst, das Haus zu verlassen. Irgendwann haben sie dann die Nase voll. Sie wollen wenigstens wissen, woran sie sind.

Mit Hilfe der Komitees gelang es, den Aufstand zu organisieren. Sie verteilen Flugblätter, in denen sie an bestimmten Tagen zu Demonstrationen aufrufen. Sie schreiben Parolen an die Häuserwände, die zu Streiks aufrufen. Sie organisieren den Bau von Barrikaden und das Werfen von Steinen zu genau festgelegten Zeiten.»

Hani gehört selbst zu den Mitbegründern eines dieser Komitees in Tuffah. In diesen Komitees arbeiten nicht nur Jugendliche, sondern auch Arbeiter und Rechtsanwälte, Händler und Lehrer, die Aktivsten in jeder Straße, unabhängig von ihrer politischen Zugehörigkeit.

Über die Flüchtlingslager wurde wochenlang eine Ausgangssperre verhängt. Die Lebensmittel gingen aus, doch die Besatzungsarmee verbot selbst internationalen Hilfsorganisationen, Lebensmittellieferungen an die hungernde Bevölkerung zu verteilen. In den Stadtteilen, über die keine Ausgangssperre verhängt war, sammelten die Komitees Lebensmittelspenden, die sie trotz des Belagerungsrings in die Lager brachten und den dortigen Komitees übergaben.

Im März traten die palästinensischen Polizeibeamten zurück. Seitdem gibt es keine Polizei mehr im Gaza-Streifen. Die Komitees sorgen, so gut sie können, für den Schutz der Bevölkerung. Wenn die Armee Läden aufbricht, weil der Ladenbesitzer gegen die Anordnungen der Besatzungsmacht, doch zu den von der nationalen Führung beschlossenen Zeiten geöffnet hatte, passen sie auf, daß nichts gestohlen wird. «Natürlich können wir die Leute nicht so gegen die Überfälle der Armee schützen, wie wir es gern tun würden. Aber wir sprechen mit ihnen durch, wie sie sich bei Hausdurchsuchungen verhalten sollen, was sie bei Verhaftungen sagen sollen und was nicht», erklärt Samir, der im gleichen Komitee wie Hani arbeitet. «Wir können uns ja nicht einmal selber gegen die Armee schützen. Auch mich haben sie neulich zusammengeschlagen, am letzten Freitag, nach dem Freitagsgebet.» Hani und Samir verstehen sich als Linke und als Atheisten. Vor dem Aufstand sind sie nie in die Moschee gegangen. Da die Besatzungsmacht alle öffentlichen Veranstaltungen und größeren Menschenansammlungen verbietet, sind die Moscheen einige der wenigen Orte, wo sich Menschen versammeln können. Nach dem Gebet formieren sie sich meistens zu Demonstrationen gegen die Besatzung. Dabei arbeiten alle politischen Kräfte von Marxisten bis hin zu strikt religiösen Gruppierungen zusammen.

«Letzten Freitag kamen die Soldaten zu uns nach Hause. Sie sagten, daß sie jemandem mit rotem Hemd und einer Jeans suchen. Sie zerrten mich aus dem Haus auf die Straße und zwischen fünfzehn und zwanzig Soldaten, schlugen mit Stöcken, Fäusten und Stiefeln auf mich ein. Das war schon das zweite Mal. Das erste Mal verfolgten sie mich bis zum Haus und dann im Haus bis in mein Zimmer. Sie schlossen die Tür von innen ab, stellten den Kassettenrecorder auf volle Lautstärke, damit mich niemand schreien hört. Meine Familie holte Bekannte und Verwandte. Erst nach einer halben Stunde gelang es ihnen, die Tür aufzubrechen und die Soldaten aus dem Haus zu werfen. Sie fanden mich blutüberströmt auf dem Boden.

Fünf aus unserem Komitee sind auf diese Weise schon krankenhausreif geschlagen worden. Aber trotzdem machen alle weiter. Keiner läßt sich mehr abschrecken. Die Leute haben ihre Angst verloren.» Samir erzählt das alles sehr ruhig, ohne Verbitterung, nicht wie ein leidendes Opfer, so wie in Deutschland Jugendliche etwa über das letzte Fußballspiel reden würden. Als wäre es normal, geschlagen zu werden, ein Alltagsproblem.

Die drei sind völlig anders, als wir uns die Jugendlichen vorgestellt haben. Wir hatten aggressive junge Männer erwartet, Revolutionshelden, die meinen, in die Fußstapfen Che Guevaras treten zu müssen und eigentlich nur darauf warten, den Stein endlich durch ein Gewehr zu ersetzen. Aber die drei wirken eher sanft und wohlerzogen. Sie bieten uns freundlich Zigaretten an, und zwischendurch geht Hani in die Küche, um uns mit Kardamon gewürzten Kaffee zu kochen, den er uns in kleinen Trinkschalen serviert. Sie spielen nicht die Helden, sie wirken aber auch nicht leidend – eher erleichtert, wie jemand, der sich endlich nach langem, quälendem Abwägen zu einer Entscheidung durchgerungen hat. Sie haben sich entschieden, sich nicht länger mit der Besatzung abzufinden, nicht länger nur auf die vage Hoffnung zu setzen, daß irgendwann einmal die Befreiung von außen kommt. Sie haben sich entschieden für Selbstbestimmung und für ihre Identität als Palästinenser zu kämpfen und sich frei zu machen von der Bevormundung Dritter, seien es die arabischen Brüder oder die israelische Besatzungsmacht. Sie wissen, daß dies ein Weg ist, der Opfer kosten wird. Aber sie stehen hinter ihrer Entscheidung. Und sie sind bereit, den Preis zu zahlen. Das macht sie selbstbewußt und optimistisch. Dieser Optimismus begegnet uns überall im Gaza-Streifen. Es ist kein überschwänglicher Optimismus. Niemand gibt sich der Illusion hin, daß es eine schnelle Lösung geben könnte und das Leiden und die Entbehrungen in absehbarer Zeit vorbei sein werden. Aber sie haben keine Angst mehr, weder vor Entbehrungen noch vor Schlägen, noch vor Folter. Vielleicht ist der historische Augenblick gekommen, vor dem der Staatsgründer Israels, Ben Gurion, seine Landsleute immer gewarnt hat: Wir müssen dann Angst um unsere Existenz haben, wenn die Palästinenser die Angst vor dem Tod verlieren.

«Die Leute hier waren müde. Sie waren die Besatzung einfach leid. Sie konnten die Situation nicht mehr ertragen. Wir wollen nicht viel. Wir wollen unsere eigene Identität, wir wollen unseren eigenen Ausweis, wir wollen unseren Staat in der Westbank und im Gaza-Streifen. Das ist doch wirklich nicht zuviel verlangt», meint Nasser.

Gaza City ist trostlos, nicht nur wegen des äußeren Anblicks. Dahinter verbirgt sich mehr: die Chancenlosigkeit der Jugendlichen, denen meistens trotz Abitur und Studium nichts anderes übrig bleibt, als später für einen Hungerlohn in Israel Drecksarbeiten zu verrichten. Es gibt keine Freizeiteinrichtungen, keine Jugendclubs, kein

Theater, keine Ausflugsorte. Selbst der Strand des Gaza-Streifens ist inzwischen zur Hälfte von israelischen Siedlern beschlagnahmt worden. Der Gaza-Streifen hat keine eigene Zeitung. Für Kulturveranstaltungen, Vorträge und Dichterlesungen gibt die Militärverwaltung fast nie Erlaubnis. Selbst Bilder in den palästinensischen Farben sind verboten, weil sie «aufrührerisch» sind. 1984 mußte ein Maler aus dem Flüchtlingslager Jabalia eine siebenmonatige Gefängnisstrafe absitzen, weil die Farben in einem seiner Bilder nach Ansicht der Israelis «Anstiftung zum Aufruhr» waren. In den Schulen darf weder palästinensische Geschichte noch palästinensische Literatur unterrichtet werden.

Nasser geht noch zur Schule, in die elfte Klasse. Er arbeitet sowohl im Schülerkomitee an seiner Schule wie auch im Stadtteilkomitee. Schülerkomitees hat es auch vor dem Aufstand schon an vielen Schulen gegeben.

«Vier Monate lang waren die Schulen geschlossen. Aber jetzt hat die nationale Führung die Schüler dazu aufgerufen, jeden Tag von acht bis elf Uhr in die Schule zu gehen. Die Schüler halten sich daran. Schließlich ist es wichtig, daß wir etwas lernen und unsere Prüfungen bestehen. Die Lehrer haben Verständnis für uns, wenn wir streiken oder demonstrieren. Sie üben zum Glück keinen Druck auf uns aus – im Gegenteil. Sie helfen uns, den versäumten Unterrichtsstoff nachzuholen. Die Stadtteilkomitees organisieren in Zusammenarbeit mit Lehrerkomitees Nachhilfestunden in Privathäusern, wo wir den ausgefallenen Unterrichtsstoff nachholen können.»

Organisieren die Komitees auch die Aktivitäten der Kinder oder arbeiten diese mit in den Komitees? «Nicht so direkt. Aber selbst die kleinen Kinder kriegen ganz genau mit, was passiert. Sie erleben, wie Verwandte verhaftet werden, wie auf der Straße geschossen wird. Sie sehen Tote und Verletzte. Sie leiden wie alle anderen unter der Besatzung und fangen an, diese Besatzung zu hassen. Dann sehen sie, wie die älteren sich wehren und fangen selber an, mit Steinen zu werfen. Sie machen die älteren Geschwister und die Erwachsenen einfach nach. Langsam wird alles für sie ganz normal. Dabei verlieren sie auch ihre Angst. Manchmal sieht man Soldaten auf kleine Kinder schießen, und die Kinder bleiben stehen. Steine, Schüsse, all das ist zur Gewohnheit geworden. Es ist nichts Besonderes mehr.»

Samir erzählt uns von der Tochter seiner Nachbarin. Sie ist vier Jahre alt. Eines Morgens erwischte ihre Mutter sie, wie sie auf die Straße laufen wollte, in der einen Hand einen Stein, in der anderen Hand eine Zwiebel. Die Mutter fragte, wo sie hin wolle. «Ich will demonstrieren», antwortete das Mädchen. «Und was willst du mit dem Stein und der Zwiebel?» – «Mit dem Stein will ich auf die Soldaten werfen, und die Zwiebel halte ich mir unter die Nase, damit ich das Gas nicht rieche und meine Augen nicht weh tun», antwortete die Kleine.

Hani, Samir und Nasser wirken sehr überlegt in ihrem Denken und in der Art, wie sie mit uns reden. Wenn sie über die Strategie des Aufstands nachdenken, diskutieren sie wie erfahrene Politiker. Sie haben viel gelernt aus den negativen Erfahrungen des palästinensischen Widerstands.

«Wir müssen uns genau überlegen, wie wir immer wieder neue Formen des Widerstands finden. Im wesentlichen ist uns das bisher gelungen. Mit der Festlegung der Ladenöffnungszeiten durch die nationale Führung und der Verweigerung der Mehrwertsteuer konnten wir die Besatzer damit konfrontieren, daß es eine zweite Macht gibt, die von den Palästinensern anerkannt wird. Natürlich müssen wir uns nächste Schritte überlegen. Aber solche Schritte müssen gut vorbereitet sein. Wir müssen genau prüfen, wozu die Leute bereit sind. Wir dürfen ihnen nichts aufzwingen.

Wir haben aus den Erfahrungen der palästinensischen Revolution im Libanon gelernt. Dort hat sich der ‹bewaffnete Kampf› verselbständigt. Alles drehte sich nur noch um ‹das palästinensische Gewehr›. Die Verabsolutierung des bewaffneten Kampfes hat zum Aufbau eines riesigen bürokratischen Apparats geführt. Das hat es den Israelis leichtgemacht, die Widerstandsorganisationen aus dem Libanon zu vertreiben.

So etwas kann uns nicht so leicht passieren. Für uns ist es das Wichtigste, die Leute selber zu aktivieren, sie zu ermutigen, sich in Basiskomitees zu organisieren. Die Besatzungsmacht müßte dann schon die ganze Bevölkerung vertreiben, wenn sie die Widerstandsbewegung vertreiben will.

Es wird oft darüber spekuliert, ob der bewaffnete Kampf für uns eine Alternative ist. Ich glaube nein. Die Bedingungen dafür sind zur Zeit nicht gegeben. Wir müssen uns fragen: Haben wir genug Waffen? Nein. Haben wir Leute, die an Waffen ausgebildet sind? Nein. Sind die Menschen hier bereit zum bewaffneten Kampf? Nein. Würden wir unter den jetzigen Bedingungen zu den Waffen greifen, dann würden wir den Besatzungstruppen und vor allem fanatischen jüdischen Siedlern nur den Vorwand zu Massakern größeren Ausmaßes liefern. Und davor haben die Menschen Angst.»

*

Nicht weit von Gaza City liegt Schati, das zweitgrößte Flüchtlingslager. In diesem slumartigen Vorort leben 50000 bis 60000 Menschen. Die engen Häuser sind durch hohe Mauern von der Außenwelt abgeschirmt. Manchmal müssen sich zwischen zehn und zwanzig Menschen zwei bis drei Zimmer teilen, die um einen kleinen Innenhof gruppiert sind. Die Dächer bestehen aus Wellblech oder Asbestplatten. Es ist den Menschen in den Lagern verboten, ihre Häuser mit festen Dächern abzudecken, da sie nur «provisorisch» hier leben. Die Kinder, die in diesem «Provisorium» geboren werden, sind schon die dritte Generation von Flüchtlingen.

Das Mobiliar in den Wohnungen ist spärlich: ein paar Matratzen, ein Kleiderschrank, ein paar Küchenutensilien und ein Fernsehapparat – oft die einzige Unterhaltung in diesem trostlosen Leben. Durch das Lager führen schmale Gassen – meist nicht mehr als einen Meter breit. Offene Abwässerkanäle laufen in Richtung Meer. Manche Häuser haben überhaupt kein Abwasserrohr. Die Menschen sammeln das dreckige Wasser in Plastikeimern und gießen es einfach vor das Haus, wo es im Sand versickert. Die Müllabfuhr kommt unregelmäßig. Auf freien Plätzen sieht man Abfallhaufen, in denen sich Ratten tummeln.

Es gibt keinen Platz zum Spielen, kein Grün – nur Sand und Dreck. Die Kinder spielen in den Gassen neben den Abwässerkanälen, die nach den Regengüssen im Winter über die Ränder treten und in der Sommerhitze Schwärme von Insekten und Ungeziefer anziehen. Die Kinder leiden an Darminfektionen, Krätze und unter Parasiten. Die Kindersterblichkeit ist siebenmal so hoch wie in Israel.

Die Besatzungsmacht unternimmt nichts zur Verbesserung der hygienischen Bedingungen in den Flüchtlingslagern – im Gegenteil: Selbsthilfeinitiativen werden kriminalisiert oder verboten. Eine amerikanische Entwicklungshilfeorganisation stellte Gelder zur Finanzierung eines unterirdischen Abwässersystems in einem der Camps zur Verfügung. Das Projekt wurde von der Besatzungsmacht verboten.

Die Ärztevereinigung unterbreitete einen Plan zur Gesundheits- und Hygieneerziehung in den Schulen. Mitglieder der Vereinigung wollten in allen Schulklassen im gesamten Gaza-Streifen Vorträge über Hygiene und Präventivmedizin halten. Der Plan wurde von der Besatzungsmacht abgelehnt. Jugendliche, die Workcamps organisierten, um den Abfall in den Lagern zu beseitigen und öffentliche Gebäude wie die UNWRA-Schulen auszubessern, wurden tagelang vom Geheimdienst verhört. Das sind nur einige Beispiele aus der Zeit vor dem Aufstand.

Im Schati-Camp wurde einen Tag vor unserem Besuch die Ausgangssperre aufgehoben, für wie lange weiß niemand: einen Tag, eine Woche...? Eine Bekannte führt uns durchs Lager. Auch hier hängen überall über den Stromleitungen palästinensische Fähnchen. Selbst auf dem Minarett der Moschee flattern die palästinensischen Nationalfarben weithin sichtbar im Wind. Die Gassen und die wenigen Durchfahrtsstraßen sind voll von Menschen. Endlich können sie ihr Gefängnis wieder verlassen, um einzukaufen, Nachbarn und Verwandte zu besuchen und die neuesten Nachrichten auszutauschen.

Zwischen gackernden Hühnern und abgebrannten Autoreifen spielen überall Kinder. Einige tollen mit einem Ball herum, andere haben sich aus Holzresten Schläger gebaut und spielen eine Art Squash. Ein paar kleine Jungen lassen einen Drachen in den palästinensischen Nationalfarben steigen. Andere werfen Steine auf eine ausrangierte Autotür, als wollten sie für die nächste Straßenschlacht üben. Die Kinder halten uns für Israelis und grüßen uns auf hebräisch mit «Schalom». Neugierig, aber ohne jede Aggression folgen sie uns auf Schritt und Tritt, die Hand zum V – Victory – erhoben.

Wir kommen zu dem Haus von Samira, einer Freundin unserer Begleiterin. Sie empfängt uns an der Haustür und drängt uns schnell ins Haus. Sie hat Angst, daß wir von Soldaten gesehen werden. Ihre Schwiegermutter versucht, die Kinder zu vertreiben, die neugierig durch die Haustür gucken. Sie hat Angst, daß die Kinder Steine nach uns werfen, weil sie uns für Israelis halten. Wir versuchen, ihr klarzumachen, daß wir gerade wegen der Kinder gekommen sind. Die Kinder haben uns jedenfalls verstanden. Eine Stunde später klopft es an der Tür: drei halbwüchsige Jungen in Jeans, Turnschuhen und Sweatshirts. Sie seien gekommen, um mit den beiden Ausländerinnen über den Aufstand zu diskutieren. Ihre Namen wollen sie uns nicht nennen. Nennen wir sie deswegen der Einfachheit halber Hussein I, II und III. Hussein I ist etwas größer als die beiden anderen. Er ist dreizehn Jahre alt, hat aber schon eine Stimme wie ein erwachsener Mann. Die anderen beiden sind zehn und zwölf. Wir setzen uns mit ihnen auf die Matratzen im Innenhof von Samiras Haus.

Die drei Husseins sind Journalisten gegenüber mißtrauisch. Die Armee habe schon mehrfach als Journalisten getarnte Soldaten geschickt, die demonstrierende Jugendliche filmten. Danach wären diese Jugendlichen verhaftet worden. Andererseits müsse die Welt ja wissen, was in Schati passiert. Deswegen seien sie gekommen. Fotos von ihnen dürfen wir nicht machen.

«Neulich ist hier im Schati-Camp einer gestorben», erzählt uns Hussein III, der Zehnjährige. Warum? «Er war verletzt. Die Leute haben ihn in ein Auto gelegt und wollten ihn ins Krankenhaus bringen. Die Soldaten haben das Auto zwei Stunden lang angehalten. Wenn sie ihn gleich durchgelassen hätten, würde der Junge noch leben.

Neulich nachts sind sie auch zu uns nach Hause gekommen. Sie haben uns überfallen und meinen Bruder mitgenommen. Dabei hat er überhaupt nichts gemacht. Und warum wissen die Kinder in Deutschland nichts darüber? Weil es bei uns im Schati-Camp keine Journalisten gibt.»

Was bedeutet ihnen der Aufstand? Warum werfen sie mit Steinen? Hussein I versucht es uns zu erklären. Obwohl sein rundes, pausbackiges Gesicht noch sehr kindlich aussieht, wirkt er, wenn er redet, wie ein kleiner Volkstribun: «Mit dem Aufstand wollen wir unsere Würde wiedererlangen. Man kann doch nicht so einfach unsere Würde verletzen und uns demütigen. So etwas mögen wir überhaupt nicht. Wenn welche von uns umgebracht werden, sollen wir da etwa stillschweigend zuschauen? Wir schweigen nicht.

Die fünf Länder, von denen immer die Rede ist, wie nennt man sie noch? – die fünf Großmächte –, sollten sich zusammensetzen und eine Lösung für uns finden. Denn so geht es doch nicht weiter. Wenn sie kommen, laufen wir weg. Wir haben Angst vor ihnen. Wenn sie keine Waffen hätten, würden wir nicht weglaufen, wir würden uns ihnen in den Weg stellen. Wir sind nicht bewaffnet. Unsere einzige Waffe ist unsere Willensstärke, unsere Einheit und – der Stein. Wenn jemand den Stein nimmt und wirft, will er damit die Juden umbringen? Nein. Er will die Gefühle ausdrücken, die er im Herzen hat.»

Die für Kinder untypischen Begriffe wie «Demütigung», «Beleidigung» und «Würde» durchziehen das ganze Gespräch. Die Maßnahmen, die die israelische Militärverwaltung zur Bekämpfung des Aufstands vor allem in den Flüchtlingslagern getroffen hat, sind zum Trauma für die Kinder geworden. Es ist nicht allein die Brutalität, die sie so wütend macht, es ist mehr die Ungleichgewichtigkeit des Kampfes, die Einsätze gegen Wehrlose und die Angriffe auf die traditionellen Werte der palästinensischen Gesellschaft. Es fällt auf, daß sie sich während unseres ganzen Gesprächs kein einziges Mal über die Militäreinsätze gegen Steine werfende Jugendliche oder über die Verhaftung politischer Aktivisten beklagen. Das scheint für sie zu den einzukalkulierenden Risiken zu gehören.

«Wir sitzen im Haus und alles ist ruhig. Es ist Ausgangssperre und niemand auf der Straße. Dann kommen sie – so zum Beispiel vor einer Woche – und bewerfen uns mit Gas», erzählt der älteste Hussein. «Wir haben kleine Kinder im Haus, zwei und drei Jahre alt, die sterben können, wenn sie das Gas einatmen. Sie wurden ohnmächtig, und dabei haben sie doch überhaupt nichts getan, Steinewerfen oder so etwas. Dafür sind sie doch viel zu klein. Dann kamen Nachbarn, um uns zu helfen. Aber die israelische Armee verbot ihnen das. Ein Krankenwagen kam, aber sie schickten auch den Krankenwagen wieder zurück.

In unserer Nachbarschaft haben sie eine ganze Familie in ein Zimmer gesperrt, in dem eine Gasbombe unter dem Bett lag. Die Bombe explodierte nach drei Minuten. Die Leute kriegten keine Luft mehr und mußten ins Krankenhaus. Zwei sind gestorben.»

Über uns kreist seit einiger Zeit ein Flugzeug. «Dann schicken sie Flugzeuge, die Gas werfen. Sie werfen Gas auf die Moscheen, wenn die Leute beten. Oder die Märkte. Die Soldaten schnappen sich einen Händler, schlagen ihn zusammen, werfen sein Gemüse auf die Straße und fahren mit dem Jeep darüber.

Oder sie bringen Jungen aus dem Lager mitten in der Nacht an den Strand, wo die sich ausziehen müssen, und dann werden sie ins eiskalte Meer geworfen oder lebendig begraben. Was glaubt ihr denn, was fühlt eine Mutter, wenn mitten in der Nacht Soldaten kommen, ihren Sohn mitnehmen und ins Meer werfen?

Sie haben uns beleidigt und gedemütigt, wo sie nur können. Sie greifen sich jeden: Kinder, Jugendliche, Greise. Sie müssen ihre Kleider ausziehen oder trommeln oder tanzen. Was fühlt jemand dabei? Stellt euch mal vor, sie würden so etwas mit jemandem wie Ronald Reagan machen? Was würden die Amerikaner wohl tun? Die würden doch sofort in Israel einmarschieren. Aber wir haben keine Waffen, nur unseren Willen und unsere Einheit.

«Und wenn sie die Häuser stürmen, ziehen sie die Frauen an den Haaren.» Nach Auffassung der Moslems üben die Haare eine besondere Anziehungskraft auf Männer aus. Eine ehrbare Frau darf deshalb ihre Haare nur vor engsten Familienangehörigen zeigen. Eine Frau an den Haaren zu ziehen kommt einer sexuellen Schändung gleich. «Und ich schwöre bei Gott, wenn sie meiner Schwester nur ein einziges Haar ausreißen würden, würde ich mich in den Weg stellen und sagen, daß sie lieber mich umbringen sollen. Damit meine ich nicht nur meine leibliche Schwester, alle Frauen sind meine Schwestern vor Gott, im Islam. Auch ihr seid meine Schwestern», fügt Hussein III hinzu.

Jetzt erzählt auch Hussein II, der die ganze Zeit etwas im Hintergrund saß und zuhörte, was seiner Familie widerfahren ist: «Mein Vater ist 55 Jahre alt. Mein Bruder ist acht Jahre alt. Sie nahmen die beiden fest und befahlen ihnen, die Barrikaden von der Straße zu räumen. Kann einer, der 55, und ein anderer, der acht ist, das überhaupt schleppen? Aber wenn sie sich weigern, werden sie geschlagen.»

«Jetzt versuchen sie, uns zu verführen, damit wir mit dem Aufstand aufhören. Sie versprechen uns plötzlich, bessere Häuser mit Strom und Wasser zu bauen. Aber das ist Betrug. Sie wollen uns nur demütigen. Wir sollen uns ihnen unterordnen. Und später werden sie dann sagen, daß sie das Recht haben, hier auf unserem Land ihren Staat zu bauen.»

Hussein III fühlt sich besonders gedemütigt, wenn die Besatzungsmacht versucht, die Unwissenheit der Kinder für sich auszunutzen. «Einmal haben sie einem Kind 100000 Lira gegeben [ca. 10 DM] und forderten von ihm, daß es die Namen all derjenigen aufschreibt, die trotz Ausgangssperre das Haus verlassen. Das Kind fing an, Namen aufzuschreiben. Es konnte ja nicht wissen, was mit denjenigen passieren wird, deren Namen es preisgibt. Als die älteren das merkten, haben sie mit dem Kind geredet. Sie haben es nicht geschlagen. Sie haben ihm erklärt, daß die Zionisten unsere Feinde sind. Und wenn du Geld brauchst, dann geben wir dir Geld, haben sie ihm gesagt. Wenn heute die Israelis kommen und von dem Kind etwas verlangen, dann spuckt es ihnen ins Gesicht und bewirft sie mit Steinen.»

Die Kinder sind fest davon überzeugt, daß man sie umbringen will. Eine andere Erklärung finden sie nicht für das Prügeln Wehrloser, für Gaseinsätze gegen schwangere Frauen, für die Überfälle auf Schulen, Märkte und Krankenhäuser. Er sei ja bereit zu kämpfen, erklärt uns Hussein I. Aber dann sollten die israelischen Soldaten ihre Waffen wegwerfen, damit es ein Kampf zwischen gleichen Gegnern sei. Was sie tatsächlich jeden Tag erleben, hat nichts mit ihren Vorstellungen von Kampf zu tun. In ihren Augen will man das palästinensische Volk vernichten und dagegen müssen sie sich wehren.

Hussein I fragt uns: «Warum machen sie das alles? Sie wollen den Aufstand niederschlagen? Wollen sie das ganze palästinensische Volk ausrotten? Aber die Palästinenser werden immer Palästinenser bleiben, und wir werden Palästina nicht verlassen, was immer sie mit uns machen.»

Verstärkt wird dieser Verdacht durch die ablehnende Haltung der israelischen Regierung gegenüber jedem denkbaren Lösungsvorschlag. Die drei verfolgen genau die Nachrichten und machen sich ernste Gedanken über politische Entwicklungen im Nahen Osten, auch wenn sie das Wort für Weltsicherheitsrat wieder vergessen haben und manchmal einen «unabhängigen» Staat mit einem «stabilen» Staat verwechseln (auf arabisch *mustaghilla* und *mustaghirra*).

«Es ist doch Shamir, der immer nein sagt», beklagt sich Hussein III. «Alle Länder sagen, sie wollen eine Lösung. Nur Shamir sagt: ‹Nein. Nein. Nein.› Aus seinem Mund kommt nichts als ‹Nein›. Hat er etwa jemals ‹Ja› gesagt? Selbst Peres sagt ‹Nein› und Kahane auch.» Und Hussein I: «Wir sind immer beleidigt worden. Es gibt kein Volk, das mehr beleidigt worden ist als wir. Selbst Kakerlaken werden nicht so beleidigt wie wir. Dieser Itzhak Rabin, der sich immer so aufspielt, und dieser Shamir, dessen Gesicht wie das einen Affen aussieht, sie tun so, als wollten sie Frieden. Aber wenn Shultz kommt und sagt: So, jetzt machen wir Frieden mit diesem Volk, mit diesen armseligen Leuten, dann sagen sie: Wir wollen keinen Frieden. Wir bringen sie erst einmal einen nach dem anderen um und wenn keiner mehr übrig geblieben ist, dann machen wir Frieden.» – «Jetzt kommt Shultz schon zum dritten- oder viertenmal. Dabei will er noch nicht einmal eine Lösung für uns, sondern eine im Interesse Israels. Uns will er doch nur übers Ohr hauen.»

Obwohl sie noch Kinder sind, sind unsere drei Husseins sehr selbstbewußt und von dem, was sie tun, überzeugt. Trotzdem scheint das Verhältnis zu ihren unmittelbaren Bezugs- und Autoritätspersonen wie ihren Müttern ungebrochen, solange diese selber hinter den Zielen des Aufstands stehen. «Meine Mutter sagt immer: ‹Wenn sie auf deine Brüder schießen, dann geh mit deinen Brüdern Steine werfen›», erzählt Hussein III. «Viele Mütter machen ja schließlich selber beim Aufstand mit. Über die, die nicht mitmachen, wird schlecht gesprochen. Die Leute sagen, sie sind keine anständigen Frauen.» Aber über allem steht Palästina. «Palästina ist meine Mutter und diese Mutter hat mich gerufen, das Land zu befreien», kommentiert Hussein I nicht ohne Pathos. Repräsentiert wird die Mutter «Palästina» durch die PLO. «Wir machen das, was die nationale Führung und die PLO sagen», erklärt der kleine Hussein. Die PLO sagt zum Beispiel, daß wir ein Volk mit guter Bildung brauchen, das seine Rechte kennt. Deswegen gehen wir in die Schule, wenn die PLO das sagt, drei Stunden jeden Tag. Dann haben wir immer noch genug Zeit zum Steinewerfen. Falls die PLO sagen würde, ihr müßt nachts zur Schule gehen, dann würden wir nachts zur Schule gehen. Und wenn wir nicht zur Schule gehen können, dann lernen wir eben zu Hause. Und wenn Streik ist, dann streiken wir. Wir machen Lärm in der Klasse und gehen auf dem Markt demonstrieren. Dann kommt die israelische Armee, provoziert uns und schießt auf uns. Dazu können wir nicht schweigen – Gewalt schafft Gewalt. Und dann werfen wir Steine. Die sollen nicht denken, daß sie besser sind als wir, daß sie die Kinder Adams sind und wir die Affen. So wie Gott sie geschaffen hat, hat er auch uns geschaffen. Sie haben ihre Freiheit, und wir werden unsere Freiheit kriegen.»

Der Aufstand ist zum Alltag der Kinder geworden. Er spiegelt sich wider in ihren Spielen und Liedern. Das inzwischen im Gaza-Streifen verbreitetste Spiel ist «Araber und Jude». Die Kinder imitieren in diesem Spiel, was sie tagtäglich erleben. Sie bilden zwei Gruppen. Die einen sind «die Juden», die anderen «die Araber». Die «Juden» suchen sich Holzstücke. Das ist das Gewehr oder der Schlagstock. Sie sammeln auf der Straße liegengebliebene Patronenhülsen oder leere Gasgeschosse. Damit verfolgen sie «die Araber». Sie greifen ihren Holzstock, zielen damit auf ihre Spielgefährten und schießen: «Toch, toch toch.» Andere nehmen sich eine Tüte, halten sie vor den Mund und rufen in nachgemachtem hebräischen Akzent: «Wir verkünden hiermit, daß soeben über das Lager Schati die Ausgangssperre verhängt wurde.» Dann laufen sie durch die Gassen, hämmern an Türen von Leuten, auf deren Häuserwände PLO-Parolen stehen, und schreien: «Macht die Sprüche weg! Los! Fegt die Straße!» Die «Araber» werfen mit Steinen zurück. Kinder im Alter von dreieinhalb oder vier Jahren bauen Straßensperren. Natürlich keine richtigen Straßensperren aus großen Steinbrocken, Müllcontainern und brennenden Autoreifen, sondern aus kleinen Steinchen, Murmeln oder leeren Coca-Cola-

Büchsen. Sie reihen diese Steinchen eines neben dem anderen, quer über die Straße. Die Passanten dürfen an der Sperre erst vorbeigehen, wenn sie ihre Hand zuvor zum Victory erhoben haben. Auch die Kinderlieder drehen sich um den Aufstand. Die Kinder dichten neue Lieder oder dichten die Texte traditioneller Kinderlieder um. Sie singen von ihrer Heimat Palästina, von den Fedajin und von ihrem Traum vom eigenen Gewehr. Ein Thema kommt besonders häufig vor: Der Verrat durch die anderen arabischen Länder, den die Kinder als mindestens genauso demütigend empfinden wie die Besatzung. Die Inaktivität der Araber, die nur Krokodilstränen über das Schicksal der Palästinenser verlieren, beweist ihnen auch, daß sie sich nur auf sich selber verlassen können. Das stärkt ihr Selbstbewußtsein.

Schaut ihr Menschen auf der ganzen Welt
Schaut auf uns, auf Gaza, auf die Westbank
überall Demonstrationen und Streiks gegen die zionistische Armee
Peres ruft aufgeregt nach König Hussein
weil die Palästinenser ihr gemeinsames Spiel entdeckt haben
sie können jetzt ihr Süppchen auf dem Müllhaufen der Geschichte weiterkochen.

Das ist eines der Lieder, das uns die Kinder im Schati-Camp vorgesungen haben. In einem anderen Lied singen sie von den Menschen, die nie ihre Hoffnung aufgegeben haben.

Überall wurde geschossen
wir wurden verraten und unsere Kämpfer vertrieben
Sie vertrieben unsere Kämpfer, damit wir dumm bleiben
dann gingen die Könige und Staatsoberhäupter in die Bar, um sich zu betrinken
Aber unsere Sache konnten sie nicht zum Schweigen bringen.
Die Mädchen gingen auf die Felder
und sangen Lieder für die Toten – über die Freiheit.

Das Soweto Israels

Schreibt hin: Ich bin ein Araber
Beschäftigt: im Steinbruch mit meinen Freunden.
Für meine Kinder
muß ich Brot, Kleider und Bücher
aus dem Fels brechen,
denn ich werde nie als Bettler vor eurer Tür stehen.
Seid ihr wütend?

Mahmud Darwisch

60000, vielleicht auch 80000 Palästinenser – das ist mehr als die Hälfte aller Arbeitskräfte im Gaza-Streifen – fuhren bis vor kurzem noch jeden Morgen nach Israel, um dort zu arbeiten. Sie pflückten Jaffa-Orangen und Avocados, arbeiteten als ungelernte Hilfsarbeiter auf Baustellen und wuschen die dreckigen Teller in Hotels und Restaurants. Der israelische Schriftsteller Amos Oz hat Gaza einmal als das «Soweto Israels» bezeichnet. Der Gaza-Streifen ist ein Riesenslum, eine Schlafstadt, ein Reservoir an billigen Arbeitskräften, die ihr Getto nur so lange verlassen dürfen, wie andere von ihrer Arbeitskraft profitieren, ein Gefängnis eingezäunt von Stacheldraht und Mittelmeer, wo Worte wie «Demokratie», «Rechtsstaat» und «Grundrechte» Fremdworte sind.

Als vier dieser Arbeiter bei einem Unfall von einem jüdischen Siedler – vorsätzlich, wie die Palästinenser argwöhnen – getötet wurden, brachen die ganzen Frustrationen auf, die die Palästinenser des Gaza-Streifens jahrelang heruntergeschluckt hatten: Der Aufstand brach los. Seitdem streiken die Arbeiter. Der Busbahnhof in Gaza City und der Platz, von dem aus die Sammeltaxis nach Aschkelon, Jaffa oder Tel Aviv fahren, ist selbst morgens leer. War es früher manchmal fast unmöglich, noch einen Platz in einem der Sammeltaxis zu ergattern, so muß der Chauffeur jetzt eine halbe, manchmal eine ganze Stunde warten, bis er seinen Wagen voll hat.

Die Arbeiter streiken, auch wenn niemand sie dazu zwingt. Die Führung des Aufstands im Gaza-Streifen hat zwar an die Arbeiter appelliert, möglichst nicht mehr zur Arbeit nach Israel zu fahren, aber sie stellt es außer an den Tagen des Generalstreiks jedem frei, wann er streikt und wann er arbeitet. Ein Mitglied des Informationskomitees der nationalen Führung im Gaza-Streifen erklärt uns den Grund. «Hier bei uns sind alle arm. Die meisten leben in Flüchtlingslagern. Auch wenn die Solidarität unter den Leuten sehr groß ist, so kann jemand, der nichts hat, auch nichts verteilen. In der Westbank ist die Situation anders. Dort gehören mehr Leute dem Mittelstand an. Sie haben meistens etwas Geld auf die Seite gelegt und gespart. Es gibt dort viele Bauern, die Lebensmittelvorräte, Schafe, Hühner, Ziegen und Kühe haben und sich selbst versorgen können. Und viele der Palästinenser in der Westbank haben reichere Verwandte in Jordanien oder am Golf, die sie unterstützen. Bei uns sind fast alle Leute arm, sehr arm. Deswegen gibt es wenig zu verteilen. Wir können niemanden zwingen, auf sein Einkommen zu verzichten, wenn wir ihm nicht gleichzeitig erklären können, wo er etwas zu essen für seine Kinder herkriegt. Natürlich tun wir unser bestes, Spenden zu sammeln und Lebensmittel zu verteilen. Aber wir können diejenigen, die von Zeit zu Zeit nach Israel zur Arbeit fahren, auch nicht verurteilen. Die Menschen hier stehen alle hinter dem Aufstand. Wenn jemand unter den jetzigen Bedingungen noch nach Israel fährt, dann nur, weil es wirklich keinen anderen Ausweg für ihn gibt. Er arbeitet dann einen Tag, zwei Tage, um etwas Geld zu verdienen. Wenn er wieder zu Hause ist, geht er sparsam mit dem Geld um und bleibt, solange er kann, der Arbeit fern.»

Ein Bekannter von Selma, mit der wir uns inzwischen angefreundet haben, ist Arbeiter. Auch seine Brüder haben bis zum Aufstand in Israel gearbeitet. Selma schlägt vor, die Familie zu besuchen, dann könnten wir mehr über das Leben der Arbeiter erfahren, die jeden Tag nach Israel pendeln.

Mahmud wohnt am Rande des Schati-Camps. Aber wie schon so oft, scheint uns die Ausgangssperre einen Strich durch die Rechnung zu machen. Die Flüchtlingslager des Gaza-Streifens stehen jetzt schon seit einer Woche unter Ausgangssperre. Allerdings durften gestern die Frauen zwischen fünf und sieben Uhr nachmittags das Haus verlassen, um auf dem Markt das Allernotwendigste zum Leben einzukaufen. Ob es heute auch wieder so ist? Sollen wir so lange warten?

Wir sitzen auf dem Flachdach des Hauses unserer Freundin Selma. Das zweistöckige Gebäude liegt direkt neben dem Camp, von diesem nur durch eine zehn Meter breite Schneise aus sandigem Ödland getrennt. Ab und zu patrouillieren israelische Militärjeeps ums Lager, aber im Moment sind weit und breit keine Soldaten zu sehen. Wir beratschlagen. Sollen wir es wagen? Falls uns Soldaten sehen, werden sie uns wahrscheinlich festnehmen, verhören, unser Material beschlagnahmen und uns aus dem Gaza-Streifen ausweisen. «Sie schießen auf alles, was sich in den Straßen bewegt», warnt Selmas Mutter. Sie hat ständig Angst um ihre Töchter, die ihrer Meinung nach viel zu leichtsinnig sind. Wir beschließen, uns trotz Ausgangssperre in das Lager zu schleichen. Selmas Mutter muß auf dem Dach des Hauses Wache halten, und nachdem sie «grünes Licht» gegeben hat, laufen wir so schnell wie möglich über die Sandschneise in eine der kleinen Seitengassen des Lagers bis zu Mahmuds Haus. Selma klopft an die Eisentür. Die Tür geht einen Spalt auf, und wir schlüpfen in den Hof des Hauses. In den sechs Zimmern, die um den Innenhof gruppiert sind, wohnen insgesamt 27 Personen: Mahmud und seine Eltern, eine unverheiratete Schwester, seine Brüder mit Ehefrauen und Kindern. Die Familie ist überrascht: «Wie seid ihr denn hierhergekommen? Habt ihr denn überhaupt keine Angst gehabt? Hoffentlich hat euch keiner gesehen.» Gleichzeitig freuen sie sich über die unerwartete Abwechslung. Wir nehmen auf Plastikhockern im Innenhof Platz. Obwohl wir im Fastenmonat Ramadan sind, serviert uns eine der Frauen Tee. Die Männer, die sich zu uns gesetzt haben, Mahmud und sein Bruder Adnan, halten sich ohnehin nicht an die Fastengebote des Islam. Selma stellt uns vor und erklärt, was wir wollen.

«Ihr wollt wissen, warum wir diesen Aufstand machen? Warum wir es nicht mehr aushalten?» beginnt Mahmud das Gespräch. «Unser Leben ist zum Alptraum geworden. Das ist überhaupt kein Leben. Der palästinensische Arbeiter soll nichts als arbeiten, essen, schlafen, wie ein Tier. Und dabei berufen sie sich noch auf das Alte Testament. Schon dort steht, daß die anderen Völker den Israeliten Untertan sein sollen. Sie sollen für sie Holz hacken und das Land bewässern. Heute wenden sie diese Haltung für die Palästinenser an. Der palästinensische Arbeiter soll für sie den Boden bestellen, soll ihre Lasten tragen und ihnen möglichst noch das fertige Essen servieren. Und was machen sie? Sie leben wie die Könige in ihren Palästen, machen am Wochenende schöne Ausflüge mit ihren Kindern und reisen einmal im Jahr zur Erholung nach Europa. Und wir sind ihre Sklaven. Und von dem Geld, das sie an uns verdient haben, kaufen sie Waffen und Gas, mit denen sie uns drohen, bloß nicht gegen diese Situation zu rebellieren.»

Mahmud ist verbittert. Vor dem Aufstand arbeitete er in einer Fabrik, die elektrische Heizgeräte herstellte. Seine Aufgabe bestand darin, die Drähte in diesen Heizgeräten auf ihre Funktionsfähigkeit zu überprüfen. Einmal hatte er einen Betriebsunfall. Er streifte ein Kabel, das unter elektrischer Spannung stand. Er erlitt einen Schlag und konnte seine Hand nicht wieder von dem Kabel lösen. «Ich dachte nur noch: Du mußt hier irgendwie loskommen, sonst stirbst du. Niemand war in meiner Nähe. Ich hatte Todesangst. Mit meiner linken Hand griff ich einen Eimer Wasser und goß das Wasser über meinen rechten

Arm, um von dem Strom loszukommen. Das Wasser war kochend heiß, und ich erlitt an der ganzen rechten Körperhälfte Verbrennungen. Aber was sollte ich sonst machen? Ich mußte ja irgendwie von dem Kabel loskommen. Schließlich kam mein Vorarbeiter, ein Israeli, und fragte, was los sei. Ich antwortete ihm: Ich habe einen Schlag gekriegt und habe mich an meinem halben Körper verbrannt. Er holte eine Salbe und sagte, ich solle meinen Körper damit einreiben. Den nächsten Tag blieb ich zu Hause, dann mußte ich wieder zur Arbeit. Wir können uns weder krankschreiben lassen noch kriegen wir irgendwelche Entschädigungen. Wenn das gleiche einem jüdischen Arbeiter zugestoßen wäre, hätte die Sache ganz anders ausgesehen. Sie hätten sofort einen Krankenwagen geholt und ihn zum Arzt gebracht. Bis zu seiner Genesung wäre er im Bett geblieben – mit Lohnfortzahlung natürlich.»

Wer in Israel arbeitet, muß früh morgens das Haus verlassen, oft schon um drei oder vier Uhr. Im Auto, das ihn nach Tel Aviv bringt, nickt er wieder ein und wacht nur auf, wenn das Auto an irgendwelchen Kontrollpunkten angehalten wird. Um sieben Uhr oder halb acht kommt man schließlich am Arbeitsplatz an. Es sind zwar nicht mehr als 80 Kilometer von Gaza nach Tel Aviv, wo der größte Teil der Palästinenser arbeitet, und jüdische Siedler, die sich in einer der achtzehn Siedlungen im Gaza-Streifen niedergelassen haben, brauchen für dieselbe Strecke weniger als eine Stunde, aber Palästinenser werden regelmäßig an den vielen Straßensperren der Armee und am Grenzposten Erez, der Grenze zwischen dem Gaza-Streifen und Israel, angehalten.

Bei der Fahrt in den Gaza-Streifen fällt die «Grüne Linie», die Waffenstillstandslinie von 1948, die den Kernstaat Israel von den 1967 besetzten Gebieten trennt, sofort ins Auge. Der ganze Gaza-Streifen ist mit Stacheldraht umzäunt. Es gibt nur zwei Zufahrtstraßen. Die Übergänge sind eingerahmt von Wachttürmen, auf denen Soldaten, das Maschinengewehr im Anschlag, stehen und die ankommenden und abfahrenden Autos beobachten. Die Personalien der Insassen aller Wagen mit grauen Nummernschildern werden überprüft. Das sind die in Gaza zugelassenen Autos palästinensischer Besitzer. Israelis und die 2500 jüdischen Siedler sind an den gelben Nummernschildern zu erkennen. Sie werden ohne Kontrollen auf einer Extra-Fahrbahn durchgewinkt.

In den Hauptverkehrszeiten, frühmorgens, wenn Zehntausende palästinensischer Arbeiter nach Norden zu ihren Arbeitsplätzen fahren, und spätnachmittags, wenn sie zurückkehren, stauen sich hier lange Autoschlangen. Ein Palästinenser, der bis fünf Uhr arbeiten muß, ist schließlich um acht Uhr abends oder noch später zu Hause. Die Soldaten lassen sich bei den Kontrollen Zeit, ohne Rücksicht auf die wartenden Pkw, Sammeltaxis und Busse mit den grauen Nummernschildern. Manchmal müssen alle Insassen den Wagen verlassen. Sie werden von Kopf bis Fuß durchsucht, das Auto wird durchwühlt und die Sitze herausgenommen, um zu prüfen, ob sich Drogen, Munition oder Waffen darunter verbergen. «Nicht allein die tägliche Warterei morgens und abends zehrt an den Nerven», erzählt Mahmuds Bruder Adnan, «es ist auch die Art, wie sie uns behandeln: die Willkür, die Demütigungen, die Beleidigungen. Nimm ein Beispiel: Die Kontrolle in Erez. Wenn ein Soldat dir befiehlt: Los, gib mir eine Zigarette! gibst du sie ihm besser – dann läßt er dich unbehelligt vorbeifahren. Sagst du ihm aber: Tut mir leid, ich habe keine Zigaretten, ober gar: Dir geb ich keine Zigaretten, dann ist was los. Dann befiehlt er dem Wagen, an die Seite zu fahren. Alle müssen aussteigen, Fahrer und die Fahrgäste werden durchsucht, der Wagen wird durchsucht. Die Reifen werden abgenommen. Man könnte ja Haschisch schmuggeln.

Du hast es eilig, du willst nach Hause, denn jede Minute, die du am Straßenrand wartest, geht von der Zeit ab, die du schlafen kannst. Und wenn sie erst mal anfangen, das Auto auseinanderzunehmen, kann es bis zu drei oder vier Stunden dauern, und du bist erst um Mitternacht zu Hause. Du kannst dir selbst ausrechnen, wieviel Stunden dir dann noch bleiben, um dich für den nächsten Tag auszuruhen...

Oder nimm ein anderes, schon fast alltägliches Beispiel: Stell dir vor, du hast irgendeinen kleinen Fehler im Verkehr gemacht, du bist zum Beispiel zu schnell gefahren. Ein Polizist hält dich an. Du sollst Bußgeld zahlen. Eigentlich wären es 10 Schekel, aber er verlangt 50 Schekel von dir. Die Differenz steckt er in die eigene Tasche. Das ist eine der ungeschriebenen Spielregeln zwischen den Polizisten und den Fahrern der Sammeltaxis, die die Arbeiter jeden Tag nach Israel und wieder zurückbringen. Wenn der Fahrer das Spiel nicht mitspielt, kriegt er tausend Probleme. Er wird vor Gericht gestellt, und der Polizist hängt ihm gleich noch andere Sachen an. Und dann sind es am Ende nicht nur 50 Schekel, sondern 200, 300 oder noch mehr. Aber das ist nicht alles. Obendrein wird dem Fahrer die Lizenz entzogen, und dann muß er tagelang hinter einer neuen Lizenz herlaufen. Während dieser Zeit kann er nicht arbeiten und verdient nichts. Palästinenser sind immer Verlierer. Deswegen bezahlst du lieber sofort, wenn dir ein Polizist zuflüstert: Gib mir 50 Schekel!»

Der Arbeitstag der palästinensischen Arbeiter, die jeden Tag nach Israel pendeln, macht ein Familienleben unmöglich. Adnan und Mahmud haben zwar beide keine Familie, aber sie kennen die Probleme ihrer Brüder und ihrer Kollegen, die sechs, sieben und manchmal noch mehr Kinder haben. Alle leiden unter der Situation: die Kinder, die Väter, die Mütter.

«Der Vater ist fast immer abwesend. Er hat keine Zeit, sich mal in Ruhe mit seinen Kindern zusammenzusetzen. Auch für seine Frau hat er keine Zeit. Dabei gibt es bei uns so viele Probleme, über die sie mit ihm reden, die sie zusammen mit ihm lösen möchte: finanzielle Probleme, Fragen, die die Kinder betreffen, das Haus. Der palästinensische Arbeiter kann das nicht. Wenn er abends nach Hause kommt, ist er total kaputt und will nichts als schlafen. Und morgens stehen die Frauen in aller Herrgottsfrühe mit ihrem Mann auf, um ihm schnell noch ein paar Kartoffeln für unterwegs zu kochen.

Die Kinder kriegt er fast nie zu sehen. Wenn er morgens aus dem Haus geht, schlafen sie noch, und wenn er abends nach Hause kommt, sind sie entweder schon im Bett oder er ist so müde und gereizt von der Arbeit, daß er sie einfach nicht mehr ertragen kann. Bei dem kleinsten Wort platzt ihm die Geduld, er schimpft mit ihnen oder schlägt sie, nicht weil er Probleme sucht, sondern weil die Belastungen, denen er tagtäglich ausgesetzt ist, ihn überfordern. In Wirklichkeit sorgt er sich um die Kinder, mehr als viele andere Väter. Denn wir haben keinen Staat, der ein Mindestmaß an sozialer Sicherheit für die Kinder garantiert. Auch die Leistungen der UNWRA werden von Jahr zu Jahr geringer. Die Kinder brauchen etwas zum Essen, Kleidung, Schulhefte. Die meisten Arbeiter gehen doch überhaupt nur nach Israel, um ihre Kinder satt zu kriegen. Glaub mir, es gibt viel mehr Stunden in unserem Leben, in denen wir verzweifelt sind als Momente, in denen wir glücklich und optimistisch sind.»

Neben den harten Arbeitsbedingungen müssen die Arbeiter noch die tagtäglichen Schikanen auf der Straße durch die Besatzungssoldaten erdulden. «Es kommt vor, daß Soldaten irgend jemanden auf der Straße anhalten: Bleib stehen! Gib uns deinen Ausweis! Dreh deinen Kopf zur Wand! Heb dein rechtes Bein! Tanz uns was vor! Wir möchten auch einen Grund zur Freude haben. Nimm deinen Kumpel auf den Arm! Wer sich weigert, wird geschlagen oder verhaftet, oder sie nehmen ihm den Ausweis ab. Dann muß er zehn Tage von Behörde zu Behörde hinter seinen Papieren hinterherlaufen. Er kann nicht arbeiten, weil er ohne Papiere den Gaza-Streifen nicht verlassen darf. Nicht mal hier darf er auf der Straße ohne Ausweis herumlaufen. Hat er keinen, kann er verhaftet werden. Wir haben immer Angst. Es ist schon zur Gewohnheit geworden, daß man sich ständig in die Brusttasche faßt, um zu überprüfen, ob man seinen Ausweis dabei hat.»

Immer wieder erzählten uns Palästinenser von solchen Schikanen. Männer müssen vor ihren Frauen oder Frauen vor ihren Männern tanzen. Jugendliche müssen auf allen vieren auf der Erde kriechen und wie ein Hund bellen. Wir wollten solche Geschichten zunächst nicht glauben, aber Arna Mer Khamis, eine israelische Jüdin, die dreimal in der Woche im Gaza-Streifen als Kinderpsychologin arbeitet, überzeugt uns, daß das die Realitäten des Besatzungsalltags sind, die sie auch schon wiederholt hat mit ansehen müssen.

Den palästinensischen Arbeitern ist es verboten, in Israel zu übernachten. Zwischen eins und vier Uhr nachts dürfen sie sich nicht im jüdischen Staat aufhalten. Trotzdem bleiben jede Nacht Tausende von ihnen illegal in Israel, um die ermüdende Hin- und Herfahrerei zu vermeiden, das Fahrgeld zu sparen oder weil das geringe Einkommen aus einer Arbeit nicht genügt, um alle Kinder satt zu kriegen. So haben sie zwei Jobs. Morgens auf dem Bau zum Beispiel und abends als Kellner.

Sie schlafen auf den Tischen in den Restaurants, in denen sie arbeiten. Sie schlafen in Lagerhallen am Strand von Tel Aviv, wo zwei Arbeiter sich ein rostiges Metallbett mit einer vergammelten Matratze teilen. Sie schlafen in winzigen Bretterhüttchen zwischen zwei Hochhäusern oder in feuchten Kellerecken. Von Hygiene kann keine Rede sein, und im Winter wird es eisig kalt, weil die Fenster kaputt sind und niemand auf den Gedanken kommt, sie zu reparieren. «Und dann ist da die ständige Angst vor Razzien», fügt Mahmud hinzu. «Nachts durchkämmen Einheiten der Grenzschutztruppen die Gegenden, wo sie palästinensische Arbeiter vermuten. Wenn sie einen erwischen, wird er beschimpft, geschlagen, mit den Füßen getreten und dann in einen Jeep verfrachtet und auf die nächste Polizeistation gebracht. Und von dort ins Gefängnis. Adnan haben sie einmal in Schochnat Tekva in einem Restaurant erwischt. Er arbeitete dort und blieb auch die Nacht über dort. Er wurde verhaftet und für eine Woche ins Gefängnis geworfen. Vorher haben sie ihm noch eine richtige Tracht Prügel verpaßt. Im Gefängnis gab es kein Wasser, keine Möglichkeit, sich zu waschen, kein Klo, nur einen Eimer auf dem Fußboden. Als er wieder herauskam, hatte er Krätze und war psychisch kaputt. Er konnte nicht schlafen, stand jede Nacht auf und lief draußen hin und her.»

Der im Vergleich zu Mahmud schüchtern wirkende Adnan arbeitete vor dem Aufstand in einem Hotel in Israel. Als er jung war, hatte er sich sein Leben anders vorgestellt. Er machte Abitur und wollte dann in Kairo studieren. Als er schließlich die Zulassung für die Universität und das ägyptische Visum in der Tasche hatte, verweigerten ihm die Besatzungsbehörden die Ausreise – ohne Begründung. Aber Adnan vermutet, daß das mit den politischen Aktivitäten seines Bruders Mahmud zusammenhängt. Mahmud war 1971 verhaftet worden. Man warf ihm Kontakte zur Guerilla und Beteiligung am Aufstand 1967 bis 1971 vor. Erst 1985 kam er bei einem Gefangenenaustausch frei. Seit Mahmuds Freilassung leidet seine ganze Familie unter besonderen Auflagen. Allen Familienmitgliedern ist es verboten zu reisen. Sein herzkranker Vater wollte zur medizinischen Behandlung nach Ägypten fahren. Er durfte nicht. Seine Schwester verlor ihre Arbeit als Lehrerin. Selbst sie gilt als Sicherheitsrisiko.

Adnan studierte am Pädagogischen Institut in Gaza, nachdem sich sein Traum vom Studium in Ägypten zerschlagen hatte. Er machte sein Diplom als Grundschullehrer. Als er sich um eine Lehrerstelle bewarb, wurde er vom israelischen Geheimdienst Shin Beth zu einem Gespräch eingeladen. Man forderte ihn auf, mit der Besatzungsmacht zu kooperieren. Er lehnte ab und erhielt Berufsverbot als Lehrer. Ihm blieb nichts übrig, als in Israel Arbeit zu suchen, zunächst als Marktträger, dann in Restaurants und Hotels.

Es gibt viele Akademiker unter den palästinensischen Arbeitern in Israel. Der Mangel an Arbeitsplätzen oder, wie im Fall Adnan, die politische Zensur zwingen sie, als Straßenkehrer, Bauarbeiter oder Tellerwäscher ihr Glück zu versuchen. «Zuletzt habe ich in einem Restaurant gearbeitet, Teller gewaschen. Wenn ich mit dem ganzen Abwasch fertig war, hab ich mir eine Zigarette gegönnt. Sofort kam der Chef: Was soll das? Warum sitzt du hier rum? Hier wird nicht gefaulenzt. Los, schäl die Zwiebeln für den Salat! Ich mußte immer die Zwiebeln schälen. Selbst in der Küche wird noch unterschieden zwischen Juden und Palästinensern. Die Palästinenser müssen die unangenehmste Arbeit verrichten. Deswegen spürt man, wenn man arbeitet, ständig einen Kloß im Magen, vor lauter Wut.»

Damit palästinensische Arbeitskräfte nicht zu unerwünschten Konkurrenten für jüdische Arbeiter werden konnten, richtete die israelische Regierung in den Jahren 1968 bis 1972 in den besetzten Gebieten Arbeitsvermittlungsbüros ein, zwölf im Gaza-Streifen und 23 in der Westbank. Die israelischen Firmen melden den örtlichen Arbeitsämtern ihren Bedarf an palästinensischen Arbeitern. Falls kein jüdischer Arbeiter auf den Arbeitsplatz Anspruch anmeldet, wenden sich die Arbeitsämter an die Arbeitsvermittlungsstellen in den besetzten Gebieten, die wiederum die arbeitssuchenden Palästinenser registriert haben. Die Arbeitsvermittlungsstellen erteilen dann eine Arbeitserlaubnis, die alle vier Monate erneuert werden muß.

Mit dieser Maßnahme hofft die Regierung in Tel Aviv, die Anzahl der in Israel arbeitenden Palästinenser zu begrenzen und entsprechend den Bedürfnissen der israelischen Wirtschaft lenken zu können. Die Löhne holen sich die Palästinenser nicht bei ihrem Chef, sondern bei staatlichen Auszahlungsstellen. Die israelische Einheitsgewerkschaft hatte darauf gedrängt, daß die Löhne der Palästinenser denen der israelischen Arbeiter gleichgestellt werden, um Konkurrenz zu verhindern. Aber die staatlichen Auszahlungsstellen garantieren dem Palästinenser zwar den staatlichen Mindestlohn, nicht aber betriebliche Prämien und Sonderzulagen, Familien- oder Alterszuschläge, die einen erheblichen Teil des Lohns eines israelischen Arbeiters ausmachen. Israelische Sozialwissenschaftler kamen zu dem Ergebnis, daß selbst in Betrieben, die sich angeblich genau an die Regierungsauflagen halten, palästinensische Arbeiter für genau dieselbe Arbeit 30 Prozent weniger Lohn erhalten. Zum Teil dürfte der Lohnunterschied sogar noch erheblich höher sein – vor allem in Betrieben, die Arbeiter unter Umgehung der staatlichen Aufsicht illegal einstellen. Dort verdient ein palästinensischer Arbeiter oft nur ein Drittel des Lohns eines Israeli. Die palästinensischen Arbeiter sind jedoch nicht nur in Lohnfragen gegenüber den israelischen Arbeitern benachteiligt. Palästinensische Arbeiter konzentrieren sich in den schwersten, dreckigsten und am schlechtesten bezahlten Jobs. Auf dem Bau und im Straßenbau sieht man fast nur noch Palästinenser. Sie reinigen die Straßen in den israelischen Großstädten, stehen am Fließband in der israelischen Konservenindustrie und arbeiten in Restaurants und Hotels als Kellner und als Tellerwäscher. Man findet kaum noch Israelis, die bereit sind, solche Arbeiten zu verrichten.

Die israelischen Unternehmer sind begeistert von den Palästinensern. Die israelische Tageszeitung *Davar* weiß warum: «Es ist fast unmöglich, einen israelischen Arbeiter zu feuern, und es ist unmöglich, ihn ohne seine Zustimmung und ohne eine Lohnerhöhung auf einen anderen Arbeitsplatz zu versetzen; ein arabischer Arbeiter hingegen ist außergewöhnlich beweglich, kann ohne Vorankündigung entlassen und von einem Arbeitsplatz auf einen anderen versetzt werden; er streikt nicht und erhebt keine Forderungen wie sein israelischer Kollege. Kurz, aus vielen wirtschaftlichen Überlegungen sind Arbeiter aus den Gebieten ein gutes Geschäft für die israelische Wirtschaft.»

Auch der israelische Staat verdient an den palästinensischen Arbeitern. Ihnen werden vom Lohn automatisch Steuern und Sozialabgaben abgezogen, die in einen sogenannten Reduktionsfonds fließen. Da die Palästinenser jedoch Sozialleistungen in Israel kaum in Anspruch nehmen können, sollen mit diesen Geldern soziale Projekte in den besetzten Gebieten finanziert werden. Allein die Arbeiter aus dem Gaza-Streifen steuern jeden Monat zwischen 2 und 3 Millionen Dollar zu diesem Fonds bei. Davon werden im Jahr 17,5 Millionen Dollar zur Deckung des Defizits der Zivilverwaltung im Gaza-Streifen verwandt, also weit weniger als das, was den Arbeitern vom Lohn abgezogen wird. Außerdem erhebt die israelische Regierung Mehrwertsteuern und Zölle auf alle in den besetzten Gebieten verkauften Waren, die ins israelische Staatssäckel fließen. Ein israelisches Forschungsinstitut, das von dem ehemaligen stellvertretenden Bürgermeister von Jerusalem, Meron Benvenisti, geleitet wird, hat errechnet, daß die israelische Staatskasse Mindereinnahmen von 25 bis 27,5 Millionen Dollar in Kauf nehmen müßte, gingen ihr die Märkte des Gaza-Streifens und die palästinensischen Arbeiter verloren.

Aber nicht alle palästinensischen Arbeiter, die in Israel einen Job suchen, wenden sich an die Arbeitsvermittlungsbüros. Mahmud argwöhnt, daß diese Art der Arbeitsvermittlung der politischen Erpressung dient. «Der Arbeiter, der sich übers Arbeitsamt vermitteln läßt, muß nämlich zunächst mal zum Shin Beth zur ‹Sicherheitsüberprüfung›. Wenn er zu erkennen gibt, daß er bereit sei, mit dem Shin Beth zusammenzuarbeiten, dann hat er seine Arbeit und seine Arbeitsgenehmigung sofort.» Und nicht alle israelischen Unternehmer wenden sich an die zuständigen Arbeitsämter, denn sie müssen höhere Löhne zahlen und unterliegen einer größeren Kontrolle durch die Arbeitsämter. Das schmälert natürlich die Gewinnspannen.

Nach israelischen Schätzungen arbeiten zwischen 25 und 30 Prozent der palästinensischen Arbeiter in Israel schwarz, aus dem Gaza-Streifen ungefähr 15 000. Mahmud schätzt die tatsächliche Zahl noch viel höher ein. Die meisten Arbeiter, die er kennt, arbeiten schwarz, darunter viele Kinder, manche von ihnen nicht älter als zwölf Jahre. Sie finden meistens nur Saisonarbeit, so zum Beispiel auf den Obstplantagen während der Orangenernte. In den letzten Jahren stieg die Anzahl der Kinder, die nach sechs Jahren die Schule verlassen. Die Palästinenser und gerade die Bewohner der Flüchtlingslager haben immer sehr viel Wert auf eine gute Ausbildung ihrer Kinder gelegt. Bildung war für sie das einzige Kapital, mit dem sie hofften, in Zukunft irgendwann einmal ihrem Elend entkommen zu können. Aber Akademiker finden in Gaza kaum Arbeitsplätze.

Angesichts sinkender Öleinnahmen sind die Chancen für Akademiker und Fachkräfte auch am Golf geringer geworden, einen qualifizierten und hochdotierten Job zu finden. Am Anfang des Ölbooms besserten viele palästinensische Familien ihr Einkommen dadurch auf, daß ein oder zwei Söhne nach Saudi-Arabien, Kuwait oder in die Emirate zum Arbeiten geschickt wurden, denen es an qualifizierten Arbeitskräften mangelte. Heute hilft selbst gute Bildung nicht mehr aus der Misere heraus. Der Lebensstandard ist in den letzten Jahren gesunken.

Ein palästinensischer Arbeiter verdient pro Tag etwa 20 Schekel. Das sind ungefähr 22 DM. Davon muß er allein 6 Schekel jeden Tag für den Transport ausgeben. Wenn er Raucher ist, geht noch einmal 1 Schekel für eine Schachtel Zigaretten drauf. Und wenn er unterwegs vielleicht noch ein Sandwich essen will, bringt er abends ganze 1 Schekel nach Hause. Im Monat hat er so weniger als 300 DM.

«Es ist nicht so, daß die Leute nichts lernen wollten», meint Mahmud. «Aber der Vater ist einfach nicht dazu in der Lage, seinem Sohn eine vernünftige Ausbildung zu finanzieren. Es reicht von vorn bis hinten nicht, nicht einmal für das Allernotwendigste zum Leben. Was kann sich denn eine Arbeiterfamilie schon erlauben? Alle paar Jahre mal ein neues Hemd, alle zehn Jahre ein richtiges Festessen oder ein Familienausflug nach Jerusalem. Da bleibt ihm gar nichts anderes übrig, als die Kinder zur Arbeit zu schicken.»

Die Arbeiter, die keine feste Arbeit haben, fahren früh morgens, noch vor Sonnenaufgang, zu bekannten Sammelpunkten in Israel, nach Jaffa, auf den Flohmarkt von Tel Aviv oder nach Bnei Brak und warten, bis einer der Arbeitsvermittler in einem Lieferwagen oder Kleinlaster vorfährt und zwei, drei oder auch zehn der Wartenden wie Waren einlädt. Manchmal kommt niemand. Dann warten sie den ganzen Tag umsonst unter der heißen Sonne. An solchen Tagen sind sie verzweifelt. Sie haben nicht nur nichts verdient, sondern müssen auch noch das Fahrgeld draufzahlen.

Inzwischen hat sich der älteste Bruder Khaled zu uns gesetzt. Khaled hat bis vor dem Aufstand in einer Textilfabrik gearbeitet, Stoffe zugeschnitten. «Ich habe meine Arbeit übers Arbeitsamt gefunden. Aber ich hab nicht viel davon gehabt. Von den 600 Schekel, die ich im Monat verdiente, wurden mir automatisch 200 abgezogen, Versicherungsbeiträge. Aber wenn meine Kinder tatsächlich mal krank wurden, hab ich von der Versicherung nichts gesehen. Davor hab ich zusammen mit einem Freund als Tagelöhner gearbeitet. Einmal hat uns ein Arbeitsvermittler für einen Tag Arbeit verschafft. Am Abend weigerte er sich, uns den Lohn auszuzahlen. Als wir auf unseren Lohn bestanden, holte er ein Dutzend seiner Feunde. Sie schlugen uns zusammen und verschwanden dann. Es kommt auch immer wieder vor, daß Palästinenser irgendwo eingestellt werden und am Ende des Monats von ihrem Chef zu hören kriegen: euren Lohn bekommt ihr nicht. Ihr seid in Wirklichkeit Fedajin und wenn ihr irgendwelche Probleme macht, werde ich euch anzeigen. Dann schlagen sie sie zusammen und schmeißen sie raus.»

Die Arbeitsvermittler benutzen noch andere Tricks, um die illegalen Arbeiter um ihren Lohn zu betrügen. Zum Beispiel: Ein Arbeitsvermittler sucht sich auf einem der Sammelpunkte zwei oder drei Palästinenser und nimmt sie mit an einen entfernten Ort. Dort müssen sie den ganzen Tag lang schwere Arbeit verrichten. Wenn die Arbeiter abends ihren Lohn haben wollen, sagt der Arbeitsvermittler: Ich brauche euch morgen wieder. Die Arbeit ist noch nicht beendet. Ihr kriegt dann morgen den Lohn für beide Tage. Kommt morgen früh an den gleichen Treffpunkt. Ich hole euch von dort wieder ab. Die Arbeiter freuen sich, daß sie für den nächsten Tag eine Arbeit haben. Sie kommen wie verabredet zum Treffpunkt. Sie warten und warten bis zum Nachmittag – umsonst. Der Arbeitsvermittler kommt nicht, sie arbeiten nicht, und ihr Lohn vom Vortag ist auch weg.»

Die meisten der palästinensischen Arbeiter würden lieber im Gaza-Streifen arbeiten, auch wenn hier die Löhne noch niedriger sind. Sie blieben wenigstens in ihrem eigenen Land und hätten mehr Zeit für die Kinder. Aber es gibt keine Arbeitsplätze im Gaza-Streifen. Infolge der Besatzung kam die Wirtschaft vollkommen zum Erliegen. Vor der Teilung Palästinas war Gaza Handelszentrum und Hafenstadt, wo Getreide aus dem Gebiet um Bir Saba, dem heutigen Beerscheva, umgeschlagen wurde. Durch die Waffenstillstandslinien von 1948 wurde die Stadt von ihrem natürlichen Hinterland abgeschnitten. Unter ägyptischer Verwaltung entwickelte sich Gaza zum Dienstleistungsunternehmen für die hier stationierten ägyptischen Truppen. Der Gaza-Streifen wurde zur Freihandelszone erklärt, was den ansonsten abgelegenen Landstreifen auch für Händler aus Kairo attraktiv machte. Trotzdem blieb die Arbeitslosigkeit hoch. Neben dem traditionell bedeutenden Zitrusanbau und Fischfang blieb den Menschen nur Schmuggel und Drogenhandel, um zu überleben. Das hatte ein Ende, als Gaza 1967 von israelischen Truppen besetzt wurde. Die ohnehin schon dahinvegetierende Wirtschaft erhielt den Todesstoß.

Die Besatzungsmacht ging daran, die besetzten Gebiete in einen Absatzmarkt für israelische Produkte und in einen Pool von billigen Arbeitskräften für die israelische Industrie zu verwandeln. Palästinensischer Boden wurde systematisch enteignet und jüdischen Siedlern zur Verfügung gestellt und den palästinensischen Bauern buchstäblich das Wasser abgegraben.

Heute sind die besetzten Gebiete nach den USA zweitwichtigster Absatzmarkt für israelische Produkte. Israelische Firmen können ohne irgendwelche Restriktionen und ohne Zölle zu zahlen alles in die besetzten Gebiete exportieren und zu Dumpingpreisen verkaufen, während die Palästinenser nichts nach Israel exportieren dürfen, was israelischen Erzeugnissen Konkurrenz machen könnte. Und das ist bei Zitrusprodukten und Fisch, den wichtigsten Erzeugnissen des Gaza-Streifens, der Fall. Der Gaza-Streifen und die Westbank sind inzwischen völlig abhängig von israelischen Importen und haben ein ständiges Handelsbilanzdefizit im Handel mit Israel.

Unmittelbar nach der Besatzung übernahm die israelische Militärverwaltung die Kontrolle über das gesamte Wirtschaftsleben, das mit Hilfe von Militärverordnungen gelenkt oder besser systematisch zerstört wird. Diese Militärverordnungen können nicht einmal vom obersten israelischen Gerichtshof überprüft werden.

Noch in den siebziger Jahren fanden 25 Prozent der Arbeitskräfte im Gaza-Streifen Arbeit in der Zitrusproduktion oder ihr nachgelagerten Produktionszweigen, wie Verpackung, Transport u. ä. Noch 1976 wurden 256000 Tonnen Zitrusfrüchte geerntet, 1985 waren es nur noch 140000 Tonnen. Auch die Erlöse sanken. Bevor Israel den Gaza-Streifen besetzte, erhielt ein palästinensischer Bauer für eine Tonne

Orangen 150 Dollar, heute sind es nur noch 90 Dollar. Und verkauft er Überschüsse, die er auf internationalen Märkten nicht loswerden kann, an israelische Saftfabriken, erhält er ganze 60 Dollar.

Vor 1967 exportierte der Gaza-Streifen vor allem in die Niederlande, nach Großbritannien und in die Bundesrepublik. 1968 wurde ihnen der unabhängige Export in die westlichen Länder verboten, wo sie den israelischen Produkten zur Konkurrenz werden könnten. Einen Teil konnten sie noch im Rahmen von Tauschgeschäften in sozialistische Länder exportieren, bis die Besatzungsbehörden auf die als Gegenleistung für die Gaza-Exporte erhaltenen Waren Einfuhrzölle forderten, die oft doppelt so hoch waren, wie der Wert des Produkts selber. Nicht nur der Export, auch die Produktion selber wurde qua Militärgewalt eingeschränkt. Militärbefehle verbieten den Bauern das Anpflanzen von neuen oder das Ersetzen von alten, unproduktiven Bäumen. 1984 wurde ein neuer Befehl erlassen. Danach benötigt man für die Pflanzung eines jeden Baumes eine Autorisation des Militärgouverneurs, auf die man oft jahrelang warten muß. 1985 wurden beispielsweise nur Genehmigungen für das Pflanzen von Feigen- und Dattelbäumen, nicht aber für Orangen- oder Zitronenbäume erteilt.

Die Likud-Partei, die seit 1977 in Israel an der Regierung ist, betrachtet die Westbank und den Gaza-Streifen als integralen Teil eines Großisrael, das «befreite Land des jüdischen Volkes», wie sie es bezeichnen. Sie begannen, systematisch Juden in den besetzten Gebieten anzusiedeln. Mehr als ein Drittel des palästinensischen Bodens ist bereits enteignet. Den ehemaligen Bauern blieb nichts anders übrig, als sich in Israel nach neuer Arbeit umzusehen. Ähnliche Restriktionen, wie für den Zitrusanbau, gibt es auch für den Fischfang, den zweitwichtigsten Wirtschaftszweig im Gaza-Streifen.

Die Industrie im Gaza-Streifen ist völlig unterentwickelt. Es gibt fast nur Familien- und Kleinbetriebe mit weniger als zehn Arbeitskräften. Selbst bescheidene Ansätze zur Entwicklung einer industriellen Basis werden von der Besatzungsmacht unterbunden. Es gibt keine Kreditinstitutionen. Im Juni 1967 wurden alle Banken geschlossen. Bis auf die kleinen Zuliefererbetriebe für israelische Firmen wird den Händlern der Export faktisch unmöglich gemacht, und selbst auf den Märkten in den besetzten Gebieten sind sie starker israelischer Konkurrenz ausgesetzt. Dort, wo Produkte des Gaza-Streifens umgekehrt zur Konkurrenz für die Israelis werden könnten, interveniert die Besatzungsmacht. Einige Zitrushändler aus Gaza City haben mehrfach den

Versuch unternommen, eine Saftfabrik zu errichten, um neue Arbeitsplätze zu schaffen und Preisfluktuationen auf dem Weltmarkt besser ausgleichen zu können. Aber jedesmal lehnte die Militärverwaltung das Projekt ab oder stellte Bedingungen, die den Bau der Fabrik unmöglich machten.

Es gab jahrelang keine Gewerkschaften, die die Interessen der Arbeiter hätten verteidigen können. Die palästinensischen Arbeiter in Israel sind von der Mitgliedschaft in der israelischen Gewerkschaft Histadrut ausgeschlossen, obwohl 1 Prozent ihres Lohns automatisch als Gewerkschaftsbeitrag abgezogen wird.

Im Gaza-Streifen wurde 1964 ein «Gewerkschaftsverband der palästinensischen Arbeiter» gegründet. Diese Gewerkschaft war eng mit der ägyptischen Regierungspartei verbunden. Sie sollte eher eine effektive Kontrolle palästinensischer Arbeiter durch die Ägypter ermöglichen, als wirklich Arbeiterinteressen zu vertreten. Die Hälfte der 5000 Mitglieder waren Kleinunternehmer mit engen Beziehungen zur ägyptischen Verwaltung.

Nachdem die Israelis den Gaza-Streifen besetzt hatten, wurde der Gewerkschaftsverband verboten, das Gewerkschaftseigentum und alle Dokumente beschlagnahmt und die Büros geschlossen. Nach mehrfacher Intervention der ILO, der Internationalen Arbeitsorganisation, einer Unterorganisation der UNO, erlaubte die Besatzungsmacht 1980 dem Gewerkschaftsbund und den ihm angeschlossenen Einzelgewerkschaften, ihre Büros wieder zu eröffnen. Die damit verbundenen Auflagen führten jedoch jede Gewerkschaftsarbeit ad absurdum. Als erstes mußte die Gewerkschaft auf Anweisung des Militärgouverneurs ihr Symbol, eine palästinensische Fahne zwischen zwei Maiskolben, ändern. Die Gewerkschaften durften keine Wahlen abhalten und keine hauptamtlichen Funktionäre beschäftigen. Wer Gewerkschaftsvorsitzender ist, bestimmt die Besatzungsmacht. Ihre Wahl fiel auf den Besitzer einer Fabrik, die Küchenutensilien aus Aluminium herstellt.

Mitglied durfte nur werden, wer schon vor 1967 Mitglied war. Viele alte Mitglieder waren inzwischen gestorben oder ausgewandert, so daß fünf Jahre nach Wiederzulassung die Gewerkschaft nur 500 Mitglieder hatte. Zu jeder Gewerkschaftsversammlung mußte ein israelischer Offizier eingeladen werden. All denjenigen, die schon einmal wegen eines Sicherheitsdelikts verurteilt worden waren, war es grundsätzlich verboten, ein Gewerkschaftsamt zu bekleiden.

Mahmud hat seine Kollegen trotzdem immer dazu ermuntert, sich an gewerkschaftlichen Aktivitäten zu beteiligen. «Auch unter den kompliziertesten Bedingungen ist es immer noch besser, in einer Gewerkschaft organisiert zu sein, als vor Problemen wie Arbeitserlaubnis, Lohnfragen usw. allein zu stehen. Aber natürlich war die Gewerkschaftsarbeit nicht leicht. Die Arbeiter hatten zum größten Teil keinerlei Gewerkschaftserfahrungen. Die Arbeiterklasse im Gaza-Streifen ist ja noch sehr jung. Viele haben auch gar keinen Sinn in der Gewerkschaftsarbeit gesehen. Auf Grund der Restriktionen durch die Besatzungsmacht konnten die Gewerkschaften ja keine Kämpfe führen, in denen sie ihre eigene Notwendigkeit unter Beweis gestellt hätten. Die Arbeiter hatten auch Angst. Jeder, der sich in einer Gewerkschaft registrieren lassen wollte, brauchte die Zustimmung des Shin Beths.

In den letzten Monaten vor dem Aufstand zeichnete sich ein Durchbruch in der Gewerkschaftsarbeit ab. Als erste der sechs Einzelgewerkschaften hielt die Gewerkschaft der Bauarbeiter und Tischler unter Umgehung der Auflagen der Besatzungsmacht Wahlen ab und verabschiedete eigenmächtig neue Statuten, die es jedem Arbeiter der entsprechenden Berufssparten ermöglicht, unabhängig davon, ob er in Israel oder im Gaza-Streifen arbeitet, Mitglied der Gewerkschaft zu werden. Das Beispiel machte Schule. Heute setzen sich die Führungen aller Einzelgewerkschaften aus Arbeitern zusammen. Einige Tausend Arbeiter wurden in kurzer Zeit Gewerkschaftsmitglied.

Seit Beginn des Aufstands hat die Besatzungsmacht alle ihr bekannten Gewerkschaftsführer verhaftet. Die meisten von ihnen befinden sich im Gefangenenlager Ansar III in der Negev-Wüste. Da man ihnen nichts nachweisen konnte, hält man sie in Verwaltungshaft. Das ist eine sechsmonatige Haft ohne Gerichtsurteil, die jederzeit verlängert werden kann. Allen Gewerkschaftsführern wurde die Deportation angedroht.

Auch ohne ihre Führer spielen die Arbeiter eine wichtige Rolle im Aufstand. Mahmud schätzt, daß inzwischen höchstens noch 10 Prozent aller Arbeiter von Zeit zu Zeit nach Israel fahren. 70 Prozent aller im Gaza-Streifen seit Beginn des Aufstands verhafteter Personen sind Arbeiter.

«Wie können wir heute noch in Israel arbeiten?» fragt Mahmud. «Alle von uns sind inzwischen in der einen oder anderen Form Opfer der Politik der eisernen Faust geworden. Entweder hat jemand selber etwas abgekriegt oder er hat einen Sohn, einen Bruder, einen Cousin, der verhaftet, verwundet oder getötet wurde. Ich kann doch nicht einfach so tun, als wäre nichts gewesen und in den Fabriken der Mörder meines Sohnes oder Bruders weiterarbeiten. Und wenn ich doch zur Arbeit gehe, was passiert dann in den Fabriken? Dann werden wir beschimpft: Haut bloß ab von hier. Wir haben die Nase voll von euch. Wir werden jeden Palästinenser, der hierherkommt, umbringen!»

Die Streiks der palästinensischen Arbeiter bereiten der israelischen Wirtschaft inzwischen einige Probleme. Vor allem Bauunternehmer finden kaum noch Arbeitskräfte. Viele Bauten konnten nicht rechtzeitig fertiggestellt werden. Safi Silker, Vorsitzender der Union der Arbeitsvermittler im Baugewerbe, erklärt, man versuche, Angestellte der Baufirmen als Bauarbeiter einzusetzen, Rentner einzustellen, man habe selbst schon versucht, christliche Libanesen aus der noch immer von Israel besetzten «Sicherheitszone» im Südlibanon anzuwerben, aber ohne großen Erfolg. «Wenn der Streik noch lange weitergeht, wird uns wohl nichts anderes übrig bleiben, als Gastarbeiter aus anderen Ländern anzuwerben.»

Auch die Textilindustrie, die vor allem palästinensische Frauen beschäftigt, hat Produktionsausfälle und Exportrückgänge zu beklagen.

Ungefähr ein Zehntel aller Arbeiter aus dem Gaza-Streifen sind Frauen. Eigentlich widerspricht es den traditionellen islamischen Vorstellungen, daß eine Frau außerhalb des Hauses arbeitet. Die Ehre der Frau ist keine Privatangelegenheit, von ihr hängt das Ansehen der ganzen Familie ab. Durch eine Frau, die allein das Haus verläßt, um zu arbeiten, vielleicht sogar allein nach Israel fährt, wird die Familienehre angreifbar, selbst wenn die Frau sich nichts «zuschulden» kommen läßt.

Die meisten Frauen arbeiten gezwungenermaßen, weil kein Mann mehr da ist, um die Familie zu ernähren. Sie sind alleinstehend, verwitwet, geschieden oder ihr Mann ist krank. Im Gaza-Streifen gibt es – Ergebnis der Besatzungspolitik – einen Frauenüberschuß. Viele Männer waren während des Sechs-Tage-Kriegs und während des Bevölkerungszensus, den die Israelis nach der Besetzung des Gaza-Streifens durchführten, im Ausland. Sie arbeiteten am Golf oder studierten in Kairo oder in Europa. Sie erhielten so keine israelischen Identitätskarten und durften deshalb nicht wieder in den Gaza-Streifen zu ihren Familien zurückkehren. Die Frauen mußten zusehen, wie sie die Kinder allein durchbringen. Andere Männer wurden aus politischen Gründen deportiert oder sitzen lange Gefängnisstrafen ab.

Um Ghassan war eine der ersten, die nach Israel fuhr, um zu arbeiten. Heute noch hat sie einen kleinen Lebensmittelladen in Jabalia, dem größten Flüchtlingslager des Gaza-Streifens. Ihr Mann wurde 1967 deportiert. Einmal im Jahr fährt sie seitdem nach Kairo, wo er jetzt lebt, um ihn zu besuchen. Sie war allein, als ihr jüngstes Kind geboren wurde.

«Ich habe ein Jahr lang in Israel gearbeitet, in der Küche in einem Krankenhaus. Die Arbeitsbedingungen waren schlecht. Ich war ganz allein in der Küche. Ich mußte saubermachen und Teller waschen. Niemand half mir dabei. Ich erhielt nur wenig Lohn, weniger als 100 Dollar. Wir wurden morgens um halb sechs mit dem Auto abgeholt und waren abends um acht wieder zu Hause.» Um Ghassan hat neun Kinder, die damals noch klein waren. Die mußte sie allein zu Hause lassen.

«Was blieb mir anderes übrig? Ich hab die Tür hinter ihnen zugemacht, und sie waren allein. Der kleinste war gerade ein Jahr alt. Meine älteste Tochter mußte auf sie aufpassen. Sie war damals sechzehn. Ich hab ihr Geld dagelassen, und sie hat alles im Haus erledigt: einkaufen, kochen, saubermachen, auf die Kinder aufpassen. Zum Glück haben die Kleinen ihr keine Probleme gemacht und sie ist gut mit ihnen fertig geworden. Abends, wenn ich wieder zu Hause war, hab ich mich mit ihnen hingesetzt. Ich habe sie gefragt, was sie den ganzen Tag gemacht haben, was sie in der Schule gelernt haben und hab mir ihre Hausarbeiten angesehen. Sie sollten nicht das Gefühl haben, daß ich sie allein lasse. 1971, als sie auch noch meinen Sohn deportierten, habe ich aufgehört, in Israel zu arbeiten. Ich war wütend und brachte es nicht mehr fertig, bei ihnen zu arbeiten.

Danach hab ich angefangen zu nähen. Ich hatte noch eine Nähmaschine. Zuerst hab ich zu Hause genäht und dann bei der Kirchenunion. Ich hab wenig verdient, 70 Schekel. Aber damals konnte man damit noch irgendwie auskommen. Ich habe 2 Schekel am Tag für Essen ausgegeben und den Rest zur Seite gelegt. Schließlich konnte ich den Laden hier aufmachen.»

Vor ein paar Tagen wurde einer der Söhne von Um Ghassan verhaftet. Ein anderer Sohn wurde schon zu Beginn des Aufstands verhaftet. Er zog sich bei seiner Verhaftung eine Schußverletzung am Bein zu. Sie weiß nicht, wie es ihm geht. Sie weiß nur, daß er ins Gefangenenlager Ansar III in die Negev-Wüste gebracht wurde. Wir trafen Um Ghassan bei einem Rundgang durch Jabalia, als die Ausgangssperre mal wieder für kurze Zeit aufgehoben wurde, damit die

Frauen einkaufen können. Um Ghassan läßt sich durch die ständigen Ausgangssperren nicht einschüchtern. «Manchmal heben sie ja die Ausgangssperre auf. Dann besorgen wir uns etwas zu essen. Wenn wir nichts haben, dann essen wir eben nichts. Dann kochen wir Reis oder Linsen oder machen eine Dose auf. Wir haben uns auf alles eingerichtet. Wir haben uns einen ganzen Sack Mehl zugelegt. Sollen sie uns doch ein ganzes Jahr unter Ausgangssperre stellen. Wir werden ihnen nicht den Gefallen tun zu verhungern.»

Palästinensische Frauen arbeiten in Israel vor allem als Reinmachefrauen in Krankenhäusern und Fabriken oder als Pflückerinnen in der Landwirtschaft. Sie verdienen noch weniger als die Männer – nicht mehr als 15 Schekel am Tag. Es gibt für sie keine Gesundheitsvorsorge und keinen Schwangerschaftsurlaub. Wenn eine Frau entbindet, muß sie unbezahlten Urlaub nehmen. Die meisten Frauen fangen deswegen schon ein paar Tage nach der Geburt ihres Kindes wieder an zu arbeiten.

Nicht alle Frauen, die gezwungen sind zu arbeiten, fahren jeden Tag nach Israel. Obwohl sie in Israel mehr verdienen würden, verbieten ihre Familien ihnen, jeden Tag hin und her zu pendeln. Sie arbeiten in Klein- und Kleinstbetrieben im Gaza-Streifen, Zulieferbetrieben für israelische Großbetriebe, die meisten von ihnen als Näherinnen, manche auch in der Konservenindustrie. Die Löhne sind sehr niedrig, zwischen 15 und 150 Dollar, je nach Dauer der Betriebszugehörigkeit und nach der politischen und sozialen Gesinnung des Besitzers.

Die arabischen Besitzer geben offen zu, daß sie Männern mehr als doppelt soviel zahlen müßten und begründen das damit, daß Männer ja schließlich für eine ganze Familie zu sorgen hätten. Sie profitieren doppelt von dem traditionellen Rollenbild der Frau in der palästinensischen Gesellschaft. Oft bestehen noch patriachalische Beziehungen zwischen einer Arbeiterin und ihrem Arbeitgeber. Er ist ihren männlichen Verwandten persönlich bekannt, die so das Gefühl haben, die Frau in die Obhut einer männlichen Vertrauensperson zu geben. Zum Al-Fitr-Fest, für die Moslems wie bei uns das Weihnachtsfest, bringt er ihren Kindern Geschenke, oder er besorgt ihr zwischendurch mal einen Sack Reis oder Mehl. Das macht die Abhängigkeit noch größer und läßt Forderungen nach höherem Lohn als Undankbarkeit gegenüber ihrem Gönner erscheinen.

Manche Frauen arbeiten auch zu Hause. Arabische Zulieferer, die wiederum für israelische Firmen arbeiten, bringen ihr das Arbeitsmaterial. Eine Nachbarin von Um Ghassan zum Beispiel nimmt Sardinen aus, wäscht sie und legt sie in Fässer ein. Wenn sie nicht gerade Wäsche wäscht, das Haus saubermacht oder für ihre Familie das Essen vorbereitet, verwandelt sie ihre Küche in eine Fischfabrik. Jemand bringt ihr den Fisch, das Salz und die Fässer und holt den zubereiteten Fisch wieder ab. Für welche Firma sie eigentlich arbeitet, weiß sie selbst nicht. Sie hat nie danach gefragt. Sie hockt bei dieser Arbeit den ganzen Tag auf dem Boden und hat dadurch ständig Rückenschmerzen. Wie alt sie ist weiß sie nicht – vielleicht fünfzig, vielleicht sechzig ... «Mein Mann kann nicht arbeiten. Er ist blind, und ich habe sieben Kinder, die muß ich irgendwie durchbringen. Für jedes Faß bekomme ich 7 Schekel. Am Tag schaffe ich fünf, manchmal auch sechs oder sieben Fässer. Aber seit dem Aufstand hat die Arbeit aufgehört.» – «Weil wir seit Beginn des Aufstands die Israelis boykottieren», fügt Um Ghassan hinzu. «Aber wir sind bis jetzt noch nicht verhungert», meint ihre Nachbarin. «Die Leute helfen uns, sie bringen uns Reis, Mehl und manchmal auch Fisch.»

Auch Mahmud ist der Überzeugung, daß die Solidarität untereinander heute die wichtigste Stütze des Aufstands ist. «Das wichtigste für die Fortsetzung des Aufstands ist die Solidarität untereinander. Die Spekulationen über die Unterstützung von außen ist doch alles nur leeres Gerede, um die Leute zu beruhigen. Aber Solidarität spürt man hier im ganzen Gaza-Streifen. Jeder, der etwas hat, gibt es demjenigen, der nichts hat. Die Händler spenden Lebensmittel und Geld, die Städte unterstützen die Camps. Wenn jemand weiß, daß sein Nachbar nichts zu essen hat, dann gibt er ihm, was er braucht. Die Leute teilen alles. Es gibt eine Solidarität, wie wir sie noch nie erlebt haben.

Statt ein Brot am Tag zu essen, teilen wir es mit zwei anderen. Statt ein Päckchen Zigaretten am Tag zu rauchen, rauchen wir nur noch zehn Zigaretten oder gewöhnen uns das Rauchen ganz ab. Die Situation ist zur Zeit so, als hätten zwei Personen ihre Finger jeweils zwischen den Zähnen des anderen. Wer zuerst vor Schmerzen stöhnt, ist der Verlierer. Aber wir haben uns an Schmerzen gewöhnen müssen. Das, was die Soldaten heute mit uns machen, ist im Prinzip nicht neu für uns. Vielleicht sind die Methoden etwas anders geworden.

Und noch etwas ist wichtig. Wir haben keine Angst mehr vor den israelischen Soldaten. Die Besatzungsmacht versucht, uns mit allen Mitteln in die Knie zu zwingen, bis wir sie um Brot anbetteln. Aber wir werden ihnen den Gefallen nicht tun. Wir wollen kein Brot, das mit Demütigungen und Unterdrückung belegt ist. Wir sind geduldig. Das haben wir von den Kamelen in der Wüste gelernt. Wenn ein Kamel hungrig ist, wie ernährt es sich dann? Es zehrt von seinem Höcker. Und es wird so lange Hunger, Schmerzen und Durst widerstehen können, bis es die Oase erreicht hat. Und wir sind optimistisch, trotz der Schwierigkeiten und der Leiden. Wir haben die Hoffnung auf unsere Unabhängigkeit, auf unseren Staat, nicht verloren.»

Lieder für die Toten
Vom Widerstand der Frauen

Die schönste aller Mütter ist die, die auf ihren Sohn wartet.
Er kam. Er kehrte zurück als Gefallener.
Sie weinte zwei Tränen und Rosenblüten
und versteckte sich nicht im schwarzen Trauerkleid.

Aus einem Lied von Marcel Khalife

Wir haben es vor allem den Frauen und Mädchen zu verdanken, daß wir so viel über das Alltagsleben und die Gefühle der Palästinenser vor und während des Aufstands erfuhren. Sie waren – trotz der allgemeinen Skepsis gegenüber Ausländern – uns gegenüber sehr offen und erzählten freimütig, was sie fühlen, was sie bedrückt und was sie denken.

Die meisten palästinensischen Frauen tragen noch das traditionelle palästinensische «Thaub», ein langes schwarzes Kleid mit bunten Kreuzstichstickereien auf der Brust und Blumenbordüren von der Taille bis zum Saum. Während der Woche ziehen sie häufig einen schwarzen Rock aus Kattun über die nachthemdähnlichen Kleider, die sie normalerweise im Haus bei der Arbeit anhaben. Die Haare sind mit einem dünnen weißen Tuch aus Chiffon oder Baumwolle bedeckt. Viele Frauen, die früher eher westlich gekleidet waren, griffen 1967 wieder zum Kopftuch, um sich den Blicken der Eroberer zu entziehen, wie sie uns erklärten.

Natürlich leiden die Frauen wie alle anderen unter der Besatzung. Aber für sie bedeutet Besatzung noch mehr. Vertreibung, die Zerstörung nationaler gesellschaftlicher und politischer Institutionen und die täglich erfahrenen Demütigungen haben unter den Palästinensern tiefe Spuren hinterlassen. Eine eigene gesellschaftliche Entwicklung, anknüpfend am palästinensischen kulturellen Erbe wie in anderen arabischen Ländern ist mangels eines eigenen Staates und gesellschaftlicher Institutionen kaum möglich. Selbst das Wort «Palästina» ist verboten. Die einzigen Wurzeln, die ihnen bleiben, sind die eigenen Traditionen. Die Besatzung fördert so die Rückbesinnung auf traditionelle islamische Werte, die die Frauen auf die Rolle der Hausfrau und Mutter festlegen. Andererseits zwingt aber der Besatzungsalltag, die Abwesenheit der Männer und der Mangel an sozialen Dienstleistungen den Frauen zahlreiche Funktionen auf, die traditionell den Männern vorbehalten waren. Es ist das explosive Gemisch dieses Widerspruchs, das die Frauen im Gaza-Streifen so viel radikaler auftreten läßt als die Männer.

Die Besatzungsmacht ist immer und überall präsent, man kann ihr nicht entgehen. Abends sind die Straßen in Gaza wie ausgestorben – und nicht erst seit Beginn der Intifada. Wegen der vielen Militärkontrollen haben die Leute Angst, das Haus zu verlassen. Die Soldaten könnten sie anhalten, die Ausweise konfiszieren oder sie ohne Grund schlagen. Das verstärkt das Gefühl von Ausgeliefertsein, von Hilflosigkeit und Isolation.

Als einzige Institution, die Schutz bietet, bleibt die Familie. In Ermangelung eines Staates übernimmt die Familie viele soziale Funktionen, wie Krankenpflege und Altersversorgung. Erhält ein Jugendlicher einen Studienplatz im Ausland, kommt die ganze Großfamilie für das Studium auf. Verliert jemand seinen Arbeitsplatz, kommen seine Verwandten für ihn auf.

Aber je mehr soziale und gesellschaftliche Funktionen die Familie übernimmt, um so mehr wird auch die patriachalische Familienstruktur gestärkt. Das Wort «Emanzipation der Frau» – oft mißverstanden als voreheliche Geschlechtsverkehr und das Tragen von Miniröcken – wird identifiziert mit der Kultur der Besatzungsmacht. Und nach den jahrzehntelangen Versuchen der Israelis, die palästinensische Identität zu zerstören, das palästinensische Volk in nicht näher definierte arabische Flüchtlinge zu verwandeln, wird im Bewußtsein der Palästinenser die Übernahme von Lebensformen der Besatzer argwöhnisch als kulturelle Kapitulation vor den Besatzern abgelehnt. Die Tradition wird zur Waffe der Selbstbehauptung. Es sind oft gerade jene Männer, die täglich zur Arbeit nach Israel fahren, die zu Hause besonders hart zu ihren Frauen sind. «Ein Mann braucht die Möglichkeit, seine Männlichkeit nach außen zu demonstrieren. Je mehr ihm das vorenthalten wird, um so mehr möchte er in seinen eigenen vier Wänden das Gefühl haben, Mann zu sein. Die Männer rechtfertigen ihre Härte gegenüber ihren Ehefrauen mit dem ‹schamlosen Verhalten› der Frauen in Israel. Aber das ist nicht der eigentliche Grund. Sie werden innerhalb der ‹grünen Linie› beleidigt, unterdrückt und ausgebeutet. Sie werden zum bloßen Werkzeug degradiert. Die in Israel erlebten Frustrationen lassen sie an ihren Frauen zu Hause aus», erzählt Amal, eine Lehrerin aus Gaza City. Außerhalb des Hauses wird dem Mann eine andere Kultur aufgezwungen, er muß eine ihm fremde Sprache sprechen. Sein Zuhause hingegen ist der Hort seiner Identität, seiner Kultur, wo das Fremde, das Bedrohende ausgeschlossen ist. Die Frau wird zur Hüterin des Hauses, zur Bewahrerin seiner Identität, der Identität der ganzen Familie. Wenn der palästinensische Mann vor den «schamlosen» westlichen Eindrücken auf die palästinensische Frau warnt, so drückt er damit die Angst aus, daß der letzte Halt seiner eigenen Sicherheit angegriffen wird.

Auf die Frage, warum sie ihren Frauen nicht mehr Freiheit zugestehen, haben uns viele Männer geantwortet: «Wir haben alles verloren: Unser Zuhause, unseren Boden, unsere Heimat und unsere Identität – so laßt uns doch wenigstens unsere Ehre.»

Die «Ehre» steht im Mittelpunkt des traditionellen Denkens. Die Familie eines Mädchens ist so lange für die Unversehrtheit ihres Jungfernhäutchens verantwortlich, bis sie mit der Eheschließung der Obhut ihres zukünftigen Ehemannes übergeben wird. Jeder Seitensprung der Ehefrau ist ein Verstoß nicht nur gegen ihre persönliche «Ehre», sondern auch gegen die Ehre ihres Mannes und seiner Familie, der sie in traditionellen Kreisen sogar das Leben kosten kann. Die völlige gesellschaftliche Isolierung ist ihr in jedem Fall gewiß. Viele Familien verbieten ihren Töchtern, allein das Haus zu verlassen; und wenn sie irgendwohin gehen, müssen sie über jeden Schritt Rechenschaft ablegen.

Für junge Leute gibt es kaum eine Möglichkeit, sich gegenseitig kennenzulernen. Koedukation findet nicht statt. Selbst die islamische Universität in Gaza City hat zwei Abteilungen: eine für Männer und eine für Frauen. Es gilt als unanständig, wenn ein Mädchen mit einem jungen Mann ausgeht oder – sofern sie nicht mit ihm verwandt ist – ein Wort auf der Straße wechselt. Freundschaftliche Beziehungen zwischen Mädchen und Jungen ziehen sofort Verdächtigungen nach sich. Wenn eine Frau und ein Mann in einem Raum sitzen, so ist der Teufel der dritte im Bunde, heißt es im Koran.

Die meisten Eheschließungen werden von den Familien vermittelt. Plant ein junger Mann zu heiraten, geht seine Mutter für ihn auf Brautschau und sucht Familien mit Töchtern im heiratsfähigen Alter auf. Die Ehekandidatin serviert der Besucherin Kaffee und wird von ihr ausgefragt. Wenn sie meint, die geeignete Schwiegertochter gefunden zu haben, wird sie den Besuch ein paar Tage später mit ihren Sohn wiederholen. Die beiden Heiratskandidaten dürfen unter den Augen der Familien ein paar Worte wechseln. Wenn sie sich sympathisch sind, wird zwischen ihren und seinen Eltern der Hochzeitstermin und die Höhe des Mahars, des Brautgeldes, vereinbart. Dieses Mahar ist Goldschmuck, den der Bräutigam der Braut «schenken» muß. Das Brautgeld ist eine Art Lebensversicherung für die Frau, falls der Mann sie verläßt oder ihm etwas zustößt. Obwohl der Koran ausdrücklich verbietet, daß eine Frau gegen ihren Willen verheiratet wird, sehen manche jungen Bräute den zukünftigen Ehemann zum erstenmal auf der Hochzeitsfeier, wenn sie der Familie des Ehemannes übergeben wird.

In vielen Familien werden die Söhne den Töchtern gegenüber bevorzugt. Sie erhalten besseres Essen und bessere Kleidung. Die Frau muß dem Mann gehorchen. Das gilt nicht allein für Eheleute. Es kommt vor, daß ein kleiner Bruder seiner älteren Schwester befiehlt, Tee vorzubereiten oder das Essen zu servieren.

Dieser Konservatismus wird von der Besatzungsmacht noch gefördert, aus Furcht, daß fortschrittliche soziale Veränderungen auch eine politische Radikalisierung nach sich ziehen könnten. So waren die Moslembrüder, die eine sehr strikte islamische Gesellschaftsordnung anstreben, die einzige politische Kraft, die zwar nicht offiziell zugelassen, aber unbehelligt von der Besatzungsmacht arbeiten konnte.

*

Trotz der Beschränkungen durch Tradition und alte Bräuche macht keine der Frauen, die wir kennenlernen, den Eindruck eines schüchternen Dienstmädchens oder einer zurückhaltenden, dem Mann ergebenen Ehefrau. Vor allem die Frauen in den Flüchtlingslagern haben eine erstaunlich starke Persönlichkeit. Sie wirken zu allem entschlossen. Auch körperlich sind sie sehr kräftig. Man sieht ihnen an, daß ihr ganzes Leben aus harter Arbeit besteht.

Wir lernen Umm Hussein im Schati-Camp kennen. Im Arabischen werden die Eltern gewöhnlich nach ihrem ersten Sohn benannt. Umm Hussein bedeutet «die Mutter von Hussein». Ihr Mann wird entsprechend Abu Hussein, der Vater von Hussein, genannt. Sie ist die Mutter des ältesten der drei Husseins, die wir in Samiras Haus treffen. Sie setzt sich zu uns, während wir mit den drei Kindern über den Aufstand sprechen, und feuert ihren Sohn an, der ihr allerdings bedeutet, daß er auch allein wüßte, was er sagen wolle. Umm Hussein trägt einen bodenlangen, in der Taille angekrausten schwarzen Rock. Über Kopf und Schultern hängt ein leichtes Chiffontuch. Mit den runden, fast kindlichen Gesichtszügen und einer für Araber ungewöhnlichen Stupsnase ähnelt sie den Fischersfrauen auf den griechischen Ägäisinseln.

Wenn Umm Hussein redet, stemmt sie zur Bekräftigung ihren linken Arm in die Hüfte. Sie ist 34 Jahre alt und hat sieben Kinder, das achte ist unterwegs. Hussein ist ihr Ältester. Als sie achtzehn war, wurde sie von ihren Eltern verheiratet. Ihren Mann hatte sie nie zuvor gesehen. Aber sie hat sich irgendwie mit ihm zusammengerauft. Im ersten Jahr ihrer Ehe lebten sie in einem Zimmer im Haus der Familie des Mannes. Aber es gab ständig Probleme vor allem mit der Schwiegermutter, die sich in alles einmischte. Daraufhin nahm Umm Hussein ihr Brautgeld, verkaufte das Gold und erstand von dem Erlös ein eigenes Haus. Es hatte zwar nur ein Zimmer, aber die junge Familie hatte wenigstens ihre Ruhe.

Auch später legte sie regelmäßig etwas Geld beiseite, und als die Familie langsam größer wurde, verkaufte sie das Ein-Zimmer-Haus und kaufte statt dessen eines mit zwei Zimmern. Eigentlich wollte sie jetzt ein Drei-Zimmer-Haus kaufen, damit die Mädchen und Jungen getrennt schlafen können. «Wir sind nämlich eine anständige Familie», betont sie. Aber der Aufstand ist dazwischengekommen.

Es sind nicht allein die Männer, die auf die «Ehre» der Frau achten. Es gibt nur wenige Frauen, meistens aus den städtischen Mittelschichten, die gegen das traditionelle Rollenbild rebellieren. Die meisten Frauen identifizieren sich mit ihrer Rolle. «Solange wir unter der Besatzung leben, können wir nicht für die Befreiung der Frau kämpfen. Männer und Frauen leiden gleichermaßen unter der Besatzung. Ich denke, es ist die Aufgabe der Frau, die Kinder zu Patrioten zu erziehen. Kampf bedeutet, nicht nur ein Schwert zu tragen. Frauen müssen kochen, waschen, vielleicht noch nähen, um etwas zum Familieneinkommen hinzuzuverdienen. Sie müssen dem Mann ein ‹Zuhause› bereiten. Auch Hausarbeit ist eine Form des Widerstands.»

Solche Positionen sind unter den Frauen im Gaza-Streifen weit verbreitet. Europäischen Frauen mögen sie konservativ und rückschrittlich erscheinen. Für uns wurden sie zumindest verständlich, je mehr wir über die konkreten Lebensbedingungen der Frauen erfuhren.

Das Flüchtlingsdasein, die primitiven Lebensbedingungen in den Camps, die Besatzung und die damit verbundene Vernachlässigung kommunaler Dienstleistungen bringen vor allem für die Frauen zusätzliche Belastungen mit sich. Die Kinder müssen in dreckigen Straßen neben Müllhalden spielen. Für die Frauen heißt das tägliches Wäschewaschen. Waschmaschinen haben wir in Schati nicht gesehen. Aus den staubigen Gassen wird ständig Dreck ins Haus getragen, das mehrmals am Tag saubergemacht werden muß. Im Sommer wird tagsüber oft stundenlang das Wasser abgestellt. Einkaufen kostet Zeit, weil die Frauen mit dem geringen Einkommen ihres Mannes genau haushalten und deswegen oft lange nach den billigsten Angeboten suchen müssen. Wegen unzureichender Transport- und Gesundheitsdienste kostet ein Besuch beim Frauen- oder Kinderarzt einen halben Arbeitstag. 70 Prozent aller Männer im Gaza-Streifen arbeiten in Israel. Sie verlassen morgens um vier oder fünf Uhr das Haus und kommen abends um acht Uhr wieder, manche nur am Wochenende. In der Woche ist der Gaza-Streifen und sind vor allem die Flüchtlingslager reine Frauengesellschaften. Die Abwesenheit der Männer zwingt die Frauen, viele Aufgaben wahrzunehmen, die früher reine Männerdomänen waren, zum Beispiel die Kontakte mit den kommunalen Institutionen oder der Besatzungsmacht. Bei Schulproblemen ihrer Kinder müssen sie sich mit den Lehrern auseinandersetzen. Sie müssen oft stundenlang auf Ämtern warten, um Anträge abzugeben, willkürlich auferlegte Strafen oder Kommunalabgaben zu zahlen. Sie müssen sich um verhaftete Kinder und Angehörige kümmern.

Letztlich garantieren die Frauen den sozialen Zusammenhalt der Gesellschaft. Es ist das Gefühl der ständigen Bedrohung der Familienexistenz, die Angst und die Zukunftssorgen um die Kinder, das Gefühl, mit den ganzen Problemen allein zu stehen, das zu der Radikalität geführt hat, wie Umm Hussein sie uns gegenüber ausdrückt: «Ich bin eine palästinensische Frau, und ich bin unterdrückt. Ich habe überhaupt keine Worte, um zu beschreiben, wie sehr ich unterdrückt bin. Ihr wißt ja nicht, wie wir hier leben. Ihr könnt das überhaupt nicht nachfühlen.»

Umm Husseins Mann ist Fischer, er hat ein kleines Boot. Auch Umm Hussein lebt in ständiger Angst um ihren Mann. «Israel legt uns sehr viele Beschränkungen auf. Zu Anfang verboten sie uns ganz und gar, aufs Meer zu fahren. Sie verfolgten die Fischer mit Kriegsschiffen. Dann nahmen sie ihnen die Zulassungen weg und verlangten, daß sie für irgend etwas Strafe bezahlen müssen – ohne irgendeinen Grund. Zeitweise verboten sie uns, vor der Küste Gazas zu fischen. Sie wollten uns mit diesen Maßnahmen ruinieren. Dabei ist das Einkommen aus dem Fischfang sehr niedrig. Die Familie kann gerade davon leben. Manchmal schießen Kriegsschiffe auf die Fischer. Und wenn sie an Land zurückkehren, warten schon Soldaten in einem Jeep am Strand, um sie zu verhaften. Sie haben versucht, uns hier aus Schati zu vertreiben. Die Fischer sollten ihre Boote woanders ankern, weit weg von hier. Manchmal kamen Siedler und verbrannten die Boote. Und ich spreche von der Zeit vor dem Aufstand.»

Wie ihre Kinder sind auch die Frauen davon überzeugt, daß man die Palästinenser umbringen will. Umm Hussein ist im siebten Monat schwanger. Sie erzählt uns, wie israelische Soldaten eine Gruppe von schwangeren Frauen mit CS-Gasbomben überfielen: «Wir waren etwa zweihundert schwangere Frauen und warteten vor dem schwedischen Krankenhaus. An bestimmten Tagen in der Woche werden dort Vorsorgeuntersuchungen für schwangere Frauen durchgeführt. Plötzlich sah ich, wie Soldaten das Krankenhaus stürmten und Gasbomben warfen – ohne irgendeinen Anlaß. Die Frauen versuchten wegzulaufen. Einige fielen auf den Boden. Zwei Kleinkinder starben an Erstickungsanfällen und dreißig Frauen hatten Fehlgeburten, einige unmittelbar nach dem Vorfall, andere nach ein oder zwei Wochen. Das ist doch kein Leben. Das ist nicht einmal Kolonialismus. Das ist Schlächterei. Sie wollen unsere ganze Nachkommenschaft umbringen.»

Sich wehren ist in den Augen der Frauen die einzige Alternative zum Tod. «Alle Frauen beteiligen sich am Aufstand. Wir boykottieren die israelischen Waren. Wir schicken nichts nach Israel, und wir nehmen nichts von ihnen. Aber jetzt haben sie einen Wirtschaftskrieg gegen uns eröffnet. Sie haben uns auf den Demonstrationen nicht kleingekriegt, und jetzt versuchen sie es, indem sie die Kinder aushungern. Der Markt hat von acht bis elf Uhr geöffnet. Das hat die nationale Führung so festgelegt. Daran müssen wir uns halten. Wir müssen die Anweisungen der Führung und der PLO befolgen. Israel sagt uns: Ihr müßt um elf Uhr auf den Markt gehen. Aber wir machen das Gegenteil. Aus Rache vernichten die Soldaten das Gemüse und die Tomaten vor unseren Augen und schlagen den Verkäufer.» Umm Hussein erzählt uns von einem heimlichen Wunsch: «Bevor ich sterbe, möchte ich einmal das israelische Volk besetzen, nur für eine Stunde. Das genügt. Damit sie einmal selbst erleben, was sie mit uns machen. Allah möge mir diesen Wunsch verzeihen.» Aber sonst ist sie eher versöhnlich. «Wir werden sie nicht so behandeln, wie sie uns behandeln. Wir kennen Gott, und wir kennen die Barmherzigkeit. Wenn die Juden uns nicht so behandeln würden, wären wir ja bereit, mit ihnen in Frieden zusammen zu leben, wenn unser Problem gelöst ist. Juden, Christen und Moslems sind doch ein und dasselbe. Wir glauben alle an den gleichen Gott.» Umm Hussein ist sechs Jahre lang zur Schule gegangen. Sie kann lesen und schreiben, liest Zeitung und verfolgt die Nachrichten im Radio. «Ich weiß, was passiert. Ich bin eine Frau mit politischem Bewußtsein», sagt sie nicht ohne Stolz. Dabei ist Umm Hussein eine einfache Frau, gehört keiner politischen Organisation an und hat das Schati-Camp fast nie verlassen.

Nach der Besetzung 1967 begann die palästinensische Frau sich zu verändern. Statt darüber nachzudenken, wie sie dem Mann am besten gefällt, begann sie, sich Sorgen um die Zukunft ihrer Kinder und der Familie zu machen. Die Frauen wollen Freiheit und sind bereit, dafür zu kämpfen. Mehr als in allen anderen arabischen Ländern ist in ihrem Bewußtsein der Begriff der «Emanzipation» mit nationaler Befreiung verbunden. Während in manchen anderen arabischen Ländern unter Emanzipation häufig gesteigerter Konsum und die Nachahmung westlicher Verhaltensmuster verstanden wird, ist dieser Weg den Frauen im Gaza-Streifen versperrt. Die ökonomische Situation schränkt den Konsum ein, und die westliche Lebensform wird mit der Kultur der Unterdrücker identifiziert.

Die Politisierung der palästinensischen Frau wurde durch das Entstehen einer neuen palästinensischen Frauenbewegung Ende der siebziger Jahre – zunächst in der Westbank und dann auch im Gaza-Streifen – begünstigt und durch den relativ hohen Bildungsstandard der jüngeren Frauen verstärkt. Die Hälfte der Kinder aus den Flüchtlingslagern schließt die Schule mit dem Abitur ab, und mehr als die Hälfte aller Oberschüler aus den Flüchtlingslagern sind Mädchen. (Unter den alteingesessenen Gazaern ist der Anteil sehr viel niedriger.) Der Anteil von Mädchen in Oberschulen im Gaza-Streifen ist der höchste der gesamten palästinensischen Diaspora.

«Es waren die Mütter, die das Bewußtsein der Kinder geschärft haben», erklärt uns Ghada, eine Kindergärtnerin aus dem Schati-Camp. «Im Fernsehen sieht das Kind, wie die Kinder in Israel leben, was für Freizeit- und Bildungsmöglichkeiten die israelischen Kinder haben. Das palästinensische Kind beginnt zu vergleichen: Warum lebe ich nicht so? Warum habe ich kein Fahrrad? Warum habe ich kein Spielzeug? Warum ist meine Schule nicht so schön? Es fühlt, daß ihm etwas fehlt, und es fragt nach den Gründen. Heute haben die Mütter Antworten auf die Fragen der Kinder. Früher hatten sie Angst, ihren Mund aufzumachen. Heute sind die Mütter viel bewußter als früher. Das hat sich wiederum auf die geistige und bewußtseinsmäßige Entwicklung der Kinder ausgewirkt. Heute ist ein fünfjähriges Kind bei uns so weit, wie früher ein zehnjähriges Kind war.»

Und was fühlt Umm Hussein, wenn ihre Kinder sich Straßenschlachten mit israelischen Soldaten liefern? Hat sie keine Angst, daß ihnen etwas zustößt? Sie verneint. Im Gegenteil, sagt sie. Sie ermuntert sie sogar. «Wir haben keinen anderen Ausweg. Ich habe keine Angst um sie, genausowenig wie ich Angst um mich selber habe.»

Natürlich sind die Mütter besorgt um ihre Kinder. Aber sie können und wollen sie nicht halten – sie wissen, daß die Kinder sich mit den Steinen ihre jahrelang erlebten Frustrationen vom Herzen werfen wollen.

«Und neulich kam meine Siebenjährige nach Hause, um ihren Pullover zu wechseln», erzählt uns eine Mutter in Zeitun, einem alten Viertel in der Innenstadt von Gaza. «Sie hatte Steine geworfen und hatte Angst, daß die Israelis sie an der Farbe ihres Pullovers wiedererkennen würden. Bei Gott, ich versuche alles, um meine Töchter davon abzuhalten, auf Demonstrationen zu gehen. Aber ich bin machtlos. Sie verschwinden heimlich. Ich habe alles getan, um meine Kinder zu anständigen Menschen zu machen. Aber es sind die israelischen Soldaten, die die Kinder durch ihr Verhalten zu Haß erziehen.»

Schimpft sie nicht mit ihren Kindern, wenn sie sich trotz Verbot in Gefahr begeben? «Nein, ich bin nicht böse mit ihnen. Denn sie drücken doch nur das aus, was sie im Herzen haben. Sie explodieren einfach, so wie das ganze Volk explodiert ist. Bei uns hat doch niemand mit einem solchen Aufstand gerechnet. Aber es hat sich so viel angestaut, daß alle explodiert sind. Da kann ich doch von den Kindern nicht verlangen, ruhig zu bleiben.»

Umm Aschraf aus Nasser hat sieben Kinder. Das jüngste ist zwei, der älteste, Aschraf, ist siebzehn. Ihr Mann ist im Gefängnis. Ihr Sohn war im Gefängnis. «Selbst meine Kleinsten stellen sich den Soldaten in den Weg, die Hand zum Victory erhoben und sagen: ‹Was wollt ihr hier? Geht nach Hause. Wir wollen euch nicht hier haben!› Wenn ich das sehe, sage ich zu Ihnen: ‹Seid still, sonst schlägt euch der Soldat.› Aber in Wirklichkeit bin ich stolz auf sie. Ich habe natürlich Angst um die Kinder, besonders wenn ich sehe, wie die Soldaten Kinder schlagen. Neulich schlugen sie ein kleines Kind in unserer Straße. Mir blieb das Herz stehen. Dann stürzten wir Frauen uns auf die Soldaten, um ihnen das Kind wegzureißen. Es war verletzt. Wir mußten einen Krankenwagen holen. Es war sieben Jahre alt. Wenn ich Schüsse höre, versuche ich meine Kinder nach Hause zu holen. Das ist doch normal, oder? Jede Mutter handelt so. Aber sie reißen mir immer wieder aus. Andererseits muß ich auch ihre Gefühle respektieren. Wenn ich das nicht täte, würden sie nicht mehr auf mich hören. Deshalb ist es besser, wir Mütter kommen mit, um sie zu beschützen und für sie die Steine zu tragen.»

Für die Frauen im Gaza-Streifen sind alle Kinder ihre Kinder und alle Männer ihre Brüder. Zur selben Zeit, als wir mit Umm Hussein bei Samira Tee trinken, ereignet sich nicht weit von Samiras Haus der folgende alltägliche Vorfall: Israelische Soldaten schlagen auf einen achtzehnjährigen Jungen ein. Dieser wirft sich auf den Boden und stellt sich tot. Die Soldaten wollen die Leiche abtransportieren. Eine Frau, die zufälligerweise vorbeikommt, stürzt sich auf die Soldaten und verbietet ihnen, den Jungen mitzunehmen, es sei ihr Sohn. Andere Frauen eilen ihr zu Hilfe und zwingen die Soldaten abzuziehen. Die Frau hat den Jungen nie zuvor gesehen.

Hat sie keine Angst, selber geschlagen zu werden? «Sollen sie mich schlagen. Ich bin schließlich nichts Besseres als die anderen Leute.»

Der Aufstand hat zu einem starken Kollektivgefühl geführt, das weit mehr ist als gegenseitige Hilfe und Unterstützung. Alle fühlen sich als Teil eines Ganzen. Sie begreifen ihr Leiden nicht als individuellen Schicksalsschlag, sondern als Teil des Leidens des palästinensischen Volkes. Das macht das individuelle Leiden für den einzelnen erträglich und hilft, die Angst zu überwinden.

Dieses Gefühl der Kollektivität schließt nicht allein die Palästinenser im Gaza-Streifen oder in den von Israel besetzten Gebieten, sondern das palästinensische Volk als ganzes ein. Die Kriege der schiitischen Amal-Organisation gegen die Palästinenserlager im Libanon stärkte die Überzeugung, daß die Palästinenser, wo auch immer sie leben, in ihrer Existenz bedroht seien. Und die Solidaritätsbewegung mit den Palästinensern im Libanon war einer der vielen Faktoren, die schließlich zur Intifada geführt haben.

In den Zeiten der Vertreibung und des Exils waren es die Frauen, die den Gedanken an Palästina wachgehalten haben, während die Männer eher bereit waren, aus Rücksicht auf Geschäftsinteressen, aus Angst vor israelischen Spitzeln oder arabischen Geheimdiensten oder aus Scham wegen der erlittenen Niederlage ihre Identität zu verleugnen. 1948 waren es die Frauen, die die Fotos und Dokumente aus Palästina mitnahmen und in irgendeiner Plastiktüte im Kleiderschrank versteckthalten. Es sind die Frauen, die bis heute den Schlüssel des Hauses in Palästina mit sich herumtragen, selbst wenn dieses Haus längst von den Israelis zerstört worden ist. Es sind die Frauen, die das traditionelle palästinensische Kunsthandwerk pflegen. Und es sind die Mütter und die Großmütter, die den Kindern vor dem Schlafengehen Märchen und Geschichten aus dem Heimatdorf in Palästina erzählen. Es sind die Frauen, die Kinder in dem Bewußtsein gebären, daß diese Kinder für Palästina sind.

«Ich habe sieben Kinder», sagt Umm Hussein. «Ich denke nicht an Geburtenkontrolle. Im Gegenteil, ich träume davon, noch einmal sieben Kinder zu bekommen. Damit wir Palästinenser immer mehr werden. Damit wir uns gegen die Israelis wehren können.» In den Augen mancher europäischer Feministinnen degradierte die palästinensische Revolution die Frauen zu Gebärmaschinen, deren Hauptaufgabe es sei, Kanonenfutter für die palästinensische Revolution zu produzieren. Dabei wird übersehen, daß der Wunsch nach vielen Kindern zuallererst ein Reflex auf die Geschichte des palästinensischen Volkes ist, auf eine Geschichte voll von Massakern. Die bitteren Erfahrungen des palästinensischen Volkes treffen auch jede Mutter. Jede palästinensische Mutter lebt in der ständigen Angst, vielleicht stirbt mein Kind, eine Angst, die sie dadurch zu überwinden sucht, daß sie möglichst viele Kinder zur Welt bringt. Eine möglichst große Nachkommenschaft erscheint als der einzige Garant für Sicherheit.

Hani Abu Hamam starb am 18. März im Schifa-Krankenhaus an einer Schußverletzung. Hanin, eine der drei jüngeren Schwestern Selmas, bringt uns zu Umm Hani, zur Mutter Hanis, die wie viele unserer Gesprächspartnerinnen im Schati-Camp lebt. Auf dem Weg dorthin erzählt sie uns, was an dem Freitag, an dem Hani starb, passierte. «Sie hatten gerade die dreitägige Ausgangssperre aufgehoben. Es war die Zeit des Freitagsgebets. Ich ging vor die Tür und sah acht Jeeps in Richtung auf das Lager fahren. In jedem Jeep saßen ungefähr acht Soldaten. Ich sagte zu meiner Schwester: Sie fahren wahrscheinlich zur Moschee und die Jungen dort haben nichts, um sich zu verteidigen. Wir zogen uns schnell an und rannten zur Moschee, um die Betenden zu warnen. Auf dem Weg dorthin klopften wir an alle Haustüren und sagten zu den Frauen: Die Soldaten wollen die Moschee stürmen. Kommt schnell, wir müssen alle zur Moschee laufen, um unsere Söhne und Brüder zu verteidigen. Alle Frauen machten sich auf den Weg. Als wir an der Moschee ankamen, warteten die Soldaten schon draußen auf die Jungen. Zunächst warfen sie Steine in die Moschee. Die Männer hörten auf zu beten und warfen zurück. Dann warfen die Israelis Gas in die Moschee. Wir Frauen schrien: Sie wollen unsere Jungen ersticken.

Alle Leute kamen aus ihren Häusern, und es gelang uns, die Soldaten einzukesseln.

Sie schossen auf uns, zuerst mit Gummigeschossen, dann mit scharfer Munition. Sie durchlöcherten selbst die Eisentüren der Moschee mit Gewehrsalven. Wir glaubten, sie wollten unsere Brüder in der Moschee umbringen. Deswegen warfen wir Steine auf die Soldaten. Die Jungen kamen aus der Moschee und griffen die Soldaten von der anderen Seite an. Diese rannten, so schnell sie konnten, zu den Jeeps und schrien die Fahrer an: Fahrt, so schnell ihr könnt, weg, die Araber bringen uns sonst um. Sie ließen die Schlagstöcke auf dem Boden liegen, und die Jungen brachten sie in die Moschee. Auch wir Frauen gingen in die Moschee. Wir wollten wissen, was geschehen war. Wir fanden Kinder, Jugendliche, alte Männer, die unter fürchterlichen Erstikkungsanfällen litten. Fünf hatten Schußverletzungen. Krankenwagen kamen, um die Verletzten ins Krankenhaus zu bringen.

Dann versammelten wir uns und formierten uns zu einer Demonstration. Keiner blieb zu Hause. Als wir an der UNWRA-Schule ankamen, kam ein Hubschrauber. Er flog direkt über unsere Köpfe. Aber wir gingen mit erhobenem Kopf weiter. Wir riefen: ‹Wir knien nicht vor euch nieder. Eure Flugzeuge können uns keine Angst machen.› Und wir hoben unsere Hände zum Victory.

Dann warfen sie Gas aus dem Hubschrauber. Aber die Leute liefen nicht weg. Sie riefen weiter Parolen gegen die Besatzung. Der Hubschrauber kehrte um, flog erneut über unsere Köpfe und warf ein zweites Mal Gas auf uns. Aber keiner hatte Angst. Wir riefen: Lieber tot als ein Leben voller Demütigung. Alle waren bereit zu sterben. Die Israelis forderten uns auf, in die Häuser zurückzukehren. Aber die Jungen hörten nicht auf sie. Sie lieferten dem Militär noch zwei Stunden lang Straßenschlachten. Wir Mädchen gingen zwar nach Hause, beobachteten aber die Situation von der Haustür, immer bereit einzugreifen, falls die Jungen unsere Hilfe bräuchten. Plötzlich kamen Jungen mit einem Lastwagen. Darauf war die Leiche eines Gefallenen, in eine palästinensische Fahne gewickelt. Sie sagten, der Tote sei Hani Abu Hamam. Meine Mutter kannte ihn. Sie sagte: Seine arme Mutter. Die Juden haben schon seinen Vater umgebracht und jetzt auch noch den Sohn. Es war ihr einziger Sohn.»

Wir treffen Umm Hani, ihre beiden Töchter und ein paar Nachbarinnen zu Hause an. Sie sitzen auf grüngemusterten Plastikmatten im überdachten Innenhof des Hauses und verlesen Linsen. Wir sprechen

Umm Hani unser Beileid aus. Eine von Hanis Schwestern holt aus dem Wohnzimmer zwei Bilder. Ein vergrößertes Porträt Hanis und eine Kollage: alte Fotos des Bruders zwischen Symbolen palästinensischer Identität: der grün-weiß-schwarz-roten Fahne und der Landkarte Palästinas. Umm Hani macht einen gefaßten Eindruck. Sie trauert um ihren Sohn, aber sie bemitleidet sich nicht. «Ich bin Witwe. Er war mein einziger Sohn. Ich habe mein ganzes Leben lang gearbeitet, um ihn und die Mädchen großzuziehen. Er stand kurz vor dem Abitur. Und dann kommt ein Soldat und erschießt ihn. Die Jungen werfen Steine, und die Soldaten haben Gewehre. Die Jungen laufen ungeschützt auf der Straße herum, und die Soldaten verschanzen sich in ihren Jeeps. Die Juden behandeln uns sehr schlecht. Sie schlagen uns, sie beleidigen uns, sie überfallen unsere Häuser und zertrümmern das ganze Mobiliar. Kann ein fast erwachsener Junge da schweigen? Kann man es den Jungen verdenken, daß sie Steine werfen?»

Der Tod von Hani macht sie nur noch entschlossener, den Weg von Hani fortzusetzen. «Wir werden nie wieder zurückkehren zu der Situation vor dem Aufstand. Wie könnten wir unsere Märtyrer vergessen, alle, die ihr Leben gelassen haben. Unser ganzes Volk leidet. Und diejenigen, die nicht tot sind, werden nach Ansar verschleppt und man bricht ihnen die Knochen. Sie haben meinen Sohn erschossen. Was glaubst du, wie ich da als Mutter fühle, wenn ich einen israelischen Soldaten sehe. Nein, die Intifada wird nicht aufhören. Wir werden weitermachen bis zu einer Lösung oder bis zu unserem Tod.»

Später erzählt uns Hanin von der Beerdigung Hanis. «Wir zogen alle zu dem Haus des Gefallenen. So eine große Demonstration hat es im Schati-Camp noch nie gegeben. Die Jungen trugen palästinensische Fahnen, die Bilder der palästinensischen Führer und schwarze Trauerfahnen. Sie riefen: Mit unserer Seele und unserem Blut werden wir uns für dich opfern. Die Frauen sangen und schrien, als würden sie die Hochzeit von Hani feiern. Als wir an dem Haus des Märtyrers ankamen, sagten die Frauen zu Hanis Mutter: Umm Hani, sing und schrei, so laut du kannst, damit die Mutter des Schahid (arab. Märtyrer) in den Flüchtlingslagern im Libanon die Rufe der Mutter des Schahid in Gaza hört, so wie wir die Rufe der Mütter der Märtyrer im Libanon gehört haben, so müssen sie heute unsere Rufe hören. Deswegen singe und rufe, Umm Hani. Und alle Frauen stimmten in ihre Rufe ein.»

Uns kam es etwas makaber vor, die Trauerfeier für ein Opfer des Aufstands wie eine Hochzeit zu begehen. Für Hanin besteht dieser

Widerspruch zwischen Trauer und Freude nicht. Die Moslems glauben, daß ihre Märtyrer ins Paradies kommen, wo sie ein besseres Leben erwartet. Deswegen ist der Märtyrertod für den Gefallenen «Farah», ein freudiges Ereignis. Der Märtyrertod ist für die Moslems wie eine Hochzeit, die eine neue, eine glücklichere Phase des Lebens einleitet. «Deswegen bereiten wir unseren Märtyrern ein Hochzeitsfest. Das sind wir ihnen schuldig», meint Hanin.

Aber es gibt auch eine weniger theologische Erklärung, für diese Art mit Leiden umzugehen, die uns der Arzt Dr. Bassam gab: «Die Leute feiern ihre Märtyrer. Sie sagen, sie seien auserwählt von Gott, in den Himmel zu kommen. Das ist eine Form der Rationalisierung. Eines Tages werden sie trauern. Die Trauer wurde nur zurückgestellt.»

*

Der Aufstand ist inzwischen so etwas wie eine neue Lebensform geworden, die den Alltag bestimmt. Die Menschen, die wir getroffen haben, identifizieren sich alle mit den Zielen der Intifada. Sie haben beschlossen durchzuhalten, auch wenn ihnen das Entbehrungen abverlangt. Der Konsum wird auf das Notwendigste beschränkt, der Kauf von neuen Kleidern auf die Zeit nach dem Aufstand verschoben. Hochzeiten werden ausgesetzt oder nur noch im engsten Familienkreis gefeiert, und das Brautgeld beträgt nur noch einen Bruchteil der vor dem Aufstand zu zahlenden Summe.

Die Menschen im Gaza-Streifen haben eine erstaunliche Fähigkeit entwickelt, sich an die immer neuen Maßnahmen anzupassen, mit denen die Besatzungsmacht versucht, den Aufstand in die Knie zu zwingen. Die Leute «gewöhnen» sich an die Unterdrückung und entwickeln ihre eigenen «Gegenstrategien». Das hat zur Folge, daß viele der israelischen Maßnahmen nicht mehr greifen, weil sie keinen Schrecken mehr verbreiten und nicht mehr einzuschüchtern vermögen.

Es sind die Frauen, die die Intifada zum Lebensalltag gemacht haben. Die Hausfrauen haben ihren Küchenzettel umgestellt. Auf Fleisch und Hähnchen wird weitgehend verzichtet. Statt jeden Tag zu kochen, bereiten die Frauen nur noch jeden zweiten oder dritten Tag eine warme Mahlzeit zu. Die Mütter erklären selbst ihren jüngsten Sprößlingen, daß sie sich nicht beklagen dürften, wenn es jetzt statt drei nur noch zwei Mahlzeiten am Tag gibt – man müsse eben Opfer für seine Freiheit bringen.

«Die Intifada hat uns gelehrt, mit allem zu wirtschaften. Sie hat zu einer neuen Disziplin geführt», sagen die Frauen im Schati-Camp. Diese Disziplin geben die Frauen auch an ihre Kinder weiter, die so nicht nur zu Geduld und Bescheidenheit innerhalb der eigenen Familie erzogen werden, sondern vor allem lernen, daß der Kampf für Unabhängigkeit und Freiheit Organisation und Disziplin voraussetzt.

Fathiya wohnt im Zentrum des Schati-Camps. Hinter einer schweren Eisentür befindet sich ein kleiner Vorhof, links davon schließt sich ein Innenhof an, um den vier Zimmer und die Küche gruppiert sind. In dem Haus wohnen drei Familien, Fathiya und ihr Mann, seine beiden Brüder mit Ehefrauen und unzählige Kinder. Ein Schwager ist vorläufig zu Verwandten nach Gaza City gezogen, denn seit in dem Haus zweimal CS-Gasbomben explodierten, leidet er unter Atembeschwerden und braucht ständig ärztliche Betreuung. Im Flüchtlingslager muß er immer damit rechnen, daß eine Ausgangssperre verhängt wird. Trotzdem leben noch immer achtzehn Personen in dem kleinen Haus. Gleich das erste Zimmer gehört Fathiya und ihrer Familie. Die Wände sind nicht verputzt. Im Kleiderschrank hängt die Tür nur noch an einem Scharnier. Auf dem Boden liegen ein paar Matratzen und Wolldecken. Wenn sie auf einen Stuhl klettert, kann sie den Marktplatz von Schati beobachten. «Von hier aus krieg ich alles mit. Ich sehe, wie die Soldaten versuchen, die Läden, die morgens geöffnet haben, mit Gewalt zu schließen. Wenn Ausgangssperre ist, schleppen sie immer wieder Jugendliche aus ihren Häusern hierher und verprügeln sie mit Schlagstöcken.»

Wir lernten Fathiya im Haus von Samira kennen. Im Gegensatz zu den anderen Frauen, die lebhaft diskutierten, saß Fathiya etwas abseits in einer Ecke, redete kein Wort und musterte uns mit kritischem Blick. Ausländer stehen immer unter dem Verdacht, von den Israelis geschickt zu sein, erklärt sie uns. Sie habe uns beobachtet. Dann sei sie zu dem Schluß gekommen, daß wir eigentlich ganz ehrlich aussähen. Aber wir sollten sie nur nicht täuschen, warnt sie uns. Wir sitzen zwischen Hühnern, Holzscheiten und einem Ofen aus Eisen in dem kleinen Innenhof, der kaum größer als vier Quadratmeter ist. Auf einem kleinen Beet baut Fathiya etwas Gemüse und Kräuter an. Ein paar Nachbarsfrauen drängen sich neugierig ins Haus und fragen uns aus: Woher wir kämen, was wir in Schati wollten, ob wir verheiratet wären und Kinder hätten.

Die Flüchtlingslager stehen seit Beginn des Aufstands mit nur kurzen Unterbrechungen unter Ausgangssperre. Zehn, zwölf, fünfzehn oder manchmal mehr als zwanzig Personen sind dann für eine Woche oder noch länger in kleinen Hütten mit oft nicht mehr als zwei Zimmern eingesperrt, ohne zu wissen, wann sie ihr Gefängnis wieder verlassen können. Die ersten Ausgangssperren trafen sie völlig unerwartet. Das Essen ging nach ein paar Tagen aus. Lebensmittellieferungen von internationalen Organisationen, wie der UNO-Hilfsorganisation für palästinensische Flüchtlinge oder von Palästinensern, die in Israel leben, wurden nicht in die Lager gelassen und zum Teil von israelischen Soldaten vernichtet. Unter den Lagerbewohnern verbreitete sich die Überzeugung, man wolle sie aushungern.

Fathiya erzählt, wie sie während der Ausgangssperre leben. Das erste Mal haben sie zwei Wochen lang nur von Reis und getrockneten Hülsenfrüchten gelebt. «Das größte Problem war, daß die Israelis zwischendurch das Wasser abstellten. Wir haben zum Glück einen Wassertank auf dem Dach. In einigen Häusern haben sie die Tanks kaputtgeschossen. Die Leute hatten nichts mehr, um die Linsen und Bohnen weichzukochen.»

«Uns ist während der Ausgangssperre das Milchpulver ausgegangen», erzählt Sahar, die Nachbarin und Freundin von Fathiya. «Und wegen des Lebensmittelmangels haben die stillenden Mütter weniger Milch und müssen ihren Kindern dann abgekochtes Wasser zu trinken geben.» Die Kinder leiden besonders unter der Enge der Häuser. «Wenn Ausgangssperre ist, denken wir uns laufend neue Spiele für die Kinder aus. Wir müssen sie ja mit irgend etwas entschädigen», sagt Sahar, selbst Mutter von sechs Kindern. «Oder wir machen Schulaufgaben mit den Kindern, damit sie das in der Schule Gelernte nicht vergessen. Mein jüngster Sohn ist noch klein. Er geht in die erste Klasse. Er hat das ganze Schuljahr verloren und kann noch einmal von vorn anfangen. Ich versuche, ihm zu Hause wenigstens die Buchstaben beizubringen. Denn Wissen ist doch das einzige, was wir haben. Wir unterrichten unsere Kinder auch während der Ausgangssperre. Denn wir wollen eine gebildete und bewußte junge Generation heranziehen.»

Weil die Häuser so klein und eng sind, werden normalerweise viele Hausarbeiten auf der Straße erledigt. Die Frauen backen das Brot auf der Straße, damit das Haus nicht verräuchert, und sie spannen ihre Wäscheleinen über die engen Gassen. In viele der kleinen Innenhöfe fällt so wenig Sonne, daß die Wäsche nicht richtig trocken wird.

«Bei uns im Haus leben 23 Personen, davon fünf Kleinkinder», erzählt Sahar. «Wir haben drei Zimmer und eine Küche. In diesen vier Räumen müssen wir kochen, waschen, und die Kinder wollen spielen. Die dreckige Wäsche lassen wir meistens so lange liegen, bis die Ausgangssperre wieder aufgehoben wird.

Wir können nicht nach draußen gehen. Wir müssen den Ofen mit ins Haus nehmen und drinnen backen; zwischen all den Kindern der Rauch und das Feuer. Wir können nicht einmal den Abfall wegwerfen. Wir müssen ihn in Plastiktüten sammeln und so lange aufheben, bis die Ausgangssperre wieder aufgehoben wird.»

«Die Kinder werden vollkommen verrückt», ergänzt Fathiya, «sie verstehen nicht, warum sie plötzlich nicht mehr auf der Straße spielen dürfen. Mein Zweitjüngster versuchte immer, die Hoftür zu öffnen und auf die Straße zu laufen. Ich mußte das Tor regelrecht mit einer Eisenstange verrammeln. Aus Protest klopfte er mit seinen Fäusten von drinnen an die Tür. Das hat die Aufmerksamkeit der Soldaten auf sich gezogen, die dachten, wir wollten das Haus verlassen. Zweimal haben Patrouillen Tränengasbomben in unser Haus geworfen, einfach so über die Mauer in den Hof. Manchmal werfen sie Steine in die Häuser. Einmal ist mir ein solcher Stein in den Kochtopf gefallen. Mir war das Gas ausgegangen, so daß ich draußen im Hof auf meinem Holzofen, den ich sonst nur zum Brotbacken verwende, kochen mußte.

Einmal wurde für drei Tage der Strom abgestellt. Wir konnten die Kinder noch nicht einmal mehr vor den Fernseher setzen. Wir konnten keine Musik hören und waren von allen Nachrichten abgeschnitten.»

«Wenn Ausgangssperre ist, laufen die Soldaten nachts durch die Gassen des Camps. Sie schlagen mit Stöcken, Gewehrkolben und Fäusten gegen die Türen und Mauern und schreien: Seid ruhig, ihr Tiere. Warum hört man eure Stimmen auf der Straße? – Selbst wenn es nur die Stimme eines kleinen Kindes ist, das weint. Wir haben ständig Angst, daß sie die Häuser durchsuchen, alles zusammenschlagen und unsere Männer verhaften. Immer wenn ich Soldaten draußen auf der Straße höre, kriege ich Angst. Dann schreie ich die Kinder an: Seid still! Manchmal schlage ich sie auch, damit sie still sind.»

«Wir leben in einem ständigen Zustand der Angst. In meinem ganzen Leben hab ich noch nichts Schlimmeres erlebt. Man nimmt uns unsere Söhne. Man nimmt uns unser Leben. Man nimmt uns unseren Schlaf.»

Umm Salim, etwa sechzig Jahre alt, kommt aus Deir El-Balah, einem kleinen Flüchtlingslager etwa zehn Kilometer südlich von Gaza City. Sie besucht Verwandte im Schati-Camp. Bei einem Bombenangriff auf Deir El-Balah während der Eroberung des Gaza-Streifens 1967 hat sie ihr linkes Bein verloren. Ihr Bruder kam damals ums Leben. Einer ihrer Neffen wurde vor dem Aufstand von Besatzungstruppen erschossen, und ein anderer starb im März an den Folgen einer Schußverletzung.

«Ich habe sieben Söhne und drei Töchter. Meine Söhne schlafen nicht mehr zu Hause. Sie sind mal hier mal da. Sie haben Angst. Kaum einer der Männer schläft zu Hause. Jeden Tag kommen die Soldaten und hämmern an die Türen. Meistens sind nur wir Frauen im Haus. Sie können doch von den Frauen nicht verlangen, die Tür zu öffnen. (Nach islamischer Tradition gilt es als unanständig, wenn eine Frau einem fremden Mann die Tür öffnet.) Wenn wir nicht aufmachen, treten sie mit dem Fuß gegen die Tür. Dann hauen sie gegen die Fenster. Gestern erst haben wir die Tür reparieren müssen. Wenn man die Tür öffnet, stürmen sie sofort ins Haus, schlagen die Jungen zusammen, nehmen ihnen die Ausweise ab und befehlen ihnen, die Straße zu fegen. Und wenn man sie nicht reinläßt, dann werfen sie Gas ins Haus, und die Kinder ersticken.

Sie wollen uns aushungern. Als sie das erste Mal eine Ausgangssperre verhängten, kochten wir Reis mit Tomatenmark und Weizengrütze mit Tomatenmark und Brot mit Tomatenmark. Wenn die Kinder krank sind, müssen wir sie zu Hause behandeln. Wir können nicht zum Arzt gehen. Wenn jemand das Haus verläßt, muß er damit rechnen, zusammengeschlagen zu werden.

Einmal habe ich Zahnschmerzen während der Ausgangssperre bekommen. Ich konnte nicht zum Zahnarzt gehen, um mir den Zahn ziehen zu lassen. Mir blieb nichts anderes übrig, als ihn mir mit einem Faden selber zu ziehen.

Meine Tochter hat sich das Bein gebrochen. Sie wollte aufs Dach klettern, um Holz herunterzuholen. Wir wollten Brot backen. In dem Moment, wo sie wieder herunterkletterte, klopften Soldaten an die Tür. Sie kriegte so einen Schreck, daß sie fiel und sich das Bein brach. Es ist immer noch in Gips, seit mehr als einen Monat.

Meine Schwiegertochter kann ihr Bein nicht mehr bewegen. Reine Nervensache, sagen die Ärzte, von der Angst. Jetzt hinkt sie durchs Haus wie eine alte Frau, die ihre Jugend längst vergessen hat. Dabei ist sie erst zwanzig Jahre alt.

Meine andere Schwiegertochter war im neunten Monat schwanger. Sie ließ sich von den Nachbarn über die Mauer einen Eimer Wasser herüberreichen, denn die Soldaten hatten uns das Wasser abgestellt und den Wassertank auf unserem Dach kaputtgeschossen. Plötzlich kriegte sie Wehen. Ich habe sie entbunden und die Nabelschnur durchtrennt. Ich hatte Angst, daß sie mir während der Geburt stirbt. Dann hab ich die Nachbarn gefragt, ob sie noch Fleisch oder etwas Hähnchen hätten. Aber auch sie hatten nichts. Wir buken Brot und gaben ihr das Brot mit Salz und Olivenöl. Das war alles, was wir hatten. Nach sieben Tagen wurde die Ausgangssperre endlich aufgehoben. Dann gingen wir los und kauften zwei Hähnchen. Sie aß ein ganzes Hähnchen und am nächsten Tag noch eins. Dann wurde wieder Ausgangssperre verhängt.»

Ein paar Tage nach unserem Besuch bei Fathiya wird auch über das Schati-Camp wieder eine Ausgangssperre verhängt. Acht Palästinenser wurden aus den besetzten Gebieten deportiert. Die Situation ist explosiv: Protestdemonstrationen, Generalstreik. Ein paar Stunden später reagiert die Besatzungsmacht: Ausgangssperre in Schati, Rafah, Khan Younis, Nuseirat und Deir Al-Balah.

Selma, die Krankenschwester, hat uns eingeladen, bei ihr zu übernachten. Ihr Haus ist bis jetzt nur ein zweistöckiger Rohbau. Erst drei Zimmer im Erdgeschoß sind ausgebaut. Vor den Fenstern hängen Plastikplanen. Es zieht überall.

Nach dem Abendessen sitzen wir mit Selma, der Mutter und den drei jüngeren Schwestern im Schlafzimmer der Mädchen und trinken Tee. Das Zimmer ist karg möbliert: Zwei Betten und ein Kleiderschrank. Jeweils zwei der Mädchen teilen sich ein Bett. Im Fernsehen läuft eine kitschige und tränenreiche ägyptische Familienserie: arabischer Dallas. Die Mädchen ignorieren den Fernsehapparat. Auf einem kleinen Transistorradio verfolgen sie die neuesten Nachrichten, diskutieren über den Aufstand, singen uns Lieder vor und erzählen uns aus ihrem Leben und von ihren Träumen. Die beiden jüngsten, die vierzehnjährige Nur und die siebzehnjährige Fida, beteiligen sich besonders enthusiastisch am Aufstand. Fida erzählt, was letzten Donnerstag an ihrer Schule passierte: «Die Soldaten stürmten die Mädchenschule, und die Mädchen riefen: Allahu Akbar, Allahu Akbar! (Gott ist groß.) Was können wir denn sonst sagen. Wir wollen nichts, als in Frieden leben und daß die Welt uns dabei hilft. Aber außer Gott hilft uns ja niemand. Dann sagten die Soldaten zu uns: Schreit nur Allahu Akbar, ihr Huren. Wir haben eure Männer ins Gefängnis geworfen. Wir sind die einzigen Männer zum... Bei Gott, ich schäme mich zu wiederholen, was sie gesagt haben. Sie haben überhaupt gar keine Moral. Weder der

Islam noch das Christentum, noch das Judentum erlaubt so etwas. Wir liefen aus den Klassen und rissen die Pflastersteine aus dem Gang neben dem Schulgebäude, um die Soldaten damit zu bewerfen. Sie warfen Tränengas. Wir sagten uns, es ist immer noch besser, mit Steinen zu werfen, als überhaupt nichts zu tun. Wir waren eingekesselt. Aber irgendwie gelang es uns herauszukommen. Auf der Straße sammelten wir uns zu einer Demonstration. In der Nähe des Marktes griffen uns die Soldaten an. Sie schnappten das Mädchen, das die Demonstration anführte. Sie wehrte sich mit allen Kräften. Wir liefen zur nächsten Moschee, und die Männer riefen durch das Mikrofon: Zum Jihad, zum Jihad! Männer und Frauen rannten aus ihren Häusern auf die Straße. Sie stürzten sich mit allem, was sie hatten auf die Soldaten. Ein Mann war besonders aufgeregt. Er rief: Unsere Ehre, guckt nur, was sie mit unserer Ehre machen! Die Soldaten konnten die Situation nicht mehr unter Kontrolle bringen. Sie ließen das Mädchen los und verschwanden.»

Ihr Leben vor dem Aufstand empfinden sie heute wie ein großes Gefängnis, in dem nichts mehr einen Sinn hatte. «Nach der Schule gingen wir nach Hause», erinnert sich Nur. «Wir machten unsere Schularbeiten und lasen. Es gibt keine Parks, es gibt keine Büchereien, es gibt keine Freizeitzentren, wo die Schüler nach der Schule hingehen können, um zusammenzusitzen, zu reden und zu lesen. Es gibt nichts, gar nichts.» Und Fida meint: «Unser Leben war schlecht. Nichts als Unterdrückung: Man durfte nirgends sagen, was man denkt. In der Schule nicht und außerhalb der Schule auch nicht.»

Schülerorganisationen waren verboten. Politische Diskussionen gab es in der Schule nicht, und alles, was mit Palästina zu tun hatte, war aus den Lehrplänen verbannt. Die materielle Ausstattung der Schulen läßt zu wünschen übrig. Es gibt noch nicht einmal eine Heizung, und im Winter können sie oft vor Kälte kaum dem Unterricht folgen. Die Mädchen möchten etwas lernen. Bildung ist für sie der einzige Ausweg aus der Misere, aber auch die einzige Waffe, um sich als Frau zu emanzipieren. Die Palästinenser, besonders die palästinensischen Flüchtlinge, haben mehr als andere arabische Gesellschaften akzeptiert, daß Frauen ein Recht auf Bildung haben. Sie sind stolz auf ihre Töchter mit Abitur oder Hochschulbildung.

Aber was kommt nach der Schule? Nur und Fida möchten gern Jura studieren. Aber an der islamischen Universität in Gaza gibt es außer islamischem Recht nur eine Fakultät für Arabisch, für Englisch und für Naturwissenschaften. «Alle Fächer, mit denen wir unserem Volk nutzen könnten, wie Jura und Medizin, sind verboten. Die Besatzungsmacht hat selbst basische Soda aus dem Labor der naturwissenschaftlichen Fakultät verbannt, weil sie behauptet, wir könnten damit Sprengstoff herstellen», schimpft Nur.

Früher studierten die meisten Abiturienten aus dem Gaza-Streifen in Kairo – jedes Jahr dreitausend Studienanfänger. Aber nachdem die PLO als Reaktion auf die Unterzeichnung der Camp David-Verträge die Beziehung zu Ägypten abbrach, schloß das Regime in Kairo seinerseits die Türen für palästinensische Studenten. Ein Studium im Westen ist für eine Familie kaum finanzierbar. Bleiben Stipendien in den Ostblockstaaten. Aber selbst, wenn jemand das Studium beendet hat, hat er kaum Aussicht auf einen Arbeitsplatz im Gaza-Streifen.

Von einem palästinensischen Staat erwarten Nur und Fida deswegen vor allem bessere Bildungschancen. Nur wünscht sich Schulen mit Sportplätzen und Bibliotheken. «Wir möchten einen Staat, damit wir endlich unsere Hoffnungen und Träume realisieren können und endlich frei unsere Meinung sagen können», pflichtet Fida ihrer Schwester bei.

Aber die Intifada bedeutet den Mädchen mehr. Sie ahnen, daß die Beteiligung am Aufstand eine Chance ist, sich von der Bevormundung durch die Eltern zu befreien, die sonst unüberwindbaren Schranken zwischen Mädchen und Jungen zu überwinden.

«Die Jungen waren ganz begeistert, als sie sahen, wie sich die Mädchen an Demonstrationen beteiligten. Ich kann mich noch daran erinnern, wie ich das erste Mal demonstrierte. Es war ganz zu Beginn des Aufstands. Die Jungen kamen zu unserer Schule und forderten uns auf, mit ihnen mitzukommen. Mädchen und Jungen entwickelten im Verlauf der Intifada viel Verständnis füreinander. Heute ist es ganz normal, daß Mädchen und Jungen auf der Straße miteinander reden. Wenn wir erst einmal einen Staat haben, wird diese Zusammenarbeit sicher noch enger», meint Nur, und Fida will nicht zulassen, daß ihr Mann ihr später verbietet, das Haus zu verlassen. «Wir wurden eingeschränkt, weil wir unter der Besatzung lebten. Unsere Traditionen lassen nicht zu, daß die Besatzungsarmee die Mädchen verhaftet und das mit ihnen macht, was sie in den Gefängnissen mit den Mädchen machen.»

Aus Angst vor möglicher Vergewaltigung verboten die meisten Familien ihren Töchtern die Teilnahme an politischen Aktivitäten. In den ersten Jahren der Besatzung wurde in verschiedenen Fällen sexuelle Folter gegen Frauen angewendet, um eine Aussage zu erzwingen, aber mehr noch, um die Bevölkerung einzuschüchtern.

Fida, etwas sittenstrenger als ihre kleine Schwester, schränkt allerdings ihre Auffassung von Freiheit gleich wieder ein: «Das gegenseitige Verständnis darf aber nicht im Widerspruch zu unseren Sitten stehen. Es muß eine unschuldige und anständige Beziehung sein.»

Nur erzählt, daß die Mädchen am Anfang oft harte Auseinandersetzungen mit ihren Eltern wegen ihrer Beteiligung am Aufstand hatten. «Am Anfang verboten die meisten Eltern ihren Töchtern zu demonstrieren, weil sie Angst hatten, daß die israelische Regierung die Mädchen verhaftet. Aber inzwischen ist das ganze Volk organisiert. Seit die Eltern ihre ‹Gehirne befreit› haben, gehen die Mädchen demonstrieren, noch vor den Jungen. Wir begannen zu fühlen, wie wichtig Unabhängigkeit ist. Es gab keine Meinungsfreiheit, keine Gedankenfreiheit. Deswegen zwangen uns unsere Väter und Mütter, nach den alten Traditionen zu leben. Inzwischen hat sich das geändert. Der Aufstand ist auch ein ‹Aufstand der Gehirne›.»

Angst verdrängt sie. Dabei wurde sie selber erst vor einigen Tagen auf einer Demonstration von Soldaten geschlagen. Als diese dann noch Reizgase einsetzten, wurde sie ohnmächtig und wachte erst wieder auf, als ein paar Jungen sie in einen Erste-Hilfe-Wagen hoben.

«Ich habe keine Angst. Wenn ich sehe, wie kleine Kinder zusammengeschlagen und dann irgendwo außerhalb der Städte in einen Orangenhain geworfen werden – was soll ein Mädchen in meinem Alter dann fühlen? Ich habe keine Angst. Ich werde bald fünfzehn Jahre alt. Ich muß mich auf mich selber verlassen. Ich darf keine Angst haben. Ob ich zusammengeschlagen werde oder ob sie mir die Knochen brechen, ich darf keine Angst haben. Die Schläge tun nicht weh. Wir müssen durchhalten. Das ganze Volk muß durchhalten, bis wir unsere Unabhängigkeit haben.»

Wir steigen noch einmal auf das Dach von Selmas Haus, von wo aus wir das Camp beobachten können. Es wirkt wie ausgestorben. Eine Frau guckt vorsichtig zur Tür heraus. Als sie sich vergewissert hat, daß keine Soldaten in der Nähe sind, schüttet sie einen Eimer dreckiges Wasser in die Gasse. Die drei Mädchen erzählen uns, es hätte trotz der Ausgangssperre Demonstrationen gegeben. Israelische Truppen hätten aus einem Hubschrauber Steine und Gas auf das Lager geworfen, um der Lage Herr zu werden. Am Vormittag hatten drei kleine Jungen im Alter zwischen sieben und zehn Jahren versucht, sich heimlich aus dem Camp zu schleichen, um für die Familie einzukaufen. Soldaten sahen sie, verfolgten sie mit einem Jeep und schlugen sie mit Stöcken und Fußtritten zusammen. Der kleinste machte aus Angst in die Hose.

Gegen vier Uhr fährt ein Lautsprecherwagen durchs Camp und verkündet, daß die Ausgangssperre für zwei Stunden aufgehoben ist – allerdings nur für Frauen.

Mit unseren drei Freundinnen laufen wir sofort ins Lager und wollen wissen, was sich in der Zwischenzeit ereignet hat. An die Einschränkung, daß die Aufhebung der Ausgangssperre nur für Frauen gilt, scheint sich niemand zu halten. Alle sind auf der Straße, um sich die Beine zu vertreten: Männer, Frauen, Jugendliche, Kinder. Sie eilen zu Nachbarn und Verwandten, um die neuesten Nachrichten auszutauschen: Welches Haus wurde diesmal nachts überfallen? Wer ist verhaftet worden? Wer wurde wieder freigelassen?

Während der Ausgangssperre trieb man alle Männer zwischen sechzehn und sechzig auf einem großen Platz zusammen. Dort nahm man ihnen die Ausweise ab. Statt dessen erhielten sie Nummern. «Sie behaupten, es sei wegen der Steuern», argwöhnt ein alter Mann, der vor seinem Haus auf einem kleinen Hocker hockt. «Aber da steckt noch etwas anderes hinter. Mit diesen Nummern dürfen wir den Gaza-Streifen nicht verlassen. Sie wollen verhindern, daß wir in die Westbank fahren, nachdem sie schon die Telefonleitungen dorthin gekappt haben, damit wir den Aufstand nicht koordinieren können. Wir können jetzt nirgends mehr hin. Auch nicht nach Jordanien oder Ägypten, nicht einmal nach Israel.»

Wir werden in ein anderes Haus eingeladen. Ein Mann wurde zusammengeschlagen. Seine rechte Hand ist verstaucht. Er kann sie nicht bewegen. Sein Rücken zeigt dicke blaue Striemen. Sein zweijähriger Sohn hatte unbemerkt die Haustür geöffnet und wollte auf der Straße spielen. Er hatte Angst um das Kind, lief hinter ihm her, um ihn wieder ins Haus zurückzuholen. Soldaten sahen ihn, packten ihn und schlugen ihn zusammen.

Wir gehen weiter durch die schmalen Gassen. Die Müllcontainer, die überall herumstehen, quellen über. Normalerweise werden sie jeden Tag geleert – nicht jedoch während der Ausgangssperren.

Eine Frau erzählt, ihr Sohn sei vor einem Monat verhaftet worden, als er politische Parolen an eine Häuserwand malte. Er soll gegen 800 Schekel Kaution wieder freigelassen werden. Alle Nachbarn haben Geld gespendet, damit ihr Sohn wieder freikommt, obwohl sie selbst kaum etwas haben. «Aber wie soll ich zum Gefängnis gehen, um meinen Sohn da rauszuholen, wenn wir immer zu Hause eingesperrt sind.» Der Sohn ihrer Nachbarn wurde während der Ausgangssperre verhaftet. Die Eltern wissen nichts über sein Schicksal. Wegen der Ausgangssperre können sie nicht nach Gaza fahren, um das Rote Kreuz zu beauftragen, über ihn Erkundigungen einzuholen.

Die Ausgangssperren sind eine Art der psychischen Folter, nicht nur wegen der Einschränkung der Bewegungsfreiheit. Was quält, ist das Abwarten, die Ungewißheit, die Machtlosigkeit, das Gelähmtsein und die ständige Angst vor den Soldaten. Nachts können die Leute nicht schlafen, sie lauschen jedem Geräusch draußen nach. «Sie lassen uns nicht einmal zum Arzt. Sie wollen, daß wir alle krepieren», sagt eine Frau bitter. In Bureisch wurde ein Arzt, Dr. Ibrahim El-Hur, von Soldaten krankenhausreif geschlagen, weil er Patienten während der Ausgangssperre behandelte. Eine Frau suchte ihn während der Ausgangssperre auf. Auf dem Rückweg wurde sie von Soldaten angehalten. Wo sie gewesen sei? Bei Dr. El-Hur. Die Soldaten gingen zu dem Arzt und fragten, warum er Patienten behandle, wo doch Ausgangssperre sei. Er antwortete: «Das ist mein Haus und gleichzeitig meine Praxis. Ich habe das Haus nicht verlassen», und zeigte den Soldaten seine Zulassung als Arzt. Einer der Soldaten nahm den Ausweis, schleuderte ihn auf den Boden und trat mit dem Fuß darauf. Dann packten sie den Arzt und schlugen ihn. Später zwangen sie ihn, sich auf die Motorhaube ihres Jeeps zu stellen und fuhren mit ihm, ohne daß er sich irgendwo festhalten durfte, durch das ganze Lager.

Einige Frauen kommen mit fast leeren Taschen vom Markt. «Es gibt nichts», stellen sie resigniert fest. «Es ist besser, im Gefängnis zu sein, da bekommt man wenigstens etwas zu essen und weiß, woran man ist», kommentiert eine von ihnen. Ein Mädchen in dunkelgrauem bodenlangem Mantel und blauem Kopftuch kommt auf uns zu. Sie selber war einen Monat zuvor auf einer Demonstration von einer Kugel im Knie getroffen worden. Ihr Verlobter ist seit drei Monaten im Gefangenlager Ansar III in der Negev-Wüste. Sie weiß nichts über sein Schicksal. Die ganze Welt solle wissen, sagt sie, «auch wenn die Israelis all unsere Männer verhaften, ihnen die Knochen brechen oder sie umbringen, dann bleiben immer noch die Frauen, um Palästina zu befreien. Sie sollen nicht glauben, daß wir ängstlicher als die Männer sind.»

Alle Frauen, die wir trafen, drückten jene kämpferische Entschlossenheit aus wie Umm Hussein: «Die Israelis wollen, daß wir schweigen. Aber wir schweigen nicht. Sie haben verhindert, daß Mehl und Gemüse ins Lager gebracht werden. Aber wir bauen Gemüse auf unserem Boden an. Wir sind gewöhnt, mit wenig auszukommen. Selbst wenn wir nichts als Salz haben, leben wir. Ein Glas Tee und ein Stückchen Brot, und wir leben. Wenn nötig, werden wir auch Steine essen. Sie haben die Gasflaschen und das Kerosin aus dem Verkehr gezogen. Aber auch das ist kein Problem. Wir kochen eben auf Holz. Das wichtigste ist, wir leben. Den Gefallen aufzugeben, tun wir ihnen nicht.»

Die ersten Ausgangssperren trafen die Menschen völlig unerwartet. Das Essen ging nach zwei Tagen aus. Es blieben nur ein paar getrocknete Bohnen oder Reis, die man oft noch nicht einmal weichkochen konnte, weil das Wasser abgestellt wurde.

Inzwischen haben die Frauen auf jedem Quadratmeter Boden in ihren engen Behausungen Gemüse, Kräuter, Tomaten, Radieschen, Salat und das spinatähnliche Nationalgericht Mluchieh angebaut, um ihre Kinder wenigstens mit einem Mindestmaß an Vitaminen versorgen zu können und weniger abhängig von israelischen Waren zu sein. «Das alles ist eine Form der Unterstützung des Aufstands, ein Schritt auf dem Weg zur Selbstversorgung», erklärt uns Hanin. In jedem Haus findet man Vorräte an Mehl, Linsen und anderen Hülsenfrüchten. Manche Familien halten Hühner in den kleinen Innenhöfen, und fast in jedem Haus steht inzwischen ein kleiner Backofen aus Lehm, auf dem die Frauen Brot backen können, wenn ihnen der Weg zum Bäcker durch die Ausgangssperre versperrt ist. Wo es an etwas fehlt, helfen sich die Nachbarn gegenseitig. Während der Ausgangssperre werden die Lebensmittel über die Mauern, die die Innenhöfe voneinander trennen, von einem Haus zum nächsten weitergereicht.

Fathiya erzählte uns, daß während der ersten Ausgangssperren viele Familien ohne Brot waren. Die wenigsten Frauen hatten einen Ofen so wie sie. «Meine Nachbarin hatte noch einen ganzen Sack Mehl im Haus. Sie bereitete den Brotteig vor. Ich hab das Brot gebacken, und dann haben wir die Fladen weitergereicht über die Mauern, von Haus zu Haus, bis unsere ganze Nachbarschaft versorgt war.»

*

Traditionelle Wohlfahrtsorganisationen, die vor allem von Frauen getragen wurden, und karitative Frauenvereinigungen gab es schon zur Zeit des britischen Mandats in Palästina. Seit die Westbank und der Gaza-Streifen 1967 von Israel besetzt wurden, sorgten diese Organisationen für viele soziale Dienstleistungen, die von der Besatzungsmacht vernachlässigt wurden. Sie betreuten Waisenkinder und arme Familien, führten Alphabetisierungskurse für Frauen durch und eröffneten Kindergärten. Aber sie ermunterten die Frauen nicht, selbst aktiv zu werden. Die Diskussion um die traditionellen patriachalischen Familienstrukturen waren tabu.

1978 gründeten junge Frauen in Ramallah die Womens's Work Committees. Eine neue Generation von politisch aktiven Frauen, meistens junge Akademikerinnen aus unterprivilegierten Familien, kritisierten die traditionellen Frauenorganisationen. Sie seien karitative Dienstleistungsunternehmen und würden sich der politischen Arbeit und dem Kampf um nationale Befreiung enthalten. Ihre Arbeit sei auf die Städte konzentriert, und dadurch würden sie die ärmsten Frauen in den Dörfern und Flüchtlingslagern kaum erreichen.

Die Frauenkomitees organisierten Alphabetisierungskurse und politische Diskussionszirkel und ermunterten die Frauen, selber außerhalb des Hauses Geld zu verdienen, da die ökonomische Unabhängigkeit als Basis der sozialen Unabhängigkeit begriffen wurde.

Im Gaza-Streifen wurden 1982 die ersten Frauenkomitees nach dem Vorbild der Westbank gegründet. Frauenarbeit im Gaza-Streifen ist sehr viel komplizierter als in der Westbank. Nabila, eine der Gründerinnen des Women's Work Committee im Flüchtlingslager Jabalia, beschreibt, welche Schwierigkeiten die Frauenorganisation in ihrer Anfangsphase zu überwinden hatte: «Im Gaza-Streifen herrschte eine Atmosphäre der Angst. Jeder hatte Angst, in irgend etwas hineingezogen zu werden. Wir versuchten, in Jabalia in Zusammenarbeit mit dem Roten Halbmond Alphabetisierungskurse durchzuführen. Aber wir konnten keinen Raum dafür finden. Es ist für uns sehr gefährlich, Versammlungen in irgendwelchen Privathäusern durchzuführen. Die Situation hier im Gaza-Streifen ist vollkommen anders als die in der Westbank. Entsprechend der jordanischen Gesetze, die in der Westbank herrschen, ist es völlig legal, Komitees zu gründen. Im Gaza-Streifen gibt es solche Gesetze nicht. In der Westbank wird die Arbeit der Frauenkomitees von den Universitäten unterstützt. Außerdem profitieren sie davon, daß in Ost-Jerusalem israelische Gesetze angewandt werden. Sie konnten dadurch Büros eröffnen, wo sie Pressekonferenzen abhalten und Ausstellungen durchführen. All das gibt es im Gaza-Streifen nicht. Hinzu kommen soziale Restriktionen. Und die Besatzungsmacht weiß den Konservatismus der Leute hier für ihre Zwecke auszunutzen. Es genügt, eine Frau zu verhaften, einen männlichen Offizier mit dem Verhör zu beauftragen und sie über Nacht im Gefängnis zu behalten und schon ist sie diskreditiert.» Selbst die Arbeit der traditionellen, karitativen Frauenorganisationen wird durch willkürliche Auflagen und Verbote durch die Besatzungsmacht fast unmöglich gemacht.

Sitt Yussra ist eine zierliche, alte, fast aristokratisch wirkende Dame um die Siebzig. Sie spricht fließend Englisch und Französisch und auch etwas Deutsch. Ihr weißes Haar ist im Nacken zu einem Knoten zusammengebunden. Sie trägt flache Schuhe und schlichte schwarze Kleidung. Man sagt, Sitt Yussra sei die erste Frau aus Gaza, die studiert habe. 1950 bis 1958 leitete sie eine Mädchenschule, dann wurde sie zur Schulinspektorin befördert. 1967 weigerte sie sich, mit der Besatzungsmacht zusammenzuarbeiten und trat von ihrem Posten zurück. Seitdem widmet sie sich der Arbeit in der Palästinensischen Frauenunion. Die Palästinensische Frauenunion unterstützt Familien von politischen Gefangenen, führt Näh- und Alphabetisierungskurse für Frauen durch und unterhält fünf Kindergärten. Keiner davon befindet sich jedoch in einem Flüchtlingslager.

«Seit fünfzehn Jahren versuchen wir Kindergärten in den Flüchtlingslagern zu eröffnen. Wir haben einen Antrag nach dem anderen gestellt. Wir haben nie eine Antwort erhalten. Menschen aus aller Welt haben für unsere Arbeit Geld gespendet. Ich habe immer wieder Schecks erhalten, über 200 Dollar, über 600 Dollar, manchmal sogar über 1000 Dollar. Zwei Jahre lang habe ich versucht, diese Schecks einzulösen – vergeblich. Wir brauchen für die Einlösung jedes Schecks eine Genehmigung. Aber die Genehmigung ist mir immer wieder verweigert worden. Ich habe alle Schecks wieder zurückschicken müssen. Neulich haben sie unser Büro überfallen und alle Unterlagen beschlagnahmt.»

Sitt Yussra stand in den letzten Jahren viermal vor einem Militärgericht. Das erste Mal, weil sie in einem Interview auf die Frage, was ihrer Meinung nach die Ursache der sozialen Probleme im Gaza-Streifen sei und wie diese sozialen Probleme zu lösen seien, antwortete: «Die Ursache ist die Besatzung. Die Probleme können nur durch die Bildung eines unabhängigen palästinensischen Staates unter Führung unserer einzigen und legitimen Vertreterin, der PLO, gelöst werden.» Der Prozeß wurde ausgesetzt, weil sie so alt und eine Frau mit soviel sozialem Engagement sei.

Das zweite Mal wurde sie angeklagt, weil Soldaten bei einer Durchsuchung ihres Büros eine Landkarte von Palästina mit einer palästinensischen Fahne fanden. «Ich mußte 1000 Schekel Strafe zahlen. Der Militärrichter drohte mir, daß, wenn der Prozeß in der Westbank stattgefunden hätte, ich eine Gefängnisstrafe hätte verbüßen müssen. Aber er hätte wegen meines Alters davon abgesehen.» Das dritte Mal wurde Sitt Yussra angeklagt, weil man in ihrem Büro Postkarten zum Gedenken an die Toten des Massakers von Sabra und Schatila fand. Auf einer dieser Postkarten war Palästina wie Jesus Christus gekreuzigt. Und das vierte Mal wurde sie vor den Militärrichter zitiert, weil die Frauenunion Englisch- und Nähkurse für Frauen organisierte, ohne eine entsprechende Genehmigung der Militärverwaltung abzuwarten. Die Urteile für die letzten beiden Verfahren stehen noch aus.

Im Gegensatz zur Palästinensischen Frauenunion spielen die Frauenkomitees eine sehr aktive Rolle im Aufstand. Allerdings haben sie keine Büros. Sie arbeiten illegal. Wir sollten Mona kontaktieren, wenn wir mehr über die Arbeit der Frauenkomitees wissen wollen. Sie ist Miglied der Working Women's Committees.

Mona lebt in einem Neubauviertel von Gaza. Hier wohnt vor allem die Mittelschicht: Lehrer, Ingenieure, Rechtsanwälte, Händler. Entlang der breiten Straßen ziehen sich Einfamilien-Reihenhäuser. Trotzdem sind viele der Menschen hier konservativer als im Flüchtlingslager. Das Einkommen der Männer genügt für ein bescheidenes Auskommen der Familie. Die Frauen können sich auf Haushalt und Kinder konzentrieren. Die Mehrzahl der Männer arbeitet im Gaza-Streifen. Sie kommen mittags nach Hause, wollen das Essen fertig auf dem Tisch sehen. Die Frauen stehen viel direkter unter männlicher Kontrolle, als die Frauen in den Flüchtlingslagern, deren Ehemänner mehrheitlich in Israel arbeiten und den ganzen Tag abwesend sind. Mona geht noch zur Schule, sie steht kurz vor dem Abitur. Mona arbeitet mit sechs Freundinnen aus ihrer Nachbarschaft. Sie weiß nicht einmal, welche Frauen in anderen Stadtvierteln Mitglied in ihrer Frauenorganisation sind. Neben den politischen erschweren die gesellschaftlichen Restriktionen die politische Arbeit mit und unter Frauen.

«Das fängt schon bei der Kleidung an. Als Frau muß man in der traditionellen Jalbab (ein langes, bodenlanges Kleid, das wie ein Mantel vorn geknöpft wird) und mit Hejab (Kopftuch) auf der Straße herumlaufen. Wir haben uns immer dagegen gewehrt und gesagt, daß es jedem freistehen müsse anzuziehen, was er gern anziehen möchte. Aber da ist nichts zu machen. Auch mein Vater läßt mich nur mit der traditionellen Kleidung draußen rumlaufen, obwohl er eigentlich sehr fortschrittlich ist. Er hat Angst vor dem Gerede der Leute.

Die Gesellschaft läßt uns keine Bewegungsfreiheit. Wenn meine Nachbarn mitkriegen, daß ich vormittags und dann womöglich noch ein zweites Mal abends aus dem Haus gehe, fängt sofort der Klatsch an. Einmal sah mich der Sohn unserer Nachbarn auf der Straße. Ich trug das übliche lange Kleid und Kopftuch. Er rief hinter mir her: Es ist eine Sünde, daß du die Jalbab trägst, in Wirklichkeit bist du doch Kommunistin. Wenn ich westliche Kleidung getragen hätte, würde man genauso über mich reden.

Wenn die Frauenkomitees eine Aktion planen, wie zum Beispiel das Sit-in am internationalen Frauentag, besuche ich die Frauen und Mädchen in meiner Nachbarschaft, um sie zu überreden mitzukommen. Viele Leute lachen über mich und sagen: Du bist doch nur ein Mädchen, wie kannst du Frauen zu solchen Dingen aufrufen? Ich versuche mit den Leuten zu diskutieren und zu erklären, daß die Frauen genauso wie die Männer am Aufstand teilnehmen müssen. Dann werden sie ärgerlich: Du willst wohl ausländische Sitten bei uns einführen? Manchmal, wenn ich die Straße entlanggehe, zeigen Leute mit dem Finger auf mich: Guck mal, da geht die Kommunistin.»

Mona hat viele Freundinnen, die bereit sind, in einem der Frauenkomitees mitzuarbeiten. Sie besucht die Mädchen regelmäßig, um mit ihnen zu diskutieren. Aber wenn es um konkrete Aktivitäten, wie eine Frauendemonstration oder einen Hungerstreik, geht, bekommt sie meistens ablehnende Antworten: «Meine Familie erlaubt mir nicht, das Haus zu verlassen.» – «Ich muß auf meine Kinder aufpassen.» – «Mein Mann erlaubt es mir nicht.» – «Meine Brüder lachen mich aus.» – «Die Leute werden über mich klatschen.»

«Wenn ich Freundinnen besuche, weil ich mit ihnen etwas zu besprechen habe, kommt sofort die Mutter, setzt sich zu uns und läßt uns keine Minute in Ruhe. Sie mischt sich ununterbrochen in die Diskussion ein: Ihr seid Mädchen und euer Platz ist im Haus, ihr könnt doch nicht die gleichen Dinge wie die Männer tun. Selbst wenn das Mädchen emanzipiert ist, wenn sie einen liberalen Vater hat, wenn ihre

Brüder Verständnis für sie zeigen, bleiben immer die Probleme mit der Mutter.» Mona selber hat diese Probleme allerdings nicht. Ihre Mutter unterstützt die Arbeit des Frauenkomitees.

Inzwischen spielen diese Komitees eine wichtige Rolle in der Intifada. Sie organisieren zum Beispiel Frauendemonstrationen. Am Anfang war die Resonanz unter den Frauen noch sehr gering. «Einmal rief unser Frauenkomitee zu einer Demonstration bei uns in der Straße auf. Wir hatten mit etwa 130 Frauen gerechnet. Aber es kamen nur zehn. Trotzdem ließen wir uns nicht entmutigen. Wir stellten uns einfach mitten auf die Straße und riefen Parolen. Am Anfang reagierte keine einzige Frau auf uns. Aber wir schrien immer weiter. Nach einer Weile kamen ein paar Jungen und dann kamen nach und nach immer mehr Leute: Männer, Frauen, Kinder. Am Ende waren es ungefähr tausend – eine richtige Demonstration.

Plötzlich kamen Soldaten und bewarfen uns mit Tränengas. Wir sagten den Jungen, sie sollen verschwinden. Wir Mädchen und Frauen blieben und versperrten den Soldaten den Weg. Sie sagten dreckige Worte zu uns, sehr dreckige Worte. Aber wir antworteten nicht. Wir nahmen Steine und warfen damit auf die Soldaten. Dann stürzten sie sich mit Stöcken auf uns. Ich sah, wie sie auf unsere Nachbarin einschlugen, eine alte Frau von siebzig Jahren, die unbedingt mit auf diese Demonstration hatte kommen wollen. Ich versuchte, den Soldaten zu packen, der sie schlug. Aber andere Soldaten kamen und schlugen mich auf den Rücken und auf die Brust. Als die anderen Frauen das sahen, stürzten sie sich auf die Soldaten, bis diese von mir abließen.»

In Zusammenarbeit mit den Volkskomitees helfen die Frauenkomitees bei der Verteilung von Lebensmitteln an bedürftige Familien, vor allem an die Familien der streikenden Arbeiter. Die Frauen gingen zu Händlern und reichen Familien und sammelten Spenden, von denen sie Grundnahrungsmittel wie Mehl und Zucker kauften, die sie dann unter die Arbeiterfamilien verteilten.

«Die Arbeiter sind sehr zufrieden mit unserer Arbeit. Viele der Arbeiter, denen ich Lebensmittel gebracht habe, erlauben jetzt ihren Töchtern, mit mir irgendwohin zu gehen. Vor dem Aufstand war das unmöglich. Ich bin in unserem Frauenkomitee für die Verteilung von Lebensmitteln verantwortlich. Die Arbeiter kommen mich inzwischen sogar zu Hause besuchen.

Einmal besuchten mein Vater und ich einen Arbeiter, dem es sehr schlecht ging. Er hatte überhaupt nichts mehr zu essen, war resigniert und sagte: Was nützt die Intifada schon? Die Situation wird von Tag zu Tag schlechter. Es wird sich ja doch nichts an unserer Situation ändern. Wo soll ich etwas zu essen für meine Kinder hernehmen? Gestern mußten meine Kinder mit leerem Magen einschlafen. Ich belog sie und sagte: Gleich gibt es etwas zu essen. Ich mache euch Tee und dazu gibt es Brot. Gleich ist der Tee fertig. Das sagte ich so lange, bis die Kinder eingeschlafen waren. Ich habe nichts mehr, keinen Zucker, kein Mehl, keinen Tee. Und der Mann weinte. Wir redeten mit ihm, bis er sich wieder gefangen hatte. Dann gingen wir und besorgten ihm innerhalb einer halben Stunde alles, was er brauchte und gaben ihm etwas Geld. Dieser Mann war noch nie auf einer Demonstration gewesen. Ein paar Tage später sah ich ihn demonstrieren.»

Wenn die Lager unter Ausgangssperre stehen, ist es für die Frauen einfacher als für die Männer, sich aus dem Haus zu stehlen. Deswegen übernahmen oft Frauen während der Belagerung der Flüchtlingslager die Verteilung von Lebensmitteln und Medikamenten. Sie halfen, Jugendliche und Männer aus dem Lager heraus- oder in das Lager hineinzuschmuggeln und spähten die Straßen aus, um festzustellen, ob Soldaten in der Nähe sind.

Mona meint, die Intifada hätte die Frauen sehr verändert. Es gäbe kaum noch Frauen, die nicht am Aufstand teilnähmen. Es gäbe kaum noch Familien, die ihren Töchtern verbieten, das Haus zu verlassen. Viele Frauen und Mädchen, die früher nichts von Politik wissen wollten, gingen heute auf die Straße, um zu demonstrieren. Wenn Soldaten versuchten, Jugendliche zu verhaften, seien es die Frauen und Mädchen, die aus den Häusern stürzten und so lange mit Steinen würfen, bis die Soldaten die Jugendlichen wieder freiließen. Auch in den Familien habe sich viel geändert: «Die Beziehung zwischen den Eheleuten ist eine andere geworden. Vor dem Aufstand hat der Mann die Frau nur herumkommandiert. Er war der Herr im Haus. Seit Beginn des Aufstands sieht man immer mehr Frauen, die sich gleichberechtigt mit ihren Männern an allem beteiligen. Und statt daß der Mann seiner Frau Befehle erteilt, diskutieren sie nun zusammen. Ich kenne viele Familien, in denen die Frau nichts zu sagen hatte. Jetzt kommt der Mann nach Hause und sagt zu seiner Frau: Komm mal her. Da ist etwas, was mich betrifft und was ich gern mit dir besprechen würde.»

Arna Mer Khamis

Und was dann? Ich weiß nicht.
Alles was ich weiß, ist,
daß Recht immer Recht bleibt
und daß die Eroberer das Recht nicht zu dem ihren
machen können.

Taufiq Zayyad, Bürgermeister von Nazareth

Arna gehört zu den wenigen jüdischen Israelis, die enge Kontakte zu Palästinensern in den besetzten Gebieten haben. Sie ist Kinderpsychologin und arbeitete auch noch während des Aufstands mit psychisch kranken Kindern im Gaza-Streifen. Arnas Freundschaft mit Palästinensern, ihre Teilnahme am Kampf der Palästinenser um ihre Rechte, ist das Ergebnis einer langjährigen politischen Entwicklung.

Ihre Familie lebt schon seit Generationen in Palästina, sie gehört nicht zu den Einwanderern, die Anfang des Jahrhunderts aus Europa kamen. Im jüdischen Dorf Oshbina in Galiläa wuchs sie als Tochter eines Arztes auf. Als Kind spielte sie mit den Kindern aus dem arabischen Nachbardorf Al Jaouna. Es war selbstverständlich, daß die Juden Arabisch sprachen und die Araber Hebräisch. Juden, Christen und Moslems lebten friedlich nebeneinander. Man kannte die kulturellen und religiösen Unterschiede und akzeptierte die anderen als Nachbarn. Patienten und Mitarbeiter ihres Vaters waren Palästinenser.

Die meisten jüdischen Einwanderer kamen aus osteuropäischen Ländern. Sie wußten wenig über Palästina und die dort lebenden Menschen. Sie kamen nicht nach Palästina, um dort gemeinsam mit den Arabern zu leben, sondern um einen jüdischen Staat zu gründen, in dem für die Palästinenser kein Platz war. Ihren Anspruch auf das Land leiteten sie von der Bibel her, in der Jahweh (Gott) Abraham und seinen Nachkommen das Land Kanaan gab.

Um diesen Anspruch gegenüber der britischen Mandatsregierung und gegenüber den Palästinensern militärisch durchzusetzen, bauten die jüdischen Siedler in den zwanziger Jahren die Haganah auf, die «Jüdischen Selbstverteidigungseinheiten». Auch Arna war seit ihrem dreizehnten Lebensjahr in der Haganah. «Alle Juden waren damals in der Haganah.»

Außerdem war sie in der zionistischen Jugendorganisation «Die junge Garde», der Vorläuferin der MAPAM, einer linkssozialistischen Abspaltung der israelischen Arbeiterpartei. Die Mitglieder dieser Organisation verstanden sich als Linkszionisten und forderten einen Staat mit zwei Nationalitäten: mit Arabern und Juden.

1946 studierte sie in dem Landwirtschaftsinstitut «Ben Schamen», das mitten im arabischen Gebiet lag. Als die Vereinten Nationen 1947 die Teilung Palästinas in zwei Staaten beschlossen, war das Institut eingekreist von palästinensischen Dörfern und Städten. Die Straße nach Tel Aviv führte durch arabische Ortschaften. Es wäre für die Palästinenser damals einfach gewesen, die eingeschlossenen Juden umzubringen, und Arna fragte sich immer wieder, warum sie es eigentlich nicht taten.

1948 war sie Soldatin in der Haganah. Die Haganah kämpfte nicht nur gegen die britische Mandatsherrschaft, sondern beteiligte sich auch an der Vertreibung der Palästinenser. 1948, im Jahr der Gründung des Staates Israel, vertrieben die israelischen Soldaten Hunderttausende von Palästinensern mit Terror und Mord aus ihrer Heimat. In Deir Yassin, Jerusalem, Jaffa, Lydda und Ramleh verübte die israelische Armee Massaker. In Ramleh sah Arna von den Zionisten verwüstete Häuser und ausgeraubte Läden. Auf den Straßen lagen die Leichen ermordeter Palästinenser.

Als Soldatin der israelischen Armee suchte sie das palästinensische Dorf Beit Haron auf. Sie wollte dort arabische Freunde treffen, die sie von früher kannte. Der Ort war verlassen, nur ein blinder Mann saß einsam neben einem Zaun. Er hatte Hunger, und sie gab ihm ein paar Kekse. Sie dachte damals, es sei besonders freundlich von ihr gewesen, dem alten Mann zu essen zu geben. Heute sieht sie das anders, es waren Soldaten ihrer Armee gewesen, die die Familie des Mannes vertrieben hatten. Und das ließ sich mit einem Almosen nicht wiedergutmachen.

Auch Al Jaouna verschwand. Die Leute von Oshbina vertrieben ihre arabischen Nachbarn und machten das Dorf dem Erdboden gleich. Arna gibt der zionistischen Ideologie vom «Land ohne Volk» die Schuld an diesen Grausamkeiten: «Nationalismus, Kolonismus, Rassismus, solche Ideologien können aus einem Menschen einen Kriminellen ohne jedes Gefühl machen.»

1949 verließ Arna die Armee. Sie wollte von nun an die Palästinenser unterstützen und trat der Kommunistischen Partei bei.

Heute ist sie parteilos. Vor einigen Jahren war sie so enttäuscht von der politischen Entwicklung in Israel, auch von der der linken Opposition, daß sie überlegte, das Land zu verlassen. Es erschien ihr unmöglich, innerhalb der israelischen Gesellschaft etwas zu verändern. Der oppositionellen Friedensbewegung warf sie vor, daß sie sich in erster Linie um die israelischen Soldaten und die Auswirkungen der

Politik gegenüber den Palästinensern auf die israelische Gesellschaft Sorgen machte und diese Politik nicht grundsätzlich in Frage stellte.

Deshalb fragte sie sich damals, ob es nicht besser wäre, nach Nicaragua zu gehen und gegen die Contras zu kämpfen. Sie blieb dann doch und versuchte mit aller Kraft, eine Möglichkeit zu finden, für die Palästinenser in den besetzten Gebieten zu arbeiten.

Es war sehr schwer, Kontakte zu Menschen in den besetzten Gebieten zu knüpfen und dort eine sinnvolle Arbeit zu finden. Weil sie keiner politischen Partei angehörte, verfügte sie auch nicht über deren Verbindungen.

Schließlich lernte sie über eine Kindergartenleiterin aus Gaza City einen palästinensischen Psychiater kennen, der interessiert war an einer Zusammenarbeit und ihr einen Raum in seiner Praxis zur Verfügung stellte. Dort begann sie, drei Tage in der Woche Kinder mit psychischen und organischen Störungen zu therapieren. Weil sie diese Arbeit ohne Bezahlung und Unterstützung irgendwelcher Organisationen machte, mußte sie weiterhin die andere Hälfte der Woche in einem Hospital in Haifa arbeiten, um leben zu können. Dazu kamen noch die anstrengenden Fahrten zwischen Haifa und Gaza, die auch für sie als Israelin häufig mit zeitraubenden Kontrollen durch die israelische Armee verbunden waren.

Trotzdem lebte sie mit dieser Arbeit auf, denn nun konnte sie endlich ihre politische Überzeugung in Taten umsetzen. Sie konnte mit ihrer Ausbildung, mit ihren Fähigkeiten eine Lücke füllen.

«Ich glaube nicht an den Kampf mit Worten. Wenn du willst, daß sich etwas verändert, mußt du selber etwas tun.» Für sie sind die Kinder die hilflosesten Opfer einer Gesellschaft, und in ihrer Entwicklung spiegeln sie die Probleme dieser Gesellschaft wider.

Zu Beginn ihrer Arbeit im Gaza-Streifen stand sie unter einem starken Erfolgsdruck und fühlte sich sehr unsicher. Ihre israelischen Arbeitskollegen und Bekannten hatten ihr gesagt: «Geh bloß nicht dahin. Sie werden dich umbringen!» Ihre Freunde hatten ihr abgeraten: «Das kann gar nicht klappen. Weil du Jüdin bist.» Voraussetzung für eine therapeutische Arbeit mit Kindern ist eine durch Vertrauen und Sympathie geprägte Beziehung, und ihre Freunde konnten sich so etwas zwischen einer Jüdin und palästinensischen Kindern einfach nicht vorstellen.

Belastet durch diese Prophezeiungen begann sie ihre Arbeit. Doch ihre Ängste und Zweifel wurden bald ausgeräumt. Zu ihren Sprechstunden in der Klinik von Dr. Iyad in Gaza City kamen bald Dutzende von Kindern, begleitet von ihren Eltern. Selbst während des Aufstands, als es für die Eltern durch die Ausgangssperren und Übergriffe der Armee immer gefährlicher und schwieriger wurde, die Kinder zu bringen, bestanden die Kinder darauf, zu ihr zu kommen.

Je mehr Zeit sie mit ihren kleinen Patienten verbrachte, desto intensiver wurden die Freundschaften. Über die Kinder lernte sie auch deren Eltern und Geschwister kennen. Bald besuchte sie, neben ihrer therapeutischen Arbeit, oft ganze Tage die Familien der Kinder in den Flüchtlingslagern.

Einmal saß sie in einem Auto und wartete auf Freunde. Ein kleiner Junge kam zu ihr und sagte: «Hajjah, wir wollen einen Soldaten verprügeln.» Hajjah ist die Anrede für ältere moslemische Frauen. Das Kind nannte sie so, weil sie ein Kopftuch trug, um sich den Gebräuchen der Palästinenser anzupassen. Sie fragte ihn: «Wo ist er?», und er zeigte mit der Hand: «Dahinten. Aber wir sind arm dran. Wir haben nur Steine, keine Gewehre.» Und dabei zeigte er ihr seine leeren Hände, als ob er gesagt hätte: Ich habe kein Spielzeug. Sie sagte ihm: «Das ist okay. In dieser Zeit sind Steine schon in Ordnung.»

Sie selbst traf im Gaza-Streifen kein einziges Kind, das etwas gegen sie hatte, weil sie Jüdin ist: «Die Kinder wissen genau, was Besatzung bedeutet. Sie verhalten sich dir gegenüber genauso, wie du dich ihnen gegenüber benimmst.»

Für sie war diese Erfahrung sehr wichtig. Sie war der Beweis, daß es möglich ist, über die Gegensätze und den Haß zwischen den beiden Völkern hinweg freundschaftliche Beziehungen zwischen einzelnen Menschen zu entwickeln. Arna unterscheidet zwischen dem Haß, den die Palästinenser gegenüber den Israelis empfinden, der die kleinen Kinder schon Steine auf Soldaten werfen läßt, und dem Haß der Israelis auf die Palästinenser und «den Araber» ganz allgemein.

«Für die Palästinenser waren die Juden vor 1948 Teil ihres Lebens. Sie waren nichts Besonderes. Die Bezeichnung ‹Jude› wurde gebraucht, um einen Menschen näher zu beschreiben, genau wie ‹Christ› oder ‹Moslem›. Die palästinensischen Kinder heute kennen keinen Juden, sie kennen nur Soldaten. Sie hören die Erzählungen ihrer Väter, die in Israel arbeiten, sie hören die Geschichten der Großmutter, die 1948 vertrieben wurde. Sie hassen den Soldaten, der ihren Vater schlägt und ihren Bruder verhaftet. Das ist kein rassistischer Haß. Unter solchen Umständen ist Haß eine ganz normale Reaktion. Ihr Haß ist der Spiegel der Realität.

Die Israelis hassen, weil für sie alle Araber Feinde sind. Die Mehrheit der Juden in Israel ist nicht hier geboren. Für sie sind Palästinenser keine Menschen, sie sind Feinde.

Sie können sie nicht als Teil ihrer normalen Umgebung akzeptieren. Sie denken, es wäre besser, wenn wir hier überhaupt keine Araber hätten. Für die Israelis ist der Araber ein Geschöpf, in das man seine Vorurteile hineinprojizieren kann: Man kann ihm nicht trauen. Er greift dich von hinten mit dem Messer an. Er setzt einen Haufen Kinder in die Welt, und es ist ihm egal, was aus ihnen wird. Einer unserer Dichter schrieb ein Gedicht, in dem er fragt: ‹Was ist ein guter Araber?› und er antwortet: ‹Ein guter Araber ist ein toter Araber.› Das ist hier sehr populär.»

Arna verurteilt den Nationalismus: «Wer an Nationalitäten glaubt ist ein Idiot oder ein Rassist.» Das Bestreben der israelischen Regierung, die Palästinenser zu vertreiben, dient ihrer Meinung nach nicht dem jüdischen Volk. Sie findet, daß die Israelis Wege finden müssen, mit den Palästinensern zusammen zu leben.

«Das ist das Problem aller Israelis. Sie sagen, wir brauchen Grenzen für unseren Staat. Wir sollten besser lernen, über die Menschen nachzudenken, statt über Worte, statt über das, was sie Staat und Grenzen nennen. Das ist nicht das Problem der Israelis, es ist die Krankheit des Zionismus. Dieses ist das Land zweier Völker, und es gibt keine andere Möglichkeit, als zu lernen zusammen zu leben.»

Sie arbeitet schon seit Jahren in der israelischen Friedensbewegung mit. Ihre Gruppe «Nieder mit der Besatzung» hält oft Mahnwachen und veranstaltet kleine Demonstrationen in Haifa. Seit vierzig Jahren, seit der Gründung des Staates Israel, erlebte sie keine so extreme antipalästinensische Stimmung wie seit dem Aufstand in den besetzten Gebieten. Wenn die Mitglieder ihrer Friedensgruppe auf die Straße gehen und gegen die Besatzung demonstrieren, werden sie jetzt oft beschimpft und bespuckt.

Vor kurzem standen sie in einer ruhigen Seitenstraße in Haifa und verteilten Flugblätter. Sie hatten sich diesen Ort ausgesucht, weil sie hofften, in einer kleinen Straße eher Interesse an Diskussionen bei den Leuten zu finden, als in den großen Geschäftsstraßen. Auf der anderen Straßenseite war ein Café. Als die Leute im Café sahen, daß sie Flugblätter gegen die Besatzung verteilten, kamen sie heraus und beschimpften die Friedensgruppe. Sie steigerten sich in eine solche Wut hinein, daß sie den Demonstranten schließlich den heißen Kaffee aus ihren Tassen über die Köpfe schütteten.

Arna wollte sich nach diesem Erlebnis nicht mehr auf die Straße stellen. Sie hatte das Gefühl, ihre Gruppe sei nicht stark genug, um das durchzuhalten. Sie befürchtete auch, daß alle festgenommen und eingesperrt würden. Sie verbrachte schon einmal zwei Tage im Gefängnis, nur weil sie an einer Demonstration teilgenommen hatte. Freunde von ihr, die in der Redaktion einer oppositionellen Zeitung arbeiten, wurden bereits verhaftet und ins Gefängnis gesteckt.

Die aggressive Reaktion ihrer Landsleute erklärt sie damit, daß die die Realität, die Wahrheit über das Verhalten der israelischen Soldaten in den besetzten Gebieten, nicht wissen wollen. Sie verdrängen sie. Wenn die Soldaten von ihrem Dienst in der Westbank oder im Gaza-Streifen nach Hause kommen, schweigen sie. Sie erzählen nichts über ihre Aktionen gegenüber der arabischen Bevölkerung.

Weil in Israel alle Militärdienst leisten müssen, können sich die Leute nicht einfach vom Verhalten der Armee distanzieren. Sie alle sind die Armee.

Wenn die Friedensgruppen demonstrieren und ihre Landsleute mit der Wahrheit über die Situation in den besetzten Gebieten konfrontieren, ist das eine große Provokation. Sie halten ihnen den Spiegel vor, deshalb sind die Leute so aufgebracht.

Arna gibt den Versuchen der Opposition, die israelischen Landsleute aufzurütteln, keine große Chance. Sie hat kaum Hoffnung auf eine positive Veränderung innerhalb der israelischen Gesellschaft.

Sie will weiterhin vor allem den Kampf der Palästinenser unterstützen, weil sie denselben Feind und dasselbe Ziel haben.

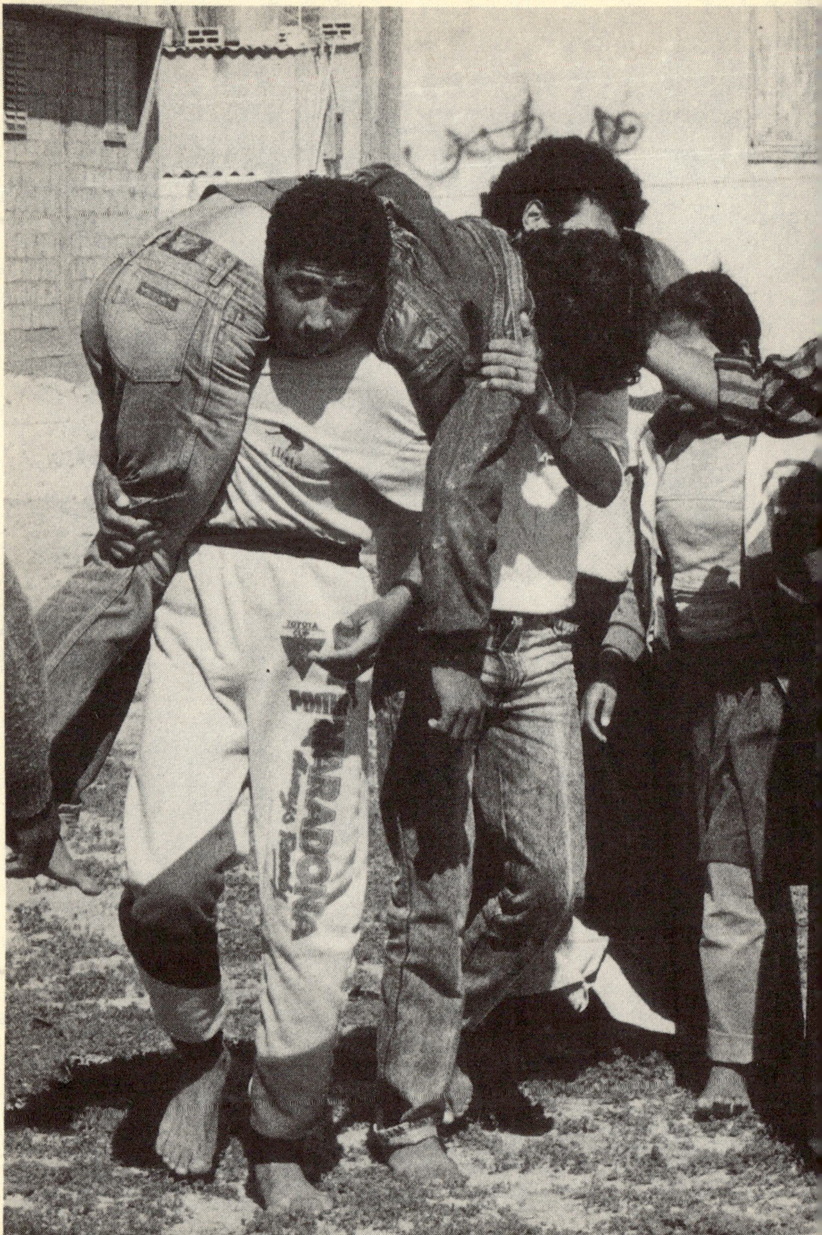

Wie Iyad starb

Wenn du mich eines Tages tötest,
wirst du in meiner Tasche Fahrkarten finden:
eine zum Frieden,
eine zu den Feldern und zum Regen,
eine zum Gewissen der Menschheit.
Ich bitte dich, mein lieber Mörder,
vergiß sie nicht, sondern reise.

Samih El-Qasem

Am 19. Januar verkündete der israelische Verteidigungsminister Rabin eine neue Politik, die den Einsatz von Schußwaffen ersetzen sollte. «Mit Gewalt, Entschlossenheit und Schlägen» sei der Aufstand in die Knie zu zwingen. Noch am gleichen Tag erhielten Tausende von Soldaten und Grenzpolizisten neue Schlagstöcke aus Eichenholz mit Eiseneinsätzen, um den Schlägen mehr Gewicht zu verleihen. In den folgenden Wochen wurden Hunderte von palästinensischen Jugendlichen mit Schädel-, Arm- und Beinbrüchen ins Krankenhaus eingeliefert.

Die israelische *Jerusalem Post* rechtfertigte den Befehl Rabins. Ein verhafteter Jugendlicher werde in der Regel nach achtzehn Tagen wieder auf freien Fuß gelassen und könne dann mit dem Steinewerfen wieder anfangen. Aber wenn Soldaten ihm die Hand brechen, könne er erst nach sechs Wochen wieder einen Stein werfen. Israels Regierungsvertreter bemühten sich, kritische internationale Stimmen zu beruhigen. Der Schlagstock werde nur in Notwehrsituationen eingesetzt. Natürlich könne es vorkommen, daß ein Soldat aus Angst um sein Leben einmal zu kräftig zuschlagen würde. Aber der Befehl sei kein «grünes Licht» zum Knochenbrechen. Mitglieder der Bostoner Organisation «Ärzte für Menschenrechte» erklärten nach einer *fact-finding*-Tour in die besetzten Gebiete drei Wochen nach Rabins Befehl, daß nach ihren Schätzungen mindestens 38000 Palästinenser geschlagen wurden, darunter 5 bis 10 Prozent Kinder unter zehn Jahren. Und nicht nur Demonstranten. Am 8. Februar starb Iyad Mohammed Akel, achtzehn Jahre alt, aus dem Bureisch-Camp im Gaza-Streifen im Schifa-Krankenhaus in Gaza City. Die Diagnose der Ärzte: Lungenembolie, hervorgerufen durch Stockschläge.

Wir sitzen mit Um Jaber und ein paar Frauen im Schlafzimmer eines Hauses in Bureisch. Eine der Frauen ist Um Hassan, Witwe, 45 Jahre alt. Sie ist die Mutter von Iyad Mohammed Akel. Um Hassan erzählt uns, wie ihr Sohn starb.

«An jenem Tag saßen wir alle zu Hause. Khaled, Iyads Vetter, war zu Besuch. Mein Jüngster, Ahmed, spielte im Innenhof Fußball. Der Ball flog über die Mauer auf die Straße, und Ahmed wollte den Ball holen.

Er ging zur Tür und guckte nach draußen. Die Soldaten sahen ihn. Sie lauerten gern den Kindern auf. Sie stürmten in unser Haus und stürzten sich auf Iyad. Dann schlugen sie auch Khaled auf den Arm. Die Jungen saßen auf dem Boden und tranken Tee. Iyad hatte Angst vor ihnen und lief in die Küche. Die Soldaten folgten ihm. Einer sagte: Das ist er.

Es war ein Montag, vier Uhr nachmittags. Ich stürzte mich auf sie und versuchte, sie wieder aus dem Haus zu drängen. Warum verprügeln sie meinen Sohn? Vier Soldaten schlugen mit Schlagstöcken auf ihn ein, bis ihm das Blut aus dem Mund lief. Ich schrie. Dann schlugen sie auch mich. Sie zertrümmerten die Tür, dann die Fenster, dann warfen sie die Teegläser einfach aus dem Fenster. Sie schlugen meine Tochter Sana und mich, bis auch ich blutete – nur weil ich meinen Sohn verteidigen wollte. Sie schrien uns an: Ruhe! Haltet den Mund!»

Die Soldaten fesselten Iyad und seinen Cousin Khaled und schleppten sie nach draußen. Die Mutter von Khaled stand an jenem Tag auf der Straße vor ihrer Haustür. Plötzlich habe sie die Soldaten mit Iyad und Khaled gesehen, erzählt sie uns: «Ich schrie auf. Dann kamen die Soldaten und schlugen mich, mein Gott, und wie sie mich schlugen.

Noch heute tut mir alles weh. Seitdem hab ich 13 Kilo abgenommen. Ich kriege keinen Bissen mehr runter. Ein Soldat schrie mich an: Geh endlich ins Haus. Aber wie konnte ich ins Haus gehen. Das sind meine Kinder, die dort verprügelt werden.

Der Soldat warf mich auf den Boden und schlug weiter auf mich ein, vor allem auf mein Bein. Dann kamen Leute aus der Nachbarschaft und warfen mit Steinen auf die Soldaten. Ich begann zu schreien: Leute, die Jungen, paßt auf. Die Soldaten hatten Iyad und Khaled auf die Straße gezerrt und hinter einem Müllcontainer auf die Erde geworfen, als die Steine wie ein Wasserfall auf sie niederprasselten. Die Leute hörten auf, und ich blieb mit den Soldaten allein zurück. Ich schwöre bei Gott: Am liebsten hätte ich mich auf sie gestürzt und sie einfach umgebracht. Aber ich hatte Angst um meinen Sohn und meinen Neffen. Iyad und Khaled waren schließlich in ihrer Gewalt.

Dann riefen sie über Funk drei weitere Jeeps herbei. Sie warfen die Jungen in die Wagen und befahlen ihnen, die Köpfe unter den Sitz zu legen. Die ganze Zeit schlugen sie auf die beiden ein. Sie schlugen und schlugen... Zwei Stunden schlugen sie. Sie nahmen ihnen die Ausweise ab und warfen sie einfach weg. Sie stahlen Khaled auch das ganze Geld, das er in der Hosentasche hatte.

Der Jeep fuhr los, und ich wollte hinterherlaufen. Ein Soldat warf mich auf den Boden, in einen der Abwässerkanäle. Ich stand auf und versuchte ein zweites Mal, dem Jeep hinterherzulaufen. Die Soldaten fragten mich: Was willst du? Geh nach Hause. Ich antwortete ihnen: Ihr habt meine Kinder geschlagen. Was haben sie euch getan, daß ihr sie jetzt mitnehmt? Sie antworteten: Sie werfen immer mit Steinen. Dann kamen sie mit einem gepanzerten Fahrzeug auf mich zu und versuchten mich anzufahren. Aber ich stand neben einer Mauer, und es gelang mir, mich dahinter zu verstecken.

Inzwischen waren meine Schwiegertochter und die Nichte von Iyad hinzugekommen. Wir schrien und liefen hinter dem Jeep her. Aber der war schneller und verschwand. Wir überlegten, wohin er gefahren sein könnte und gingen zur Kreuzung. Inzwischen kamen ein paar Leute und erzählten, daß das Auto zu den Mandelhainen gefahren sei. Meine Tochter und meine Schwiegertochter gingen mit den Leuten zu den Mandelhainen. Meine Tochter rief die ganze Zeit: Khaled, Khaled! Einige Leute, die in der Gegend wohnten, wiesen auf einen Garten und sagten: Die Soldaten sind dort drinnen.

Nachdem die Soldaten mit Khaled und Iyad bei den Mandelhainen angekommen waren, hatten sie die beiden aus dem Wagen auf die Erde geworfen und weiter auf sie eingeschlagen. Dann gaben sie ihnen die Ausweise und befahlen ihnen, nach Hause zu gehen. Iyad sammelte all seine Kräfte, stand auf und begann zu laufen. Er hatte Angst und wollte weg. Da rief der verantwortliche Offizier: Er hat ja immer noch Kraft, und befahl den Soldaten: Bringt ihn her und schlagt ihn noch einmal. Dann trugen sie ihn ein Stück weg. Khaled konnte von weitem erkennen, wie sie sich auf Iyad stürzten und ihn schlugen, bis er auf den Boden fiel.

Sie schaufelten ein Loch und begruben Iyad darin. Dann kamen sie zu Khaled und befahlen auch ihm: Los, steh auf, sonst machen wir mit dir das gleiche wie mit dem da! Khaled versuchte aufzustehen, machte drei Schritte und fiel dann wieder zu Boden. Die Soldaten ließen ihn daraufhin einfach liegen und verschwanden.»

Khaleds Mutter erzählt, wie die beiden Jungen schließlich gefunden wurden: «Die Mädchen nahmen sich ein Herz und gingen in den Garten. Schließlich hörten sie die Stimme von Khaled. Sie fanden ihn, voller Verletzungen von den Schlägen. Sie zogen ihn bis zur Straße, hielten ein Auto an und brachten ihn nach Hause. Vorher baten sie die Leute, weiter zu suchen, nach Iyad. Die Leute fanden Iyad schließlich und brachten auch ihn nach Hause. Aber wie sah er aus... Sie hatten ihn auf den Kopf geschlagen. Seine Beine waren völlig zerquetscht und überall offene Wunden und Blut. Iyad starb noch in derselben Nacht.

Auch Khaled ging es sehr schlecht. Eine ganze Woche konnte er sich nicht bewegen und nicht sprechen.»

Eine Krankenschwester erzählt uns, daß jeden Tag Jugendliche mit Knochenbrüchen, Prellungen und Gehirnerschütterungen infolge von Stockschlägen in die Krankenhäuser eingeliefert werden. Viele der Verletzten behalten Dauerschäden. «Wir haben einen Jungen im Krankenhaus, der querschnittgelähmt ist infolge von Schlägen auf die Wirbelsäule.» Sie kennt auch Khaled. Er war ihr Patient. «Wißt ihr, was er mir als erstes sagte? Es ist besser erschossen als zu Tode geprügelt zu werden. Da ist man wenigstens sofort tot.»

Der amerikanische Arzt Jack Geiger, der mit einer Delegation der US-Menschenrechtsorganisation «Physicians for Human Rights» die besetzten Gebiete besuchte, beschrieb die Auswirkungen der Schläge: «Wir haben uns die Röntgenbilder genau angeschaut. Zunächst einmal sahen wir immer wieder gebrochene Hände. Dabei waren die sogenannten Mittelhandknochen gebrochen worden. Normalerweise kann man diese Knochen nur brechen, wenn man die Hand nach vorn zieht und dann mit einem Knüppel oder einem Gewehrkolben draufschlägt. Genauso ist es mit den Brüchen der Speiche im Unterarm, die wir immer wieder gesehen haben. Auch diesen Knochen kann man mit Sicherheit brechen, wenn jemand einen Arm langzieht und ein anderer ihn mit einem harten Gegenstand, einem Gewehrkolben etwa, zerschmettert. Hände und Arme werden auf diese Weise systematisch gebrochen ... Lassen sie mich hinzufügen, daß uns das Wort ‹Schläge› irreführend erscheint, es geht bei der Größenordnung der Verletzung, die wir sahen, nicht weit genug. Wir trafen Menschen, die heftige Hiebe auf den Rücken erhalten hatten und deren Arme und Beine zertrümmert worden waren. Wir sahen einen Patienten, dem beide Ell- und Speichenknochen und beide Waden- und Schienbeine zerbrochen worden waren. Außerdem hatte er Kopfverletzungen. Solche Verletzungen ziehen sie sich nicht zu, wenn sie sich einfach einer Festnahme widersetzen» (*Spiegel* vom 29. 2. 1988).

Manchmal nahmen die Soldaten ihre Opfer auch mit, schlugen sie unterwegs oder in einem Militärlager zusammen und ließen sie dann in einem Hain oder einem anderen abgelegenen Ort schwer verletzt liegen. Manchmal wurden sie dort erst nach Tagen von suchenden Verwandten oder zufällig vorbeikommenden Palästinensern entdeckt.

Maurice Aubert, Präsident des Internationalen Komitees des Roten Kreuzes, protestierte in einem Brief an Ministerpräsident Shamir dagegen, daß «Tausende von Menschen (in Gaza und Westbank) Opfer von Brutalität und schweren Mißhandlungen durch israelische Soldaten wurden». Er forderte, mit Hinweis auf drei totgeprügelte Palästinenser, «den ernsthaften Vergehen gegen Zivilpersonen unverzüglich ein Ende zu machen».

Ein Vertreter des Gesundheitskomitees in Gaza erklärte uns, daß viele der Verletzten dauerhafte gesundheitliche Schäden davontragen würden und die volle Funktionsfähigkeit von Händen, Armen oder Beinen eingebüßt hätten. Das Gesundheitskomitee bemühe sich nun, Rehabilitationsprogramme für die behinderten Palästinenser zu organisieren.

*

Den israelischen Soldaten ist das Schießen mit scharfer Munition erlaubt, sobald sie ihr Leben für bedroht halten. Diese sehr allgemein gehaltene Anordnung kann sich jeder israelische Soldat so auslegen, wie er möchte.

Am 21. März 1988 hatte Verteidigungsminister Rabin den Soldaten die Erlaubnis gegeben, gezielt auf Palästinenser zu schießen, die Molotow-Cocktails oder andere verdächtige Objekte würfen. Auch die Siedler hatten nun die ausdrückliche Genehmigung, in Selbstverteidigung tödliche Schüsse abzufeuern.

Die meisten in den besetzten Gebieten eingesetzten Soldaten sind mit M 16-Gewehren ausgerüstet, aus denen mit «High Velocity-Munition» geschossen wird. Diese Kugeln, die mit besonders großer Geschwindigkeit (etwa 990 Meter pro Sekunde) ihr Ziel erreichen, haben ähnlich verheerende Wirkung wie die international geächteten Dumdum-Geschosse. Beim Eintritt in den Körper explodieren sie in winzige Einzelteile, die Knochen, Muskeln und innere Organe des Getroffenen zerstören. Im Gegensatz zu anderer Munition verursachen sie nie einen glatten Durchschuß, sondern verbleiben im Körper. Schüsse in den Oberkörper sind fast immer tödlich, andere führen zu schweren, oft unheilbaren Verletzungen; fast immer verbleiben Teile der Kugel im Körper und wandern.

Regelmäßig eingesetzt werden auch Gummigeschosse, zylinderförmige Gummikugeln mit einem harten Kern aus Metallteilchen, die als vergleichsweise harmlos gelten. Sie verursachen in der Regel großflächige Hautverletzungen: Blutergüsse, Prellungen, Schwellungen und Rißquetschungen. Es kann aber auch – vor allem bei Schüssen auf kurze Distanz – zu Frakturen an Rippen und Fingern und zu inneren Verletzungen kommen, vor allem zu Lungenprellungen. Besonders gefährlich sind auch Verletzungen im Kopfbereich und Augenverletzungen, die zu Erblindung oder schwerer Sehbehinderung führen können.

*

Das Bureisch-Camp liegt zehn Kilometer südlich von Gaza City. Erst zwei Tage vor unserem Besuch war die Ausgangssperre in dem Lager aufgehoben worden. Ein Ärzteteam der «Medical Relief Committees» hat mit den dortigen Volkskomitees einen Sprechstundentermin vereinbart. Sie laden uns ein mitzukommen.

Die Ärztekomitees besuchen regelmäßig die medizinisch schlecht ausgestatteten Flüchtlingslager und halten in Privathäusern Sprechstunden ab. Um ein Uhr wollen wir losfahren. Die Medikamente und die Laborausrüstung sind in ein paar Kühltaschen verpackt und im Kofferraum der beiden Autos verstaut. Aber wir müssen warten. Einer der Ärzte fehlt. Seine Kollegen werden unruhig. Hoffentlich ist ihm nichts passiert. Dort, wo er wohnt, soll es heute morgen zu Zusammenstößen zwischen Soldaten und Demonstranten gekommen sein. Man hat gehört, die ganze Wohngegend sei von der Armee abgeriegelt worden. Vielleicht ist er nicht durchgekommen, obwohl sein Auto als Arztwagen gekennzeichnet ist. Mit einer halben Stunde Verspätung kommt Dr. Nabil schließlich doch noch zum vereinbarten Treffpunkt.

Unterwegs war ihm eine Militärpatrouille begegnet. Einer der Soldaten warf aus seinem Jeep Nägel auf die Straße, direkt vor das Auto des Arztes. Ein Reifen platzte. Dr. Nabil fuhr an den Straßenrand, um den Reifen zu wechseln. Auch die Soldaten hielten an und befahlen ihm auf hebräisch, er solle sich von irgendwoher einen Besen besorgen und die Straße kehren. Nabil tat so, als verstünde er nichts, zeigte den Soldaten seinen Ausweis und erklärte auf englisch, er sei Arzt und müsse dringend zu einem Patienten. Die Soldaten beeindruckte das wenig. Nabil dürfe erst weiterfahren, wenn er die Straße gefegt habe. Dem Arzt blieb also nichts anderes übrig, als an einer der Haustüren zu klingeln, sich von Anwohnern einen Besen auszuleihen und zu fegen. Dr. Nabil lacht, als er uns die Geschichte erzählt – trotz der Demütigung, die er gerade erfahren hat. Im Gaza-Streifen wird manchmal auch der Humor zu einer Form des moralischen Widerstands.

Was Dr. Nabil passierte, ist keine Ausnahme, und für ihn ging der Vorfall sogar noch glimpflich aus.

Wir wurden später noch häufiger Zeugen, wie Soldaten Autos anhielten, den Fahrern die Ausweise abnahmen und die Insassen zwangen, brennende Autoreifen zu löschen oder Barrikaden zur Seite zu räumen. Wer dem Befehl nicht Folge leistet, kriegt den Ausweis nicht zurück oder wird schon mal geschlagen.

Dr. Nabil ist zum Glück nichts passiert, und wir können aufbrechen. Die Fahrt geht zunächst am Strand entlang, der trotz des schönen Wetters menschenleer ist. Niemand geht mehr schwimmen oder macht hier Picknick mit seiner Familie. Vergnügungen werden auf die Zeit nach Ende der Besatzung aufgeschoben. «Feiern können wir später, wenn wir einmal unseren eigenen Staat haben», hören wir immer wieder von den Menschen im Gaza-Streifen.

Dann biegt die Straße nach links ab, weg vom Strand. Das erste Mal seit unserer Ankunft im Gaza-Streifen sehen wir etwas von der Landschaft. Leicht gewellte grüne Wiesen, Felder mit Olivenbäumen, Weingärten und Haine mit Orangen- und Zitronenbäumen. Feigenkakteen säumen die Straße. Man könnte die Besatzung, den Aufstand, die Gewalt, das Blutvergießen vergessen, wenn einem nicht immer wieder Militär-Jeeps entgegenkommen würden.

Es gibt nur noch eine Straße nach Bureisch. Die anderen Zufahrtswege sind mit hohen Erdwällen versperrt. Sie wurden während der letzten Ausgangssperre mit Bulldozern einfach zugeschaufelt. So können die Soldaten das Lager leichter kontrollieren. Neben dem Flüchtlingslager ein provisorisches Militärcamp, bestehend aus ungefähr 25 Zelten – zur Überwachung von Ruhe und Ordnung im Lager. Im Gegensatz zum Schati-Camp herrscht in Bureisch noch fast ländliche Atmosphäre. Es ist nicht so beengt. Die Straßen sind breiter. Viele Familien halten sich eine Kuh oder wenigstens ein paar Schafe.

Kurz vor Bureisch kommen wir an eine Straßensperre der israelischen Armee. Soldaten halten jedes Auto an und kontrollieren die Ausweise. Die Ärzte haben etwas Angst, daß wir durchsucht werden könnten. Wir haben verbotene Flugblätter dabei – Hinweise für Erste Hilfe bei den «aufstandstypischen» Verletzungen: Schußwunden, Prellungen infolge von Gummigeschossen, Knochenbrüche durch Knüppeleinsätze, Selbstschutz gegen CS-Gase. Die Flugblätter sollen im Camp verteilt werden. Wenn die Soldaten sie finden, könnten sie allerdings damit den Ärzten die Zugehörigkeit zu einer illegalen Organisation – die Medical Relief Committees sind offiziell nicht zugelassen, also illegal nach Besatzungslogik – beweisen: Darauf stehen bis zu zehn Jahren Gefängnis. Aber es geht alles gut.

Wir kommen zu dem Haus von Um Jaber. Hier soll die mobile Klinik aufgebaut werden. Ein paar Stühle werden im Wohnzimmer an der Wand aufgereiht, für jeden Arzt einen, davor ein Tisch, ein Stethoskop, ein Blutdruckmeßgerät.

Es spricht sich schnell herum, daß die Ärzte da sind. Innerhalb von wenigen Minuten haben sich über fünfzig Patienten eingestellt – die meisten sind Frauen mit Kindern.

Viele klagen über Atemnot und Brennen in den Augen – Folgen der ständigen Gaseinsätze der israelischen Besatzungsmacht. Jedesmal wenn irgendwo im Lager Spannungen auftreten, Frauen oder Jugendliche demonstrieren, ein Stein gegen den Jeep einer Militärpatrouille fliegt, wird das ganze Lager mit Gaspatronen bombardiert. In den letzten Wochen habe die Armee zudem ein unbekanntes rotes Puder benutzt, das Übelkeit hervorrufe, klagen die Frauen.

*

Seit Beginn des Aufstands setzt die israelische Armee auch eine Reihe verschiedener Gase gegen die palästinensische Bevölkerung in den besetzten Gebieten ein, vorwiegend CN- und CS-Gase, die bei uns auch unter dem verharmlosenden Namen Tränengas als Polizeiwaffe gegen Demonstranten genutzt werden.

CS und CN sind bei normalen Temperaturen feste Stoffe, daher können sie nur fein verteilt als Rauch oder Nebel oder in Lösungen (zum Beispiel in Sprühdosen) eingesetzt werden. Durch diese Art des Einsatzes ist die Konzentration der Gase, die eingeatmet wird, sehr stark von äußeren Faktoren (Windrichtung, Luftfeuchtigkeit usw.) abhängig und kann von den Anwendern kaum eingeschätzt werden.

Untersuchungen über gesundheitliche Auswirkungen gehen immer davon aus, daß die Gase im Freien eingesetzt werden und nicht in geschlossenen Räumen, was aber in den besetzten Gebieten häufig der Fall ist. Gesundheitliche Auswirkungen bei sogenannter Normaldosierung von CS (im Freien) sind: heftiges Augenbrennen, Lidkrampf, Bindehautentzündung, Hautbrennen, Beklemmung, Erstickungsgefühl – verbunden mit Panik, Atemnot, Brechreiz bis zum Erbrechen, Ansteigen des Blutdrucks und Durchfall. Höhere Dosen können zu schweren Augenschäden und Verbrennungen zweiten Grades führen. Bei der Inhalierung großer Mengen können schwere Lungen-, Leber- und Nierenschäden verursacht werden, Atem- und Kreislaufstörungen manchmal auch in den nachfolgenden Tagen noch zum Tod führen.

CS ist verdächtig, Krebs auszulösen, es gehört zu den alkylierenden Verbindungen. Solche Chemikalien können in Verbindung mit Makromolekülen in die Zellen des menschlichen Körpers eingehen und Krebs hervorrufen.

Der Einsatz von chemischen Kampfstoffen im Krieg ist seit 1925 (Genfer Protokoll: «Verbot der Verwendung von erstickenden giftigen oder ähnlichen Gasen sowie von bakteriologischen Mitteln im Krieg») geächtet. Trotzdem wurde CS-Gas von den US-Streitkräften in Vietnam gegen die Zivilbevölkerung eingesetzt. Das von den Israelis in den besetzten Gebieten eingesetzte CS- und CN-Gas stammt überwiegend aus US-Importen. Herstellerfirma Federal Laboratories Inc., Saltzburg / Pennsylvania, lasen wir auf leeren Gasbehältern, die uns von Palästinensern gezeigt wurden. Auf den Behältern waren auch präzise Anweisungen für den Einsatz zu lesen: «Kann Brände verursachen. Darf nicht direkt auf Personen gefeuert werden, da Tod und Verletzungen eintreten können. Darf nur im Freien eingesetzt werden.» Doch daran halten sich die israelischen Soldaten nicht. Reizgase werden wieder und wieder in palästinensische Wohnungen geworfen, besonders oft in die Flüchtlingslager, häufig sogar während der Ausgangssperre, so daß die Menschen im Haus dem Gas nicht entkommen können. Auch Moscheen, Läden, Schulen und Krankenhäuser sind immer wieder Ziele von Gasangriffen der israelischen Armee.

Wir besuchten eine junge Frau im Stadtteil Nasser, deren Haus eine Stunde vor unserer Ankunft von israelischen Soldaten überfallen worden war. Möbel waren zertrümmert, der Fernseher eingetreten, sämtliche Fenster im Flur und Treppenhaus waren zerbrochen; von hier hatten die Soldaten auf jugendliche Demonstranten auf der Straße geschossen. Immer noch hing der ätzende Geruch von CS-Gas im Haus. Alle Bewohner litten unter körperlichen Beschwerden: Husten, Halsschmerzen, Atemprobleme. Besonders schlimm hatte es ein dreijähriges Mädchen getroffen. Sie jammerte und weinte ununterbrochen und klagte über Schmerzen in den Augen, im Hals und Übelkeit. Einer der halbwüchsigen Söhne zeigte uns einen Tränengasbehälter, ein rundes schwarzes Plastikgefäß, er drehte es um, und ein Rest des schwärzlichen Pulvers rieselte heraus. Wir verspürten sofort ein Kratzen im Hals, begannen zu husten, und unsere Augen fingen an zu tränen.

Bei solchen Einsätzen bleibt natürlich auch CS-Gas in Möbeln, Kleidung und Nahrung zurück, und die Menschen in den Wohnungen sind ihm noch lange ausgesetzt. Unter trockenen Bedingungen kann sich CS wochenlang halten. Besonders gefährdet durch Reizgas sind Kleinkinder, Babies, alte und kranke Menschen und schwangere Frauen.

Durch den Einsatz von Reizgasen starben nach Angaben von amnesty international von Dezember 1987 bis Juni 1988 mindestens vierzig Menschen, unter ihnen vor allem alte Menschen, Kleinkinder und Babies.

Ein Arzt der UNO-Hilfsorganisation UNWRA berichtete uns von einem massiven Anstieg der Fehlgeburtenrate, auch wenn man keine genauen Zahlen habe, weil die Ursache der Fehlgeburten in den Krankenhausberichten nicht festgehalten werden dürfe und viele Frauen nach einer Fehlgeburt gar nicht erst ins Krankenhaus kämen, sondern zu Hause blieben.

In den besetzten Gebieten werden sehr unterschiedliche Gase eingesetzt, so daß die Opfer ebenso wie das medizinische Personal in den Kliniken oft gar nicht weiß, wie man mit den jeweiligen Symptomen umgehen muß. Ärzte erzählten uns von einem Puder, das sich bei Kontakt mit Wasser entzünde und schon zu schweren Verbrennungen geführt habe, weil sich Palästinenser durch Waschen von dem Brennen auf der Haut befreien wollten und damit das Gas entzündet hatten. Es soll sich hierbei um ein Gas auf Phosphorbasis handeln, das normalerweise nur bei Manövern zur Erzeugung künstlichen Nebels (Rauches) eingesetzt wird.

*

Das Shifa-Hospital in Gaza City gehört zu den Krankenhäusern, die besonders häufig und brutal von der israelischen Armee angegriffen wurden. Schon gleich in den ersten Tagen des Aufstands war das Hospital angegriffen und durchsucht worden. Am 9. Dezember stürmten Soldaten und Grenzpolizei das Krankenhaus, bettlägerige Verletzte wurden geschlagen und fortgeschleppt und Kanister mit Tränengas von Hubschraubern aus direkt auf das Krankenhausgelände geworfen. Sechs Tage später, am 15. Dezember, kam es zu einer regelrechten Schlacht um das Hospital. Israelische Soldaten schossen in das Krankenhausgelände und töteten zwei Jugendliche, viele wurden durch Kugeln verletzt.

Am 18. Dezember wurde das Krankenhaus wieder von der Armee heimgesucht. Soldaten schlugen Besucher, Verwundete und Krankenhauspersonal. Ein Arzt erzählte uns von den Ereignissen dieses Tages: «Am Eingang zum Krankenhaus wurden zwei Jugendliche erschossen, dann stürmte die Armee das Hospital und verletzte dabei vier Personen. Die Soldaten verboten uns Ärzten, die Verletzten zu versorgen, sie schlugen uns, sperrten uns in ein Zimmer und stellten Wachen vor die Tür, dann zerrten sie die Verwundeten aus den Betten und nahmen sie mit.» Auch medizinische Geräte wurden zerstört, darunter Röntgengeräte, Anästhesie-Ausrüstung und Blut-Plasma-Einheiten. Nach diesem Vorfall beschwerten sich die Krankenhausärzte beim Militärgouverneur, der ihnen Hilfe versprach. Aber Dr. X sagt verbittert: «Er ist ein Lügner, er hat sein Versprechen nicht gehalten.»

Viele Verletzte trauen sich wegen der zahlreichen Überfälle inzwischen nicht mehr in das Krankenhaus und die, die kommen, geben ihre Namen nicht mehr an. Oft lassen sich Schwerverletzte nach einer ersten medizinischen Versorgung wieder nach Hause bringen, egal, was die Ärzte dazu meinen. Bei der Pflege der Kranken zu Hause kommt es dann oft zu Entzündungen, Wundbrand und anderen Komplikationen.

Krankenwagen werden häufig von den Soldaten angehalten, durchsucht und nicht zu Verletzten durchgelassen oder aber, wenn die Kranken schon abgeholt worden sind, werden diese einfach aus der Ambulanz heraus festgenommen. Deshalb bringen Angehörige oder Freunde die Verletzten oft in Privatautos in die Krankenhäuser. Dr. X erzählte uns, daß eine Familie, die versucht hatte, einen verletzten Angehörigen ins Krankenhaus zu bringen, von Soldaten angehalten worden war. Sie hatten die Reifen des Autos zerschossen, und die Leute mußten den Verletzten einen Kilometer weit tragen, bis sie ein anderes Auto fanden, mit dem sie den Mann ins Krankenhaus bringen konnten. Als der Verletzte endlich dort ankam, war es für jede Hilfe zu spät, er war tot.

Die Ärzte des Shifa-Hospitals werden bei ihrer Arbeit ständig überwacht. Als wir eines Tages mit einer befreundeten Krankenschwester ins Krankenhaus kamen, um Verwundete zu besuchen, war niemand vom Krankenhauspersonal bereit, uns Auskünfte zu geben, aus Angst, die Israelis könnten davon erfahren. Ein uns bekannter Arzt, dem wir zufällig auf dem Krankenhausgelände begegneten, machte uns Zeichen, ihn hier nicht anzusprechen. Dann tauchten unerwartet Soldaten auf, und wir mußten uns verstecken.

*

Najah ist Ärztin. Das heißt, sie wäre fast Ärztin geworden. Aber das letzte Studienjahr konnte sie nicht beenden. Nach dem Abitur erhielt sie ein Stipendium, um in Bulgarien Medizin zu studieren. Als sie 1985 in den Sommerferien nach Gaza kam, um ihre Familie zu besuchen, verweigerten ihr die Besatzungsbehörden die Wiederausreise. Seitdem darf sie den Gaza-Streifen nicht verlassen. Eine Anstellung in einem der wenigen Krankenhäuser oder einer der UNWRA-Kliniken hat sie nicht gefunden. Es gibt trotz der schlechten Gesundheitsvorsorge im Gaza-Streifen (1,7 Krankenbetten auf 10000 Einwohner; zum Vergleich: in Ägypten gibt es ca. 20 Betten auf 10000 Einwohner, in der Bundesrepublik ca. 120) zu viele arbeitslose Ärzte, und Najah kann kein offizielles Examen vorweisen. Sie arbeitet jetzt auf Freiwilligenbasis für die Medical Relief Committees. Die Ärztekomitees führen regelmäßig Erste Hilfe-Kurse für Frauen durch. Verstärkte Gesundheitsaufklärung wurde dringend notwendig, nachdem während der ersten Ausgangssperren überall wahllos Gasbomben in die Häuser geworfen wurden. Die Leute fühlten sich dem Gas ausgeliefert, sie wußten sich nicht zu schützen und konnten wegen des Ausgehverbots keinen Arzt aufsuchen. Viele Jugendliche haben Angst, ins Krankenhaus zu gehen, weil es immer wieder vorkommt, daß verletzte Männer aus den Krankenhäusern heraus verhaftet wurden.

Najah beginnt mit einem Erste Hilfe-Kurs in Schcich-Radwan. Der Kurs findet in einem Privathaus statt. Die Hausfrau holt zusätzliche Stühle aus den Kinderzimmern und von den Nachbarn, die im Wohnzimmer in einem Kreis aufgestellt werden.

Die Bücher kosten nur noch ein Fünftel ihres früheren Preises . . .

Der Kurs wurde durch Mund-zu-Mund-Propaganda angekündigt. Nach und nach treffen die Frauen ein. Schließlich sind 25 Frauen jedes Alters versammelt, die jüngste zehn, die älteste siebzig, die meisten in traditionellen palästinensischen Kleidern, zwei Schulmädchen in Jeansröcken, zwei andere in bodenlangen Mänteln. Einige Frauen haben ihre kleinen Kinder mitgebracht. Eine Mutter stillt ihren Säugling.

Der Erste Hilfe-Kurs dient gleichzeitig der politischen Schulung. Najah spricht zunächst über den Aufstand, dessen Ziele. Sie ermuntert die Frauen: «Wir können nur etwas erreichen, wenn sich jeder einzelne, Mann und Frau, für die Intifada verantwortlich fühlt.» Sie ermuntert die Frauen einzugreifen, wenn Jugendliche verhaftet oder von Soldaten zusammengeschlagen werden. Sie dürften keine Angst haben, sie müßten mit allen Solidarität üben. Erste Hilfe bedeutet, Leben zu retten, aber nicht erst, wenn die Jungen schon verletzt sind.

Dann erklärt Najah den Frauen, wie wichtig es sei, regelmäßig Blut zu spenden. Es gäbe jeden Tag so viele Verletzte, daß oft die Blutkonserven der Blutbank und in den Krankenhäusern nicht mehr reichen.

Najah warnt die Frauen vor den traditionellen Methoden der häuslichen Medizin. Sie erzählt von drei Jungen aus Jabalia, die von Soldaten auf eine Müllkippe verschleppt und dort geschlagen wurden. Sie hatten auf dem ganzen Körper blaue Flecke und Prellungen. Die Frauen, die sie fanden, wollten ihren Schmerz lindern, besorgten warmes Wasser und massierten die Körper damit, ohne zu bedenken, daß die drei möglicherweise innere Verletzungen haben. Zwei der Jungen starben. Sie hätten vielleicht durch eine fachgerechte ärztliche Versorgung gerettet werden können.

Das erste Thema des Kurses heißt «Gase». Najah schätzt, daß allein im Schati-Camp zehn Kinder an Erstickungen und Gasvergiftungen gestorben sind. Die meisten Menschen in den Flüchtlingslagern leiden an ständigen Atembeschwerden und an Hautausschlägen – Folge der wiederholten, oft «flächendeckenden» Gaseinsätze. Besondere Sorge bereitet den Ärzten, daß die Israelis ganz unterschiedliche Gase einsetzen. Manche der Gase führen in Verbindung mit Wasser auf der Haut zu Verbrennungen. Deswegen warnt Najah die Frauen davor, betroffene Hautstellen ohne Konsultation des Arztes mit Wasser abzuwaschen.

Najah erklärt den Frauen, wie sie aus einfachen Haushaltsgegenständen Filter basteln können. «Wir sind ein armes Volk. Die Möglichkeiten der medizinischen Behandlung sind gering», sagt Najah später zu uns. «Deswegen erklären wir den Frauen, wie sie sich mit Dingen schützen können, die sie ohnehin im Haus haben.»

Dann erklärt Najah den Frauen künstliche Beatmung. Ein Mädchen legt sich auf den Boden, und Najah demonstriert Mund-zu-Mund-Beatmung. Die Frauen kichern verschämt. Für sie ist es unvorstellbar, einen fremden Mann durch Mundberührung wieder zum Leben zu erwecken. Das widerspricht allen Traditionen. Najah kennt die Vorurteile der Gesellschaft und spricht das Thema an.

Später erklärt sie uns: «Wir haben die Erfahrung gemacht, daß die Frauen sich im Ernstfall nicht mehr darum kümmern, was Traditionen und Bräuche ihnen diktieren. Wenn die Frauen einen Verwundeten sehen, denken sie nicht mehr darüber nach, ob es sich um eine Frau oder einen Mann, einen Verwandten oder einen Fremden handelt. Das wichtigste ist, den Menschen zu retten. Die Angst und die Scham vor den Männern ist verschwunden.»

Am Ende des Kurses verteilt Najah Merkblätter. Die sollen die Frauen zu Hause durchlesen oder sich von den Kindern vorlesen lassen. Najah ermahnt die Frauen, das Haus einzeln zu verlassen, damit mögliche Militärpatrouillen nicht auf sie aufmerksam werden. Versammlungen wie diese sind verboten.

Najah ist stolz über den Erfolg der Erste Hilfe-Kurse: «Wenn die Israelis früher Gas auf eines der Flüchtlingslager warfen oder auf Demonstrationen schossen, wurden manchmal 200 bis 300 Verletzte ins Krankenhaus eingeliefert. Jetzt werden die meisten Verletzten zu Hause behandelt. Das verringert den Druck auf die Krankenhäuser, die sowieso schon überbelegt sind. Aber auch das Selbstbewußtsein der Frauen hat sich geändert. Vor dem Aufstand hatten die Frauen Angst zu demonstrieren oder Verletzte, die irgendwo auf der Straße lagen, zu behandeln. Sie hatten keinerlei Erfahrungen in Erster Hilfe. Die Intifada hat die Frauen sehr verändert. Ihre Kenntnisse über Medizin und Erste Hilfe hat auch ihr Selbstbewußtsein gestärkt. War es vor dem Aufstand unmöglich, daß eine Frau auf der Straße mit einem fremden Mann auch nur ein Wort wechselte, läuft sie heute sofort auf die Straße, um die Verwundeten zu versorgen, selbst wenn ihr eigener Mann versucht, sie daran zu hindern. Die Frauen sind sehr stolz, wenn sie einen Verwundeten künstlich beatmen, ihn fachgerecht ins Krankenhaus transportieren und ihm so möglicherweise das Leben retten.»

Eine Woche später findet der zweite Teil des Erste Hilfe-Kurses statt. Auf dem Programm stehen Verbrennungen, Prellungen und Schußverletzungen. Die Frauen sitzen nicht mehr wie beim erstenmal still und fast schüchtern auf ihren Stühlen, sondern berichten aufgeregt, wo und wie sie das vor einer Woche Gelernte inzwischen anwenden konnten. Ein paar Mädchen erzählen, daß in ihrer Straße dreimal Gas eingesetzt wurde. Eine alte Frau bedauert, daß sie nicht lesen und schreiben kann und deswegen das Merkblatt nicht lesen konnte. Aber wenn der Aufstand vorbei ist, will sie einen Alphabetisierungskurs besuchen, verspricht sie.

Ein Mädchen hat beobachtet, wie Soldaten in ihrer Straße einige Jugendliche verfolgten. Sie hätte die Jungen ins Haus geholt und ihnen geholfen, durch den Garten zu entkommen. Die Soldaten hätten sie daraufhin geschlagen. Aber das sei nicht so schlimm gewesen, wenigstens hätten sie den Jungen nicht die Knochen gebrochen. Eine andere Frau erzählt, sie hätte einem Jungen den gebrochenen Arm geschient und ihn dann zum Arzt gebracht. Der hätte ihr bestätigt, daß sie ihre Sache wirklich fachgerecht gemacht habe.

Eine traditionell gekleidete Frau, die vor einer Woche noch sagte, sie wisse nicht, ob sie das nächste Mal wiederkommen könne, weil sie ihrem Mann ja das Essen bereiten müsse, erzählt, daß sie jetzt auch immer mitmacht, wenn die Jungen Steine werfen. Vor ein paar Tagen habe sie beobachtet, wie Soldaten einen Jungen erst zusammenschlugen und dann in den nächsten Militärstützpunkt mitnahmen. Sie sei hinter den Soldaten hergelaufen, habe vom zuständigen Offizier verlangt, er solle den Jungen wieder freilassen. Ob es ihr Sohn sei, fragte der Offizier. Nein, aber das sei doch völlig gleichgültig, sie betrachte alle Jungen als ihre Söhne, habe sie geantwortet. Der Offizier habe sie daraufhin beschimpft. Sie sei wohl eine Rädelsführerin. Sie solle verschwinden, sonst würde er den Jungen erschießen lassen. Der Junge wurde nicht freigelassen. «Aber immerhin hab ich dem Offizier meine Meinung gesagt», meint sie stolz.

«Wenn man eine Schlange in dieses Gefängnis steckt, stirbt sie»

Das Leben in den Gefangenenlagern

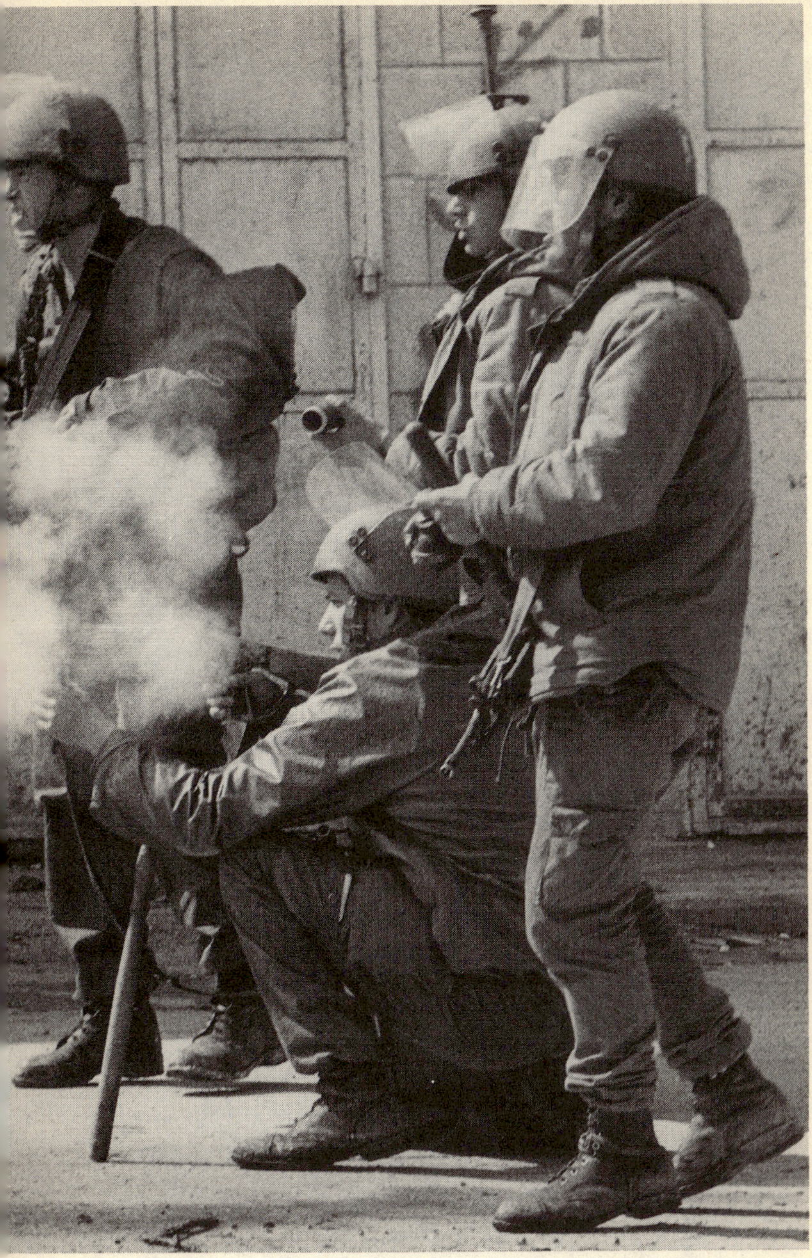

Aus dem Fenster meiner kleinen Zelle
erblicke ich die Bäume – sie lächeln mir zu –
und auf den Dächern mein Volk
und die Fenster – sie weinen und beten für mich.
Aus dem Fenster meiner kleinen Zelle sehe ich deine große Zelle.

Samih El-Qassem

Ein Freund nahm uns mit zu Fatmehs Haus. Fatmeh empfängt uns in einem Wohnzimmer, das sich offensichtlich noch im Bau befindet. Unverputzte Betonmauern, an der Wand stapeln sich Schlafmatten. Wir sitzen auf alten Plüschmöbeln, die älteste Tochter bringt uns Tee. Fatmeh ist eine zierliche, schlanke Frau mit halblangen, dunklen Haaren. Sie hat sieben Kinder, das älteste ist siebzehn Jahre, das jüngste ist achtzehn Monate. Bis vor kurzem war ihr Mann im Gefangenenlager Ansar II, ihr Sohn ist immer noch im Gefängnis. «Mein Mann kam nach der Arbeit nach Hause. Am frühen Abend kamen sie und verhafteten ihn. Das war beim zweitenmal, beim erstenmal holten sie ihn nachts. Die Soldaten drangen ins Haus ein, sie durchsuchten alle Zimmer und schlugen unsere ganze Habe kaputt. Sie erschreckten auch unsere Kinder. Ich sagte zu ihnen: Ihr macht meinen Kindern angst. Da antworteten sie: Euch Palästinensern kann doch gar nichts angst machen.

Zuerst wollten sie meinen fünfzehnjährigen Sohn festnehmen. Da habe ich zu ihnen gesagt: Was wollt ihr mit dem Kleinen machen? Er ist doch erst zwölf. Nun wollten sie den Jüngeren mitnehmen, aber ich habe angefangen, mit ihnen zu streiten. Mein Mann hat dann zu ihnen gesagt: Ich bin der Hausherr, wenn ihr jemanden festnehmen wollt, dann nehmt mich.

Also nahmen sie meinen Mann für zehn Tage mit. Dann kamen sie wieder und verhafteten auch meinen Sohn. Sie klagten ihn an, an Demonstrationen teilgenommen und welche organisiert zu haben. Natürlich hat er demonstriert wie alle anderen auch. Das machen doch nicht nur einer oder zwei, alle demonstrieren. Aber mein Sohn hat nicht gestanden, er hat zu den Israelis gesagt: Damit habe ich nichts zu tun.

Meinen Mann haben sie überhaupt nicht angeklagt, sie haben ihm nicht mal erzählt, warum sie ihn einsperren. Sie haben ihn so furchtbar geschlagen, daß er auch nach seiner Entlassung noch nicht auf seiner Matratze liegen konnte, weil er überall Schmerzen hatte.

Die Soldaten waren nicht nur bei uns: In unserer Straße fingen sie an, in die Häuser einzudringen und drei, vier Jungen aus jedem Haus zu verhaften. Sie überfallen die Häuser nachts, manchmal drei-, viermal. Unser Haus wurde in einer Nacht dreimal durchsucht. Sie fragten mich: Wo ist dein Sohn. Und ich sagte ihnen: Er schläft. Da sagten sie: Wir glauben dir nicht. Sag uns, wo er steckt.

Was sollte ich tun, ich mußte sie beschimpfen und mit Steinen bewerfen. Der Stein ist alles, was wir haben. Ja, ich werfe Steine auf die Soldaten. Was würdest du tun, wenn du deine Nachbarin schreien hörst und du fragst: Was ist passiert? Sie sagen dir: Sie haben ihre drei Söhne mitgenommen. Glaubst du, da bleibst du ruhig?»

Das israelische Militär versucht, den Aufstand der Palästinenser durch willkürliche Massenverhaftungen zu brechen, vor allem Kinder und Jugendliche zwischen zehn und achtzehn Jahren sind von diesen Verhaftungen betroffen. Diese Festnahmen werden meistens nicht in Zusammenhang mit Protestaktionen der Palästinenser durchgeführt, sondern es werden willkürlich Menschen auf den Straßen, in Krankenhäusern und häufig auch in ihren eigenen Häusern festgenommen. Die Soldaten kämmen oft einfach eine Straße durch und nehmen alle männlichen Bewohner, vor allem Kinder und Jugendliche, mit. Üblich ist es auch, daß Soldaten nach Demonstrationen Krankenhäuser durchsuchen und gerade eingelieferte Verletzte verhaften.

Israelische Militärerlasse berechtigen jeden Soldaten, Personen festzunehmen, die «sicherheitsrelevante» Straftaten begangen haben oder solcher Taten verdächtigt werden. Dazu gehören die Teilnahme an Demonstrationen, das Nichtmitführen des Ausweises, Steine werfen usw. Verhaftungen können zu jeder Tages- oder Nachtzeit und an jedem Ort vorgenommen werden. Diese Praxis der Verhaftungen ist etwas Alltägliches in den besetzten Gebieten, es gab sie auch schon vor dem Aufstand. Sie widerspricht internationalem Recht.

Die Militärgefängnisse der Israelis waren schon vor der Intifada überfüllt. Durch die Massenverhaftungen seit Beginn des Aufstands mußten in den bestehenden Gefängnissen zusätzlich Zelte aufgestellt werden, außerdem wurden insgesamt drei neue Gefängnisse eingerichtet, eines davon ist das berüchtigte Ansar III in der Negev-Wüste.

Während unseres Gesprächs mit Fatmeh ist ihr Mann nach Hause gekommen, er hat einen Freund der Familie mitgebracht. Hassan war bis vor kurzem in Ansar II in Gaza City eingesperrt, ebenso wie Fatmehs Mann Mahmud. Hassan ist 23 Jahre alt, seine Familie wohnt einige Häuser weiter. Das Gefängnis Ansar II, in dem die beiden Männer ihre Haft verbrachten, wurde 1986 eröffnet und hatte damals Platz für etwa zweihundert Gefangene. Ende Januar 1988 wurden hier achthundert Menschen gefangengehalten. Zu den vier festen Räumen, die je sechs mal vier Meter groß waren und in denen anfangs vierzig Menschen untergebracht wurden, errichteten die Israelis zusätzlich Zelte, die für zehn Personen vorgesehen waren, untergebracht werden dort je vierzig Männer. In den festen Räumen wird die doppelte Zahl – achtzig Gefangene – zusammengepfercht.

Hassan verbrachte in diesem Gefängnis achtzehn Tage: «Festgenommen haben sie mich, als ich einen Verwandten im Gefängnis besuchte, ich hatte ein Flugblatt in der Tasche. Sie durchsuchten mich und fanden dieses Flugblatt. Deshalb nahmen sie mich fest und klagten mich der Anstiftung zur Verschwörung unter den Gefangenen an. Als sie mich verhörten, habe ich ihnen gesagt, daß ich das Flugblatt zufällig in der Nähe meines Hauses gefunden hätte.» Hassan lacht.

Es war eines der Flugblätter der nationalen Führung des Aufstands, das dazu aufrief, den Streik fortzusetzen und den Aufstand weiterzuführen. Die Leute sollten einander helfen und sich besser organisieren.

«Ein Sicherheitsmann brachte mich ins Zentralgefängnis. Dort fragten sie mich, woher ich das Flugblatt hätte und wer es verteilte. Nach dem Verhör im Zentralgefängnis brachten sie mich nach Ansar II. Auf dem Weg dorthin schlugen sie mich mit ihren Gewehren und Stöcken auf den Kopf, die Beine und die Hände. Als wir das Gefängnis erreichten, schmissen sie mich aus dem Wagen und traten mich mit Füßen. Ich fiel auf die Erde. Und dann mußte ich auf sie warten, bis sie mir die Gefangenenkleidung brachten. Das war eine schlimme Zeit. Da waren viele Soldaten, vielleicht fünfzehn, und jeder einzelne kam zu mir.

Der erste sagte: Du wirfst Steine auf uns, was? und prügelte auf mich ein. Der zweite sagte: Du wirfst Molotow-Cocktails, und schlug mich. Alle kamen sie, einer nach dem anderen und schlugen mich über eine Stunde lang.

Nachdem ich meine Kleider gewechselt hatte, fesselten sie mir die Hände auf dem Rücken, verbanden meine Augen und brachten mich zum Verhör. Dort hat jeder Gefangene eine Nummer, du mußt deinen Namen vergessen und nur deine Nummer behalten. Der untersuchende Soldat fragte mich: Wie lautet deine Anklage? Und ich antwortete: Ich wurde angeklagt, Flugblätter verteilt zu haben. Und ich erzählte ihm noch mal meine Geschichte. Er sagte: Wir klagen dich nicht an, wenn du uns sagst, wer dir das Flugblatt gegeben hat und wer es verteilt hat. Du wirst dann freigelassen, und die wirklich Schuldigen werden bestraft. Natürlich weigerte ich mich, ihm diese Informationen zu geben. Sie verhörten mich vier Tage lang. Ich mußte die ganze

Zeit stehen, meine Hände waren auf dem Rücken gefesselt und die Augen verbunden. Während dieser Zeit bekam ich nur einmal etwas zu essen, es war gegen drei Uhr morgens.

Sie gaben mir einen Viertel Brotfladen und einen Teelöffel Marmelade und zwei Oliven. Fünf Minuten gaben sie mir zum Essen, hinterher war ich immer noch hungrig. Wenn man einen Soldaten nach Wasser fragte, brachte er ein Glas, goß einen winzigen Schluck in den Mund und den Rest über den Kopf. Nachts war es sehr kalt, um die sechs Grad, und wir hatten nur Hemd und Hose an, sonst gar nichts.

Am dritten Tag war ich völlig erschöpft. Ich verlor die Kraft und fiel zu Boden. Die Soldaten kamen und schlugen mich, sie zwangen mich stehen zu bleiben. Viermal fiel ich noch hin, und jedesmal zwangen sie mich, wieder aufzustehen.

Zuletzt sagte ich ihnen: Tötet mich oder laßt mich schlafen. Ich bin ein Mensch, kein Tier, bringt mich lieber um. Nach langem Hin und Her und nachdem sie den Sicherheitsoffizier gefragt hatten, erlaubten sie mir, für eineinhalb Stunden zu schlafen. Dann weckten sie mich und brachten mich wieder zum Verhör. Wieder stellte der Sicherheitsoffizier seine alten Fragen: Wer hat das Flugblatt verteilt? Wem solltest du es im Gefängnis geben? Ich wiederholte, daß ich es nicht wisse.

Nach dem vierten Tag klagten sie mich neuer Delikte an. Ich sollte Leute zu Demonstrationen angestiftet haben, Reifen abgebrannt und Steine auf Soldaten geworfen haben. Normalerweise zeigen sie dir sechs oder sieben Anklagepunkte, und du mußt dich dann zu einer Anklage schuldig bekennen. Sie sagten: Gestehe eine der Anklagen, dann kriegst du nur zwei bis drei Monate, besser als sechs.»

Es ist üblich in den besetzten Gebieten, daß dem Gefangenen eine längere Haftstrafe angedroht wird, falls er sich nicht schuldig bekennt. Jeder Gefangene kann bis zu achtzehn Tagen ohne gerichtliche Verfügung festgehalten werden, danach kann ein Militärgericht die Haftdauer ohne Anklage bis auf sechs Monate verlängern. Wenn bis dahin keine Anklage erhoben wird, muß der Häftling freigelassen werden; wenn eine Anklage vorliegt, kann die Haft bis zum Ende der Ermittlungen verlängert werden. Diejenigen, die sich schuldig bekennen, erhalten schneller ihre Verhandlung und werden meist geringer bestraft. Neben der Militärhaft gibt es die sogenannte Verwaltungshaft, die – ohne Anklage, ohne Gerichtsverfahren – bis zu sechs Monaten andauern kann.

Danach kann sie noch einmal erneuert und die Haftdauer darauf verlängert werden. Rechtsgrundlage für die Maßnahmen der israelischen Besatzungsmacht sind osmanisches, jordanisches und vor allem das britische Mandatsrecht, das seit 1967 um über tausend Militärerlasse ergänzt wurde. Es ist ein Notstandsrecht, das die israelischen Militärbehörden mit fast unbegrenzten Vollmachten ausstattet. Auf seiner Grundlage können Palästinenser verhaftet, unter Arrest gestellt und deportiert, ihre Häuser zerstört oder versiegelt werden. Handlungen, die in Israel legal sind, sind in den besetzten Gebieten unter Strafe gestellt. Unter anderem der Besitz «subversiver» Literatur, der Vertrieb von Schallplatten mit nationalen Liedern und das Zeigen der PLO-Fahne.

Nach dem viertägigen Verhör wurde Hassan in ein Zelt zu den anderen Gefangenen gebracht: «Die Situation in den Zelten war furchtbar, mehr als 25 Matratzen in jedem Zelt. Es war kein Platz, sich auch nur zu rühren. Jeder Gefangene hatte vier Wolldecken. Das ist nicht genug, denn in der Nacht wird es sehr kalt. Die meisten Gefangenen sind barfuß, und wenn es regnet, fließt Wasser durch Löcher in die Zelte, und auf dem Zeltboden bilden sich Wasserlachen.

Die meisten Gefangenen waren in Zelten untergebracht. Wer in den festen Gebäuden hauste, war noch schlimmer dran. Es war unerträglich dort, es stank, es gab keine Betten, die Gefangenen mußten auf dem Boden schlafen.

Normalerweise weckten sie uns morgens um fünf Uhr. Aber wenn der Soldat die Gefangenen früher wecken wollte, weckte er uns auch schon morgens um drei, wie es ihm gerade einfiel. Zum Frühstück gab es einen Brotfladen für fünf Männer, acht Oliven und einen kleinen Löffel Marmelade und sehr, sehr selten mal ein Ei. Um sechs Uhr morgens mußten wir die Wolldecken zusammengelegt haben. Danach ist es den ganzen Tag verboten zu schlafen. Tagsüber patrouillieren die Soldaten durch die Zelte. Wenn sie jemanden finden, der schläft oder versucht zu schlafen, bringen sie ihn raus und bestrafen ihn, indem sie ihn drei bis vier Stunden draußen stehen lassen.

Dreimal täglich nach den Mahlzeiten mußten wir antreten zum Zählappell, sogar die Verletzten und Kranken. Und man muß dahin laufen, man darf nicht gehen. Häufig ließen sie uns warten, eine halbe, eine ganze Stunde, je nach Lust und Laune. Einmal ließen sie uns einfach im Regen stehen. Und als es aufhörte zu regnen, da kamen sie zum Zählen. Tagsüber hatten wir nichts zu tun, keine Zeitungen zu lesen, nichts. Man kann nur mit jemandem reden und auch das nur sehr leise. Denn wenn ein Soldat Stimmen hört, jagt er zur Strafe das ganze Zelt raus und läßt alle draußen im Kreis stehen.

Um zwölf Uhr gab es Mittagessen, ein sehr schlechtes Essen. Ich mußte mich zwingen, es zu essen. Jeden Tag gab es halbgaren Reis, und sie tun alles mögliche hinein. Sie sagen, es sei Fleisch oder Gemüse, aber es ist alles andere als das. Die Portionen sind sehr klein. Danach mußten wir zurück ins Zelt, bis zum Abendessen. Abends gab es das gleiche wie zum Frühstück.

Ins Bett mußten wir, je nachdem wie der Soldat entscheidet, manchmal um zehn, elf oder zwölf Uhr.»

Die palästinensische Menschenrechtorganisation Al Haq – Law in the Service of Man sieht die unmenschliche Behandlung der Häftlinge in den Gefängnissen der besetzten Gebiete als Teil einer Politik, die israelische Behörden «Tertur» nennen. Das Wort «Tertur» ist ein Ausdruck, der in der israelischen Armee benutzt wird und wurde aus dem englischen Wort *torture* gebildet, was Folter heißt.

In den Gefängnissen wird versucht, die Gefangenen durch Prügel, Willkür, fortgesetzte Demütigungen und unmenschliche Lebensbedingungen zu entmutigen und zu demoralisieren: «Einmal sprachen bei uns im Lager zwei Gefangene ein bißchen lauter miteinander. Der wachhabende Soldat wurde ärgerlich und befahl uns, nach draußen zu kommen. Er fragte: Wer hat geredet? Wir antworteten nicht. Da ordnete er an, daß das ganze Zelt zwischen zwölf und siebzehn Uhr draußen im Hof strammstehen solle. Kurz darauf wurde das Mittagessen gebracht. Der Soldat befahl: Ihr geht jetzt essen, und dann stellt ihr euch wieder hin. Aber wir beschlossen, nicht zu essen, bis er uns erlauben würde, zum Zelt zurückzugehen, denn es waren alte Leute unter uns, 55 Jahre und älter, die waren sehr müde und konnten nicht mehr stehen.

Ich war der erste in der Reihe. Der Soldat kam zu mir und fragte: Willst du essen? Ich antwortete ihm: Ich gehe essen, wenn wir anschließend im Zelt bleiben können. Er brüllte: Sag ja oder nein. Ich antwortete ihm gar nicht mehr. Er befahl mir, mich neben den Stacheldrahtzaun zu stellen. Dann fragte er den zweiten: Gehst du essen? Nein. Und diese Antwort bekam er dann vom ganzen Zelt. Unsere Solidarität verunsicherte ihn, und er zögerte. Schließlich holte er den verantwortlichen Offizier. Sie schrieben die Namen aller auf, die sich weigerten zu essen.

Der Offizier meinte schließlich: Okay, geht und eßt, ihr braucht euch danach nicht wieder hinzustellen. Am nächsten Tag verteilten sie unsere Gruppe auf andere Zelte, sie dachten, wir hätten uns gegen sie verschworen.

Wenn du dich gegen sie wehrst, hören sie auf, dich zu mißhandeln. Wenn du dir alles gefallen läßt, machen sie immer weiter. Der Soldat, mit dem wir diese Auseinandersetzung hatten, begann mich schlecht zu behandeln. Einmal fand er mich im Nachbarzelt. Er fragte: Was tust du hier? Und ich antwortete: Ich wollte mir nur eine Zigarette von einem Freund holen. Zur Strafe steckte er mich in eine Isolierzelle, zwei mal zwei Meter groß, ohne Fenster, ohne Belüftung, verdreckt und feucht. Es gibt keine Toilette dort, man muß auf den Boden machen. Wenn sie dir Essen bringen, schmeißen sie es einfach auf den dreckigen Boden. Dort verbrachte ich einen Tag, den ich mein Leben lang nicht vergessen werde.»

Die medizinische Versorgung in Ansar II ist, wie auch in den anderen Gefängnissen in den besetzten Gebieten, sehr schlecht oder gar nicht vorhanden. Die Verletzungen und Krankheiten werden von den Soldaten oft benutzt, um die Gefangenen zu quälen. Das einzige Medikament, das die Kranken gelegentlich bekommen, ist Akamol, ein aspirinähnliches Schmerzmittel.

«Einen Freund von mir brachten sie ins Gefängnis mit einer sechs Zentimeter großen Wunde am Kopf. Sie nähten sie ihm, aber daneben hatte er noch eine offene Wunde, die ließen sie so. Alle seine Zähne waren kaputt, und er konnte nichts essen. Sechs Tage blieb er mit großen Schmerzen im Gefängnis, sie gaben ihm nicht mal Akamol-Tabletten.

Bei Verhören öffneten die Soldaten die Wunden der Gefangenen und gossen Wasser oder Tee hinein, um die Leute zu Geständnissen zu zwingen.»

Auf unsere Frage, wie denn die Stimmung unter den Gefangenen sei, ob die fortgesetzten Mißhandlungen und Demütigungen nicht doch demoralisierend auf sie wirken würde, erzählte uns Hassan: «Es herrschte eher eine optimistische Stimmung unter den Gefangenen. Im Gefängnis werden sie gedemütigt und schlecht behandelt, sie lernen, was Besatzung heißt. Und die meisten waren entschlossen, nach ihrer Freilassung weiter Widerstand zu leisten, auch wenn sie dafür noch mal ins Gefängnis müssen. Ich hatte meine Verhaftung schon erwartet, und ich war glücklich, verhaftet zu werden. Ich empfand es wie eine Prüfung: Kann ich der brutalen Maschinerie der israelischen Unterdrükkung widerstehen oder nicht? Ich war sehr glücklich, daß ich diese Prüfung erfolgreich bestanden habe. Ich habe mich nicht kleinkriegen lassen, sie schafften es nicht, mir irgendwelche Anklagen in die Schuhe zu schieben. Und ich hatte keine Angst vor dem Tod.

Mehr als einmal gab es Gefangenenrevolten. Bevor ich festgenommen wurde, hörte ich, daß die Gefangenen einen Generalstreik organisiert hatten. Die Israelis warfen dann Gasbomben und mißhandelten die Gefangenen furchtbar. Die Häftlinge traten in den Hungerstreik, sie sangen nationale Lieder und riefen Parolen gegen Israel und gegen Ansar.»

Uns erschien diese Einschätzung von Hassan etwas euphorisch, wir konnten uns nicht vorstellen, daß Menschen gerade unter so bedrükkenden und demütigenden Bedingungen den Mut zum politischen Kampf finden. Die Schilderung von Hassan wurde uns aber von vielen anderen ehemaligen Gefangenen bestätigt.

Nach der Verhaftung werden die Gefangenen durch Soldaten, Polizisten oder Geheimdienstmitarbeiter verhört. Ziel des Verhörs ist es, ein schriftliches Geständnis irgendwelcher Vergehen zu erzwingen. Nach den israelischen Militärerlassen haben die Gefangenen nicht das Recht, vor oder während des Verhörs einen Anwalt hinzuzuziehen. Es gibt auch keine Pflicht für die verhörenden Israelis, die Palästinenser darauf hinzuweisen, daß sie Fragen nicht beantworten müssen.

In den Berichten der Menschenrechtsorganisation Al Haq und einer Kommission des Verbandes «Vereinigte Demokratische Juristinnen und Juristen in der Bundesrepublik Deutschland und Westberlin», die im Januar 1988 in den besetzten Gebieten war, ist von Folter während des Verhörs die Rede. Die Gefangenen bekommen während des – in hebräischer Sprache geführten – Verhörs keinen Dolmetscher zugeteilt, wie es ihnen nach dem Genfer Abkommen zum Schutz von Zivilpersonen in Kriegszeiten zusteht.

Die einzige Möglichkeit, während der Verhörphase, die bis zu sechs Monaten dauern kann, einen Anwalt hinzuzuziehen, ist, die Freilassung gegen Kaution zu beantragen. Diese Anträge haben geringe Erfolgsaussichten, werden aber oft von Anwälten gestellt, um überhaupt Kontakt zu einem Gefangenen aufnehmen und sich über seinen Gesundheitszustand, Verhörmethoden und Haftbedingungen informieren zu können.

Das Militärgericht besteht entweder aus einem Einzelrichter oder aus einem Gremium von drei Richtern. Der Einzelrichter kann Gefängnisstrafen bis zu fünf Jahren verhängen, das Gremium jede Strafe bis zur Todesstrafe. In diesem Fall haben die Angeklagten das Recht auf einen Verteidiger. Die Arbeit der Verteidiger wird jedoch stark beeinträchtigt. Sie haben in der Regel keine Möglichkeit, ihren Mandanten vor der Gerichtsverhandlung zu sprechen und bekommen die Anklageschrift erst kurz vor der Verhandlung zugestellt. Eine Verteidigung ist so kaum möglich. In der Gerichtsverhandlung wird die Verteidigung in praktisch allen Fällen gezwungen, ihren Mandanten als Zeugen zu benennen, was einer Umkehr der Beweiskraft gleichkommt. Der Angeklagte muß sich unter Eid zu seinem eigenen Fall äußern, seine Unschuld beweisen. Das ist eine schwerwiegende Verletzung internationaler Rechtsprinzipien.

Gegen das Urteil des Militärgerichts gibt es keine Berufung, es kann lediglich eine Petition an den Gebietskommandeur gerichtet werden.

Seit dem 19. Dezember 1987 weigern sich die Verteidiger von Palästinensern, Gefangene des Aufstands vor den Militärgerichten zu verteidigen, weil diese Gerichtsverhandlungen sich zu einer Farce entwikkelt hätten, die eine Verteidigung nicht mehr zuließen. Täglich werden zwanzig bis zu hundert Fälle «verhandelt». Für jeden Fall bleibt eine Verhandlungsdauer von einigen Minuten. Die Anwälte lernen ihre Mandanten erst im Gerichtssaal kennen, und erst am Schluß des Sitzungstages können sie ein Plädoyer halten, da alle Fälle nacheinander verhandelt werden. Bis heute befinden sich die Anwälte in einem unbefristeten Streik, die Verfahren der Militärgerichte finden seitdem ohne Verteidiger statt. Zwei Rechtsanwälte aus Gaza wurden auf Grund des Streiks wegen «Mißachtung des Gerichts» zu 1500 Schekel Strafe oder fünfzehn Tagen Haft verurteilt.

Mahmud, der Mann von Fatmeh, der auch in Ansar II war, berichtet, daß auch viele alte Leute und Kinder in Ansar II sind. Er erzählte uns die Geschichte eines der Kinder: «Ich habe dort ein Kind kennengelernt, sein Name ist Nabil Suleiman. Er war seit hundertzehn Tagen in Ansar II. Er muß wohl zehn Jahre alt sein. Sie klagten ihn an, Molotow-Cocktails geworfen zu haben. Als sie ihn das erste Mal vor Gericht stellten, stritt er die Anklage vor dem Richter ab. Er sagte: Ich habe das Geständnis nach Schlägen gemacht, nachdem sie mich drei Tage lang mißhandelt haben. Sie boten mir eine Dose Pepsi und ein Sandwich an,und weil ich so großen Hunger und Durst hatte, sagte ich: Ja, ich habe ein Molotow-Cocktail geworfen.

Das erzählte er dem Richter. Der Richter vertagte die Verhandlung auf einen anderen Termin. Diese Methode wenden sie immer an, wenn der Gefangene die Anklage abstreitet. Sie vertagen die Verhandlung drei bis vier Monate, so daß sogar der Richter später einen Freispruch fällt. Aber bis dahin bleibt der Gefangene in Haft und wird so bestraft.

Dieses Kind litt jeden Tag unter den Lebensbedingungen dort, es war psychisch krank. Es lief die ganze Zeit herum, sprach mit sich selbst und wurde oft von Weinkrämpfen überfallen. Als das Rote Kreuz kam, sprachen wir mit ihnen über das Kind, wir sprachen auch mit der Lagerverwaltung, aber die Lagerverwaltung weigerte sich, den Jungen zu entlassen.

Auch die Gefangenen, die fast alle Väter sind, leiden unter dem Schicksal des Jungen. Sie denken an ihre eigenen Kinder zu Hause. Er konnte nicht schlafen, nicht essen und nicht laufen. Ich habe mich oft mit Nabil unterhalten. Ich habe mich für ihn verantwortlich gefühlt, fast wie ein Vater. Er sagte zu mir: Ich bin nicht traurig, weil ich im Gefängnis bin. Nur das Leben hier ist so, daß ich leide. Ich weiß, daß unser Volk im Aufstand ist und für seine Rechte kämpft und das wir allem widerstehen müssen.

Dieses Kind hat ein sehr starkes Bewußtsein. Wir erklärten ihm die Ziele des Aufstands und das unser Volk bereit ist, alle diese Umstände und alles, was noch kommen wird, zu ertragen. Und daß das Wichtigste für uns ist, daß wir unser Recht bekommen und wir einen eigenen unabhängigen Staat in der Westbank und im Gaza-Streifen aufbauen.

Das hat der Junge dann auch anderen erzählt, sogar dem Direktor des Gefängnisses. Der Direktor fragte ihn: Warum hast du einen Molotow-Cocktail geworfen? Und der Junge antwortete: Das habe ich nicht getan. Aber ich habe bei Demonstrationen mitgemacht. Denn mein Traum ist es, ein eigenes Spielzeug zu bekommen. Ich will ein Haus mit einem Garten haben, in dem ich spielen kann. Auf der Straße muß ich mit Dreck und Abfall spielen. Es gibt nichts, um das ich traurig sein müßte, wenn ich es verliere. Ich bin nicht der einzige, der demonstrieren will. Alle Kinder, die ich kenne, wollen dasselbe. Sie wollen sogar Molotows schmeißen, um ihr Recht zu bekommen.

Einmal hatte er einen Freund, ein anderes Kind im Gefängnis. Sie waren glücklich zusammen, spielten, schwatzten die ganze Zeit. Aber dann entließen sie seinen Freund wieder. Er bekam zwei Stunden lang Krämpfe. Er war wie ein Stück Holz. Er konnte nicht sprechen und merkte nicht, was um ihn herum vorging. Wir fragten nach einem

Arzt und versuchten, ihn zu beruhigen, zu trösten. Nach zwei Stunden wurde es besser, und er fing an zu weinen. Er schrie: Warum entlassen sie alle, nur ich muß hierbleiben?

Sein Gesundheitszustand ist sehr schlecht. Die älteren Gefangenen kümmern sich um ihn, so gut sie können. Diejenigen, die für die Israelis in der Küche arbeiten müssen, stehlen Essen für ihn. Sie stehlen alles, was sie kriegen können: Banane, ein bißchen Joghurt.

In meine Abteilung brachten sie oft Kinder, aber die hatten mehr Glück als er. Sie wurden meistens nach achtzehn Tagen entlassen. Auch ganz alte Männer brachten sie nach Ansar, Blinde, Gehörlose, Verrückte.»

Mahmud und Hassan haben Freunde, die in Ketziot – von den Palästinensern Ansar III genannt – eingesperrt waren, dort sollen die Lebensbedingungen für die Häftlinge noch weitaus schlimmer sein. Das berüchtigte Ansar III gehört zu den Gefangenenlagern, die erst während des Aufstands eingerichtet wurden, um die riesige Zahl von Gefangenen unterzubringen, die durch die Massenverhaftungen entstanden ist. Lange Zeit gab es über Ansar III, das auf israelischem Territorium in der Negev-Wüste, etwa 150 Kilometer von Beersheba entfernt, liegt, kaum Informationen, weder in Israel noch in der internationalen Presse.

Ansar III besteht aus zwei Teilen, in dem einen Teil sind die Gefangenen aus dem Gaza-Streifen untergebracht, im anderen die aus der Westbank. Beide Teile sind mit NATO-Stacheldraht eingezäunt.

Die Gefangenen sind zwischen 15 und 75 Jahre alt. Sie sind in etwa fünf mal zehn Meter großen Zelten untergebracht, in jedem Zelt 28 bis 30 Menschen. Etwa 2200 Gefangene leben in diesen Zelten.

Die Palästinenser nennen Ansar III «das Gefängnis des langsamen Todes». Das Klima hier in der Wüste ist am Tag besonders heiß und trocken, nachts wird es empfindlich kalt. Der Boden ist sandig wie Asche, und tagsüber wirbelt der Wind diesen Sand hoch. Es gibt dort gefährliche Skorpione und Schlangen.

Die Häftlinge sind gegen die Temperaturunterschiede in keiner Weise geschützt. Tagsüber dürfen sie ihre Hemden nicht ausziehen, um sich Erleichterung zu verschaffen, und zum Schutz gegen die nächtliche Kälte haben sie lediglich eine vier Zentimeter dicke Matratze und vier Wolldecken zur Verfügung. Am Tag werden Matratze und Wolldecken aus dem Gefängnis entfernt. Der Leiter des Lagers scherzte bei einem Besuch von Journalisten im Juni 1988: «Wenn man eine Schlange in dieses Gefängnis steckt, dann stirbt sie.»

Es herrscht großer Wassermangel: Die Wasserration, die die Gefangenen täglich bekommen, reicht noch nicht mal, um den Trinkwasserbedarf zu decken, geschweige denn, um sich zu waschen. So leiden die Gefangenen unter Durst. In der Wüste ist ausreichendes Trinkwasser lebensnotwendig, der Mensch sollte hier fünf Liter Wasser täglich trinken. Viele Männer in Ansar III bekommen durch die schlechte Verpflegung Durchfall-Erkrankungen, die durch den Mangel an Trinkwasser lebensgefährlich sind. Außerdem leiden viele Gefangene durch die schlechten hygienischen Bedingungen unter Hautkrankheiten wie Krätze. Im April 1988 wurden 35 Gefangene mit Krätze nach Ansar II verlegt und dort isoliert. Die Gesundheitsversorgung ist denkbar schlecht, einmal in der Woche kommt ein Militärarzt und sieht sich die Gefangenen flüchtig an, mehr ist wegen Zeitmangel nicht möglich, außerdem kann er ihnen sowieso kaum helfen: Das einzige Medikament, das er verordnet, ist Akamol, ein Schmerzmittel, das die Wirkung von Aspirin hat.

Die Gefangenen dürfen nur einmal am Tag die Toilette, einen Zinneimer, benutzen.

Bücher und Zeitungen sind verboten. Informationen über ihre eigene Lage bekommen sie nicht, sie erfahren oft weder die Dauer der Haft noch ob sie angeklagt und welcher Tat sie eigentlich bezichtigt werden. Fast alle Gefangenen in Ansar III bekommen allerdings gleich bei ihrer Einlieferung pauschal und bereits vor der Feststellung ihrer Personalien von einem der Offiziere sechs Monate Verwaltungshaft aufgebrummt. Das ist auch einer der Gründe, warum lange Zeit kaum Informationen über die Situation in Ansar III nach draußen drangen.

Außerdem werden kaum Besuchsgenehmigungen für Verwandte erteilt. Man braucht eine spezielle Erlaubnis des Militärgouverneurs, die kaum zu bekommen ist. Die abgeschiedene Lage und die mangelnden Transportmöglichkeiten dorthin erschweren noch zusätzlich den Besuch. Wir trafen viele Menschen im Gaza-Streifen, die Verwandte in Ansar III hatten und seit Monaten nichts über deren Schicksal in Erfahrung hatten bringen können. Auch für Anwälte und Journalisten ist es kaum möglich, ins Lager zu gelangen. Erst im Juni 1988 wurde zum erstenmal einer Delegation israelischer Journalisten erlaubt, das Lager zu besichtigen.

Bei Mahmud treffen wir auch einen Mann, der in Ansar III gewesen ist und zu den wenigen im Gaza-Streifen gehört, die schon aus dem Lager entlassen wurden. Der Mann schildert uns seine Entlassung:

«Wenn sie einen Gefangenen entlassen, stecken sie ihn in einen Bus, verbinden ihm die Augen, fesseln ihm die Hände auf den Rücken und zwingen ihn, auf dem Boden des Wagens zu hocken.

Auf dem ganzen Weg schlagen sie die Gefangenen auf die Köpfe und versuchen sie dazu zu zwingen, daß sie: Lang lebe Israel! rufen oder daß sie sagen, Abu Ammar (Arafat) ist ein Homosexueller. Sie bringen uns dann in eine Gegend, die weit weg von zu Hause ist. Wir waren vier, als sie uns entließen, einer war aus der Westbank. Er fragte: Was soll ich hier, ich komme aus der Westbank? Sie antworteten: Ihr seid doch alle Araber. Ihr habt euch gegenseitig zu helfen. Geh doch zu deinen arabischen Brüdern.»

Die Existenz von Ansar III, das auf israelischem Gebiet liegt, ist gegen die Bestimmungen des vierten Genfer Abkommens zum Schutz von Zivilpersonen in Kriegszeiten von 1949, es schreibt vor, daß Gefangene in ihrem besetzten Land festgehalten werden müssen und nicht einfach woanders hingebracht werden dürfen. Aber Israel schert sich nicht viel um internationales Recht: Nach Auffassung der Vereinten Nationen sind der Gaza-Streifen ebenso wie die Westbank, Ost-Jerusalem und die Golan-Höhen von Israel besetzte Gebiete, auf die das internationale Kriegsrecht angewendet werden muß. Dies wird von Israel nicht anerkannt.

Die Notstandsverordnungen von 1945 wurden von den Briten zur Reglementierung der jüdischen und palästinensischen Bevölkerung erlassen. Viele Israelis, die heute deren Anwendung rechtfertigen, wurden damals auf Grundlage eben dieser Verordnungen verfolgt, verhaftet und deportiert und empfanden seinerzeit diese Gesetze als großes Unrecht.

Obwohl die britische Regierung erklärte, daß die Notstandsverordnungen mit dem Ende der Mandatszeit 1948 aufgehoben worden seien und auch israelische und palästinensische Juristen meinen, daß diese Verordnungen schon zur Zeit der israelischen Besatzung 1967 nicht mehr gültig waren, werden sie von den israelischen Behörden immer noch angewandt.

Zehntausende wurden seit Beginn des Aufstands mit Hilfe der Notstandsverordnungen ins Gefängnis gesperrt. Allein im Gaza-Streifen waren die Gefängnisse ständig mit etwa viertausend Häftlingen belegt. Über die Hälfte der Gefangenen wurde ohne Anklage, Gerichtsverfahren und Urteil auf Grund der Verwaltungshaft festgehalten.

«Es gibt kein Zurück»

Ich gehe mit aufrechtem Gang.
Ich gehe mit erhobenem Kopf,
in meiner Hand einen Olivenzweig
und auf den Schultern meinen Sarg.
So gehe ich vorwärts, vorwärts, vorwärts.

Samih El-Qassem

Selma hat sich mit ihrer Freundin verabredet, die an einer der UNWRA-Schulen im Schati-Camp als Lehrerin arbeitet. Sie ist sich allerdings nicht sicher, ob wir sie dort antreffen werden, denn heute morgen kam die Nachricht durchs Radio, daß die Besatzungsmacht acht angebliche Rädelsführer des Aufstands deportiert habe, fünf davon aus dem Gaza-Streifen. Die vereinigte nationale Führung hat daraufhin zum Generalstreik aufgerufen.

Die Schule besteht aus vier weißgetünchten Barackenreihen mit hellbraunen Dächern, die im Quadrat um einen sandigen Schulhof gruppiert sind. Sie wirkt eher wie eine Feriensiedlung. Alles ist sehr einfach, aber sauber. An die Mauer neben dem Schultor ist eine riesige palästinensische Fahne gemalt. Die Lehrerinnen sind – trotz Generalstreik – alle da, um keine Schwierigkeiten mit der UNWRA zu bekommen. Sie haben sich im Lehrerzimmer versammelt und trinken Kaffee und Tee. Ein paar Eltern aus dem Schati-Camp sind gekommen, um ihre Kinder für das nächste Schuljahr anzumelden.

Plötzlich tauchen zwei vermummte Jugendliche im Schulhof auf, mit Eisenketten bewaffnet, die sie drohend in der Hand schwingen. Wenn noch irgendjemand in der Schule sei, solle er sofort machen, daß er nach Hause komme, schreien sie. Zur Bekräftigung seines Befehls schlägt der eine mit der Eisenkette auf das Dach eines der im Schulhof abgestellten Autos.

Anders als die nationale Führung haben die Moslembrüder die Leute aufgefordert, das Haus nicht zu verlassen, aber niemand scheint sich daran zu halten. «Moslembrüder», erklärt uns Selma. Die anwesenden Lehrer und Eltern sind empört: «Als ob es nicht reicht, daß die Besatzungsmacht uns tagtäglich tyrannisiert. Jetzt wollen die Moslembrüder uns auch noch ihren Willen aufzwingen.» Selmas Freundin schimpft: «Was soll denn das, uns aufzufordern, das Haus nicht zu verlassen? Was hat das mit dem Kampf gegen die Besatzung zu tun? Erst zwingen uns die Israelis durch ihre ständigen Ausgangssperren, im Haus zu bleiben, und wenn keine Ausgangssperre ist, wollen die Moslembrüder uns verbieten, das Haus zu verlassen!» Ein Vater, der seine Tochter anmelden will, ist ärgerlich. Drei Monate lang hätten die Moslembrüder zum Aufstand geschwiegen und jetzt, wo die Leute auch ohne sie kämpften, versuchten sie die Bewegung zu spalten. Schon nachdem die nationale Führung die Schüler aufgefordert hätte, wieder zur Schule zu gehen, hätten sie die Schüler zur Fortsetzung des Schulstreiks aufgefordert.

Die Moslembrüder fordern einen islamischen Staat, die PLO lehnen sie ab. In den siebziger Jahren konnten sie sich im Gaza-Streifen, von der Besatzungsmacht toleriert, einen gewissen Einfluß verschaffen. Sie wurden mit Geldern aus Jordanien und Saudi-Arabien unterstützt. Für die Israelis waren die islamischen Fundamentalisten ein willkommenes Gegengewicht gegen die PLO-Anhänger. Bis heute hängt ihnen der Ruf nach, Kollaborateure der Besatzungsmacht zu sein. Gewerkschaftliche, selbst kulturelle Tätigkeiten waren von der Besatzungsmacht verboten, selbst karitative Organisationen durften keine Spenden aus dem Ausland entgegennehmen. Die von den Moslembrüdern kontrollierten «Islamischen Vereinigungen» hingegen gründeten unbehelligt Kindergärten, Koranschulen, Moscheen, islamische Clubs.

Ihre Angriffe richteten sie hauptsächlich gegen nationalistische Kräfte. 1980 stürmten sie die Bücherei des palästinensischen Roten Halbmonds, die einzige im ganzen Gaza-Streifen, und verbrannten den größten Teil der Bücherbestände. Sie organisierten Überfälle auf Palästinenser, die sie als Kommunisten verdächtigten, wobei schon jeder Kommunist war, der freitags nicht in die Moschee ging. Unter den Augen der Besatzungsmacht schickten sie Schlägertrupps an die Universität von Bir-Zeit in der Westbank, einer Hochburg der palästinensischen Linken.

Selbst gläubige Moslems, die wir im Gaza-Streifen trafen, lehnen den Dogmatismus der Moslembrüder ab, für die es in Palästina nicht um die nationale Befreiung eines Volkes, sondern um einen Religionskonflikt zwischen Juden und Moslems geht.

Wieder bei Selma zu Hause, fragen wir auch ihre jüngste Schwester Hanin nach ihrer Meinung über die Moslembrüder. Hanin ist im Gegensatz zu ihren drei Schwestern streng gläubig. Sie verläßt das Haus nur im bodenlangen Mantel und mit einem tief ins Gesicht gezogenen Kopftuch, wobei sie aber oft auch mit dieser Aufmachung kokettiert. «Glaubt nicht, daß ich mich nicht auch gern schön anziehe», sagt sie, läuft ins Schlafzimmer und kommt in einem bodenlangen, gelbschwarz glitzernden Kleid wieder. Das dunkelblaue Kopftuch hat sie gegen ein schwarzes mit langen Fransen vertauscht. «Das zieh ich auf

Festen an. Aber im Moment haben wir keinen Grund zu feiern.» Auch Hanin hält nicht viel von den Moslembrüdern. «Die Moslembrüder sagen zu allem nein. Sie sind gegen die Vereinten Nationen. Sie sind gegen eine internationale Konferenz. Sie sind gegen die PLO. Wenn wir auf die Moslembrüder hörten, würden wir die Besatzung nie los.» Ihre Schwester Fida ergänzt: «Es gibt unter uns Menschen, die eine islamische Regierung wollen.» Allerdings, so meinte sie, sei die Forderung nach einem islamischen Staat bei vielen die Reaktion auf den israelischen Anspruch auf einen rein jüdischen Staat. «Nicht wir haben das Ganze zu einer Glaubenssache gemacht, sondern die anderen.»

Auch Selma erzählt uns, daß die Religion schon eine gewisse Rolle im Aufstand spiele. Sie habe einen Bekannten, der noch nie in seinem Leben in die Moschee gegangen sei, dessen dreizehnjähriger Sohn jetzt aber während des Ramadan fastet und jeden Freitag in der Moschee betet. Er sei keine Ausnahme. Auf Demonstrationen wechseln sich Forderungen nach einem unabhängigen palästinensischen Staat und Parolen wie «PLO-Israel No» mit «Allahu Akbar»-Rufen ab, während die Moscheen zum «Jihad» aufrufen. Jihad allerdings bedeutet nicht – wie bei uns meist fälschlich übersetzt – «Heiliger Krieg», sondern kommt vom Verb Jahada, was so viel heißt, wie «sich Mühe geben», «sich um einer guten Sache Willen anstrengen», aber auch «Opfer für etwas bringen». Der Begründer des Islam, Mohammed, spricht in vielen Bedeutungen vom Jihad. Jihad ist die Verteidigung Gottes gegen die Ungläubigen, gegen die, die an Gottes Existenz zweifeln. Jihad ist aber auch der innere Kampf gegen den eigenen Egoismus oder die Fürsorge für die Familie.

Zwei Wochen später diskutieren wir noch einmal mit Abu Saleh über die Rolle des Islam im Aufstand. Er warnt uns davor, die Religiosität der Menschen mit dem islamischen Fundamentalismus gleichzusetzen. «Die Völker im Nahen Osten sind religiös. Das gilt für die orientalischen Christen genauso wie für die Moslems. Die Palästinenser sind da keine Ausnahme. Dieser Glaube hat nichts mit religiösem Fanatismus zu tun, er ist eine persönliche Beziehung zwischen dem einzelnen und Gott. Er hat mit Politik nichts zu tun. Im Gegensatz dazu haben die religiösen Bewegungen genau definierte politische Ziele. Wenn die Leute mit der Parole ‹Allahu Akbar› auf die Straße gehen, ist das allerdings kein Beweis dafür, daß die Demonstration von religiösen Kräften organisiert wurde. Es ist ein Hilferuf an übernatürliche Kräfte in einer Situation, in der der Mensch sich schwach fühlt. Zwischen Glaube und Patriotismus muß kein Widerspruch bestehen. Der Widerspruch besteht zwischen Fanatismus und Patriotismus.» Seiner Meinung nach haben die israelischen Medien die Rolle des islamischen Fundamentalismus hochgespielt, um in Anspielung auf die Entwicklung im Iran die Intifada zu diskreditieren und gleichzeitig deren Unterdrückung zu rechtfertigen. Dabei sind die Moslembrüder seiner Ansicht nach so etwas wie «eine stille Reserve der Besatzungsmacht», zumindest arbeiten sie sich gegenseitig in die Hände: «Sie lehnen eine internationale Konferenz mit der gleichen Vehemenz ab wie Shamir. So wie Shamir einen religiösen jüdischen Staat will, wollen sie einen religiösen islamischen Staat. Sie sind sich in vielem ähnlich.»

Neben den Moslembrüdern gibt es im Gaza-Streifen noch die Jihad Islami. Sie haben sich vor längerer Zeit von den Moslembrüdern abgespalten, weil sie meinten, daß die Aktivitäten der Moslembrüder allein der Besatzungsmacht dienen. Im Gegensatz zu den Moslembrüdern ist die nationale Befreiung für sie das Wichtigste. In einem unabhängigen Staat solle das Volk selber seine Ordnung wählen.

*

Wir sitzen schon den ganzen Vormittag in Abu Salehs Anwaltspraxis. Es gibt nichts zu tun. Die Anwälte streiken. Der Anwaltsgehilfe kocht Kaffee, nun schon das dritte Mal. Auch Hani und Samer sind da. Hani blättert gelangweilt in einer Zeitung, und Samer flirtet vom Fenster aus mit einem Mädchen, das auf dem Balkon des Hauses gegenüber Wäsche aufhängt. Auf der Straße durchsuchen Kinder Müllhalden und Abfalleimer nach leeren Spraydosen. «Wenn man die auf die brennenden Autoreifen legt, explodieren sie so schön», sagt Samer. Alle sitzen herum und warten – auf den nächsten Stein, auf die nächste Straßenschlacht mit der Armee, darauf, daß irgend etwas passiert. Wenn ein Schuß fällt oder Lärm von der Straße ins Zimmer dringt, stürzen sie ans Fenster. Es fahren kaum Autos auf der Straße, nur ein paar israelische Militärfahrzeuge. Plötzlich kommt aus einer Seitenstraße eine Gruppe von Kindern in blau-weiß gestreifter Schuluniform, nicht älter als zwölf Jahre. An der Kreuzung bleiben sie stehen und rufen Parolen. Zwei Jeeps und ein Mannschaftswagen nähern sich im Schrittempo. Steine fliegen durch die Luft. Soldaten springen hastig aus dem Jeep, schießen CS-Gaspatronen und Gummigeschosse in die Gruppe. Die Kinder verschwinden in einer Seitenstraße, so schnell wie sie gekommen sind. Die Soldaten folgen ihnen, schießen hinter ihnen her. Dann kehren sie zu den Jeeps zurück und fahren weiter.

Hani erzählt, daß gestern im Schati-Camp die Lautsprecher von den Moscheen abmontiert worden seien, dabei ist Ramadan, der islamische Fastenmonat. Nach Sonnenuntergang warten die Leute mit dem Essen, bis der Ruf des Muezzins sie zum «Brechen des Fastens», wie sie das Abendbrot in der Fastenzeit nennen, auffordert.

Wir fragen Abu Saleh und die Jungen, ob der Aufstand nicht stagniere. Nichts passiert, alle warten. «Aufstand bedeutet nicht nur auf die Straße zu gehen, Steine zu werfen und Barrikaden zu bauen. Wenn das jeden Tag so geht, sind die Leute es irgendwann leid. Sie brauchen zwischendurch Ruhe, um ihre Verwundeten zu pflegen, sich nach den Gefangenen zu erkundigen und mit den Familien der Märtyrer zu trauern.» – «Außerdem schikaniert uns die Besatzungsmacht mit immer wieder neuen Maßnahmen. Sie legen die Autos all derjenigen still, die keine Steuern bezahlt haben, sie nehmen den Männern die Ausweise ab, dazu kommen die ständigen Ausgangssperren. Mit solchen Mitteln versuchen sie, uns das Leben zur Hölle zu machen. Die Leute brauchen Zeit, ihren Alltag unter solchen Bedingungen zu organisieren», sagt Hani.

«Es gibt keine Ruhe», meint Abu Saleh, «und es gibt kein Zurück. Vielleicht erscheint es ruhig. Es gibt immer Phasen des Auswertens und des Nachdenkens, in denen wir neue Antworten auf neue Maßnahmen der Besatzungsmacht überlegen müssen.» Abu Saleh hält das eher für ein Zeichen der Stärke des Aufstands. «Am Anfang mußten wir die Leute organisieren, die Ziele des Aufstands diskutieren. Aber inzwischen besteht Einigkeit über das, was wir wollen, bei allen. Die Leute sind organisiert. Komitees gibt es überall, und jeder weiß, was seine Aufgabe ist.»

*

«Es war nicht der Unfall am Kontrollpunkt Erez, der zum Aufstand führte. Es ist die Situation, in der wir leben: die Unterdrückung, der Terror, die Demütigungen und die Situation der Flüchtlinge.» Hanin, die an der islamischen Universität in Gaza studiert, hat schon lange damit gerechnet, daß die Leute irgendwann einmal explodieren. Der Aufstand hätte auch schon vor einem Jahr beginnen können, am Tag des Studentenaufstands in der Universität. «Der fand statt, als die Schiitenorganisation Amal die palästinensischen Flüchtlingslager im Libanon belagerte und sie aushungern wollte. Für uns gibt es keinen Unterschied zwischen ‹drinnen› und ‹draußen›, also zwischen Palästinensern in den besetzten Gebieten und Palästinensern im Exil. Als wir hörten, daß unsere Schwestern und Brüder Hunde und Katzen essen müssen, riefen wir zu einer Demonstration auf. Wir organisierten auch eine Pressekonferenz. Dann kamen Soldaten, verboten die Pressekonferenz, riegelten die Universität ab und warfen die anwesenden Journalisten hinaus. Viele Studenten wurden verhaftet, einer wurde später deportiert. Die Studenten beschlossen, den Israelis eine Lektion zu erteilen. Es ist schließlich unser gutes Recht, unsere Meinung zu sagen. Wir sind ja keine kleinen Kinder mehr, sondern junge Menschen. Die Jungen besorgten sich leere Flaschen und Steine, bedeckten ihre Gesichter mit der Kuffieh, dem ‹Palästinensertuch›, und errichteten Straßensperren aus brennenden Autoreifen auf den Straßen, die zur Universität führen. Sie warfen Steine auf die israelischen Soldaten, warfen Gasbomben und schossen. Unsere Universität hat zwei Abteilungen, eine für Jungen und eine für Mädchen – es ist ja eine islamische Universität. Wir öffneten den Jungen die Türen zur Mädchenabteilung, und die Jungen kamen in unseren Gebäudekomplex. Die Mädchen und Jungen arbeiteten Hand in Hand. Wir Mädchen schlugen Steine und reichten sie den Jungen zum Werfen. Irgendwann kam ein Vertreter der UNWRA und handelte über einen freien Abzug der Studenten aus. Wir lehnten ab, weil der Gouverneur nicht bereit war, uns irgendwelche Garantien für den Abzug zu geben. Die Universitätsleitung hatte inzwischen alle Moscheen im Gaza-Streifen informiert. Und über die Lautsprecher der Moscheen wurden die Leute aufgerufen, uns zu helfen: Helft euren Kindern in der islamischen Universität. Sie sind von israelischen Soldaten eingekesselt. In allen Städten, Dörfern und Flüchtlingslagern gingen die Leute auf die Straße und formierten sich zu Demonstrationen. Es kam zu Zusammenstößen mit der Armee. Um halb sieben erreichten die Demonstranten die Universität. Sie kamen aus allen Himmelsrichtungen. Es war die größte Demonstration im Gaza-Streifen seit 1967. Als sie die vielen Menschen kommen sahen, zogen sich die Soldaten zurück, und wir konnten endlich die Universität verlassen, in die wir seit mittags eingesperrt waren. Wir riefen Parolen wie ‹Israel wird uns nicht in die Knie zwingen› und ‹Flugzeuge können uns nicht einschüchtern›. Über uns kreiste nämlich ein Flugzeug, um zu beobachten, was passierte. Die Israelis hatten inzwischen so viel Soldaten geholt, als wollten sie ganz Libanon besetzen.

Am nächsten Tag verboten die Israelis die Tageszeitung *Al-Quds*, die in Ost-Jerusalem erscheint. Einer ihrer Korrespondenten war bei den Ereignissen dabeigewesen. Die Israelis hatten Angst, daß die Leute in der Westbank von den Ereignissen im Gaza-Streifen erfahren würden. Und sie hatten Angst, daß diese sich dann solidarisieren würden. Vielleicht hätte die Intifada dann damals schon begonnen.»

In den letzten Jahren vor der Intifada begann ein Prozeß der politischen Neuorientierung im Gaza-Streifen. Das Leben unter der Besatzung war immer unerträglicher geworden. Die Palästinenser fühlten sich von der Welt und von ihren arabischen Brüdern verraten und verlassen. Die PLO war durch den Libanon-Krieg und innere Zerreißproben geschwächt. Einige PLO-Führer begannen einen politischen Flirt mit den unter den Palästinensern in den besetzten Gebieten so verhaßten Regimen in Ägypten und Jordanien. Diplomatische Initiativen zur Beilegung des Nahost-Konflikts rückten in weite Ferne. Eine palästinensische Strategie zur Befreiung der Westbank und des Gaza-Streifens gab es nicht. Die von Jordanien und der PLO gemeinsam verwalteten «Standhaftigkeitsgelder», ein Fonds der arabischen Liga für Projekte in den besetzten Gebieten, kamen fast ausschließlich traditionellen Notablen zugute. Die palästinensische Linke antwortete auf die sich in dieser Situation ausbreitende Hoffnungslosigkeit mit der Forderung nach «Rückbesinnung auf die eigene Kraft» und «Aufbau von Graswurzelorganisationen». Das bedeutete keine Abkehr von der PLO, die auch weiterhin als die einzig legitime Vertreterin der Palästinenser galt, aber eine konkrete Strategie der Befreiung mußte von «innen» kommen.

Es begann das Nachdenken darüber, wie man die starke wirtschaftliche Abhängigkeit von Israel umgekehrt auch als Waffe gegen die Besatzungsmacht einsetzen könne. Streiks und gezielte Boykotte, der Aufbau von kleinen Hausindustrien und Kooperativen als Alternative zur israelischen Wirtschaftsdominanz wurden diskutiert. Die politische Organisierung des Volkes sollte Priorität, die Beteiligung der gesamten Bevölkerung am Widerstand nicht nur Symbolcharakter haben. Frauen und Gesundheitskomitees wurden gegründet, die Gewerkschaften wiederbelebt. Seit 1983 wurden in fast allen Flüchtlingslagern Komitees für Freiwilligenarbeit gegründet. Diese Komitees fegen Straßen, helfen den Lagerbewohnern, ihre Häuser zu reparieren, organisieren Vorträge über Hygiene und Nachhilfeunterricht für die Kinder.

Es ging solchen Selbsthilfegruppen in erste Linie um politische Bewußtseinsbildung bei den Lagerbewohnern. Sie sollten erkennen, daß auch Alltagsprobleme wie die fehlende Abfallbeseitigung etwas mit der Besatzung zu tun haben. Und sie sollten lernen, daß man seine Situation nur selber verbessern kann. Diese Lernprozesse waren eine wichtige Voraussetzung für die Intifada.

*

Wir sitzen in dem kleinen Büro von Abu Kemal. Abu Kemal ist Optiker. Von außen sieht sein Laden aus, als wäre er geschlossen. Die Eisentür ist angelehnt, es fällt kaum Licht hinein. Im hinteren Teil des Ladens ist eine Zwischendecke gezogen. Über eine Leiter gelangt man in das kleine Büro. Man muß sich ducken, sonst stößt man mit dem Kopf an die Decke.

Aber Abu Kemal ist nicht nur Optiker, er koordiniert auch die Arbeit verschiedener Volkskomitees. Während wir in seinem kleinen Büro sitzen und Kaffee trinken, hütet ein Angestellter den Laden. Ein alter Mann mit Bartstoppeln im Gesicht guckt durch die Bodenluke und verlangt nach Abu Kemal. Sie verschwinden, tuscheln, dann lädt Abu Kemal den Alten ein, mit uns Kaffee zu trinken. Der Alte betrachtet uns mißtrauisch. Erst als Abu Kemal beteuert, daß wir gute Freunde von ihm seien, ist er bereit, über seine Arbeit in der Intifada zu sprechen. «Es gibt viele arme Leute bei uns, Witwen zum Beispiel oder die Familien der Arbeiter, die in Israel arbeiten. Denen geht es jetzt schlecht. Wir gehen zu ihnen nach Hause, damit sie nicht das Gefühl haben, betteln zu müssen. Wir wissen genau, wem es schlecht geht. Denen schicken wir Lebensmittel ins Haus, ohne daß sie darum bitten müssen und ohne daß irgend jemand davon erfährt. Wir arbeiten heimlich.»

Wir fragen ihn, woher er die Lebensmittel bekomme. «Bei Gott. Das weiß ich nicht, und das will ich auch gar nicht wissen. Ich weiß, daß es meine Aufgabe ist, die Sachen zu verteilen. Bei unserer Arbeit ist es nicht gut, viel zu fragen. Ich mach das für die Komitees. Die wissen ja gar nicht so genau, wer was braucht. Es gibt bei uns Komitees für Politik, fürs Essen und für die Gesundheit, jeder hat sich auf irgend etwas spezialisiert. Ich zum Beispiel muß wissen, wer was braucht. Mit den politischen Komitees hab ich nichts zu tun.»

Abu Kemal kennt den alten Mann schon lange. Er weiß, daß er in seiner Nachbarschaft anerkannt ist, daß die Leute ihn für ehrlich halten und er immer wieder von seinen Nachbarn eingeladen wird, wenn es irgendwo Zwistigkeiten zu schlichten gilt. Deswegen hat er ihn gefragt, ob er bereit sei, in seiner Straße die Lebensmittelversorgung zu übernehmen. Die Lebensmittel müssen heimlich verteilt werden, denn selbst für karitative Aktivitäten ist eine Genehmigung der Besatzungsmacht nötig. Der Verantwortliche in dem zuständigen Versorgungskomitee stellt die Lebensmittel an einem vereinbarten Treffpunkt ab, in diesem Fall eine alte Garage, wo der Alte sie abholt. Er weiß nicht, woher die Waren kommen, wer sie bringt, wer im Komitee ist. Er kennt nur seinen Kontaktmann, und er ist zufrieden, daß auch er seine Rolle in der Intifada hat. «Er ist sehr arm», erzählt Abu Kemal. «Deswegen hab ich ihm einmal eine Lebensmittelration mehr schicken lassen, als er angefordert hat und ihm gesagt, die sei für ihn. Er hat mit der Begründung abgelehnt, es gäbe ärmere Leute als ihn.»

Abu Kemal erklärt uns das System der Volkskomitees. «Es gibt ein ganzes Netz von Komitees. Die Flüchtlingslager beispielsweise sind unterteilt in Blöcke: Block A, Block B, Block C. In jedem dieser Blöcke gibt es ein Komitee. Die Komitees stehen untereinander in Verbindung. In den Stadtteilen und Straßen ist es genauso. Es gibt eine enge Zusammenarbeit zwischen den Komitees auf politischem Gebiet, in der Gesundheitsvorsorge bis hin zu Sicherheitsfragen. Es gibt keine Polizei mehr im Gaza-Streifen. Deswegen haben die Komitees Sicherheitsaufgaben übernommen. Sie verfolgen Diebe, bestrafen sie und regeln in vielen Fällen selbst den Verkehr. Sie bemühen sich, jeden entsprechend seinen Erfahrungen in die Arbeit mit einzubeziehen. Die Volkskomitees sind inzwischen so etwas wie ein alternatives Dienstleistungsunternehmen. Es gibt Ausschüsse, die sich um Verwundete kümmern – noch neben den Ärztekomitees. Sie besorgen ihnen Medizin, kümmern sich darum, daß sie die notwendige ärztliche Behandlung erhalten und sorgen dafür, daß die Kosten dafür irgendwie gedeckt werden. Es gibt Ausschüsse, die sich um die Verhafteten kümmern. Sie unterstützen die Familien, verfolgen die betreffenden Fälle, setzen sich mit Menschenrechtsorganisationen in Verbindung und publizieren die Fälle. Je mehr sich die Komitees entwickeln und je mehr Erfahrung sie sammeln, um so stärker werden sie zu einer alternativen Macht, einer Alternative zur Besatzung.

*

Wir sind mit dem Auto auf den Weg zu einem Vertreter des Händlerkomitees. Die Straßen, die wir durchfahren, sind ruhig, fast schon zu ruhig. An einer Ecke stehen einige Jugendliche scheinbar gelangweilt, einige halten einen Stein in der Hand. Vor uns taucht aus einer Seitenstraße ein dunkelblauer Peugeot mit Zivilisten auf, der Wagen trägt die schwarzen Nummernschilder der israelischen Armeefahrzeuge. «Geheimdienst», meint Abu Saleh. Plötzlich fliegt ein Stein gegen das Seitenfenster des Peugeot. Aber niemand ist zu sehen.

Wir kommen in eines der besseren Viertel von Gaza City. Abu Saleh deutet auf ein paar einstöckige Baracken und schwarze Zelte, die durch Bäume zu sehen sind. «Das ist Ansar II.» Mitten in einem Wohngebiet zwischen Villen und Mittelmeer liegt das Gefangenenlager. Auf einem leeren Grundstück gegenüber von dem mit Stacheldraht und Wachttürmen abgesicherten Gefängnisgelände sitzen einige ältere Frauen und warten. Sie haben Plastiktüten mit Lebensmitteln für ihre Söhne, Ehemänner, Brüder oder Neffen dabei. Aber sie dürfen nicht in das Lager.

Wir biegen in eine Seitenstraße. Hinter hohen Steinmauern stehen zwischen Obstbäumen und eingerahmt von saftiggrünen Rasenflächen zweigeschossige Villen. Die Straßen sind sauber, nirgends sind die üblichen Reste von abgebrannten Gummireifen zu sehen. Der Aufstand scheint an dieser Gegend vorbeigegangen zu sein. Wir halten vor einer schweren Eisentür und klingeln. Ein großgewachsener, schlanker Mann, so um die Vierzig, im grauen Nadelstreifenanzug, öffnet. Als er Abu Saleh sieht, bittet er uns einzutreten. Er führt uns in ein Empfangszimmer für Gäste und bietet uns amerikanische Zigaretten an.

Abu Nabil ist einer der Gründer des Händlerkomitees. «Die Händler sind ein Teil dieser Gesellschaft. Sie leiden wie alle anderen unter der Besatzung. Ihre Beteiligung am Aufstand übertraf all unsere Erwartungen. Aus Solidarität mit dem Aufstand schlossen sie ihre Läden, als die politische Führung sie dazu aufforderte. Die Besatzungsmacht versuchte, die Läden mit Gewalt zu öffnen, und sie versuchte, sie mit Gewalt zu schließen, wenn sie geöffnet hatten. Dann lud der Militärgouverneur eine Gruppe von Händlern zu sich ein, um sie zu zwingen, die Läden zu öffnen. Sie lehnten ab. Daraufhin ließ die Besatzungsmacht Läden zuschweißen und legte den Besitzern Bußgelder auf. Aber die Händler ließen sich nicht einschüchtern. Wir hätten unsere Läden lieber abgebrannt, als die Beschlüsse der politischen Führung des Aufstands zu mißachten. Dann versuchte die Besatzungsmacht eine Körperschaft zu bilden, die angeblich die Händler repräsentierte. Aber auch das scheiterte. Wir bildeten darauf das Händlerkomitee mit all seinen Untergliederungen, weil wir meinten, es sei notwendig, den Maßnahmen der Besatzungsmacht in organisierter Form entgegenzutreten. Die Militärverwaltung drohte uns, die Läden für immer zu schließen. Sie drohten uns, daß wir selbst dann Steuern bezahlen müßten, wenn wir nicht arbeiteten. Inzwischen reagiert die Besatzungsmacht geradezu hysterisch. Sie stürmt die Märkte, schlägt Ladenbesitzer und Kunden zusammen, schmeißt die Waren auf den Boden und fährt mit Jeeps darüber. Das passiert tagtäglich. Aber die Verkäufer öffnen die Märkte eben an anderen Plätzen. Das ist ihre Antwort.»

Im Gaza-Streifen ist ein regelrechter Krieg um die Ladenöffnungszeiten entbrannt. Die nationale Führung hat die Ladenöffnungszeiten auf acht bis elf Uhr festgelegt, die Besatzungsmacht befiehlt, die Läden sollen zwischen zwei und fünf Uhr öffnen. Zwischen acht und elf Uhr werden die Besitzer mit Gewalt zum Schließen und zwischen zwei und fünf Uhr mit Gewalt zum Öffnen gezwungen. Aber es geht gar nicht um die Ladenöffnungszeiten. Es geht darum zu beweisen, wer die Macht hat und wessen Anordnungen befolgt werden. «Man kann sagen, daß es heute so etwas wie zwei Regierungen bei uns gibt», erklärt uns Abu Nabil. «Eine palästinensische Regierung und die Besatzungsmacht. Wenn wir unsere Läden zu den Zeiten öffnen, die die nationale Führung beschließt, so ist das unser Votum für die palästinensische Regierung.»

Inzwischen sind die meisten Läden ganz geschlossen – Dauerstreik aus Protest gegen die israelischen Maßnahmen. Die einzigen Ausnahmen bilden Apotheker, Bäckereien und Arztpraxen. Andere Geschäfte werden bei den Händlern zu Hause abgewickelt. Die Frauen kennen die Händler in ihrem Viertel und kaufen bei ihnen im Wohnzimmer. Droht den Händlern nicht durch den Aufstand der Bankrott? «Genau das gleiche hat uns der Militärgouverneur auch gefragt. Aber wir haben ihm geantwortet: Es geht hier um mehr als um die Frage eines Bankrotts. Es geht um unsere Zukunft, unsere Unabhängigkeit und unsere Freiheit. Und was bedeuten schon geschäftliche Verluste, wenn andere in diesem Kampf ihr Leben verlieren. Natürlich machen wir Verluste. Nicht nur wegen des Streiks. Die Leute kaufen ja nur noch das Allernotwendigste.»

Nach Ansicht Abu Nabils war es die Steuerpolitik der Besatzung, die die Händler schon vor dem Aufstand in den Ruin trieb. Entgegen den Bestimmungen der Genfer Konvention über die Behandlung von besetzten Gebieten, wonach vorhandene Steuer- und Rechtssysteme von einer Besatzungsmacht nicht geändert werden dürfen, haben die Israelis in der Westbank und im Gaza-Streifen eine fünfundzwanzigprozentige Profitsteuer, eine fünfzehnprozentige Einkommensteuer und eine fünfzehnprozentige Mehrwertsteuer neu eingeführt. Hinzu kommen alle möglichen Gebühren für Ex- und Importlizenzen. Allein an indirekten Steuern fließen pro Jahr 53 Millionen Dollar in die israelische Staatskasse, während der Haushalt der Zivilverwaltung im Gaza-Streifen nur mit 17 Millionen Dollar subventioniert wird. Bei der Eintreibung der Steuern bedient sich die Besatzungsmacht Methoden, die Abu Nabil «unkultiviert» nennt. «Wenn ein Händler die Steuersumme nicht aufbringen kann, stürmen Soldaten seinen Laden und seine Wohnung und beschlagnahmen alles. Sie dringen selbst ins Schlafzimmer ein, um den Goldschmuck der Ehefrau, Fernsehapparate und Telefone zu beschlagnahmen.»

Die Händler spielen eine Schlüsselrolle bei der Vorbereitung des angestrebten zivilen Ungehorsams, zum Beispiel beim Boykott israelischer Waren. Das ist nicht einfach, da bisher alles, selbst Lebensmittel, aus Israel importiert wurde. Die Händler bemühen sich, Grundnahrungsmittel und Waren des täglichen Bedarfs aus anderen Quellen, zum Beispiel aus der Westbank, von den Golan-Höhen oder von den in Israel lebenden Palästinensern zu beschaffen. «Getränke beispielsweise wurden früher fast ausschließlich aus Israel importiert. Inzwischen versuchen wir, unseren Bedarf aus den drei Saftfabriken in der Westbank und im Gaza-Streifen zu decken. Die Händler, die früher gute Geschäftsbeziehungen zu israelischen Firmen hatten, schämen sich heute, israelische Waren zu importieren. Heute bemühen sich alle, Händler wie auch Kunden, auf arabische Produkte zurückzugreifen.»

*

Abu Saleh hat versprochen, uns mit einem Sprecher der sogenannten vereinigten nationalen Führung des Aufstands bekannt zu machen. Er ist ein guter Freund von ihm. Wir treffen ihn eines Nachmittags kurz vor unserer Abfahrt bei Abu Saleh zu Hause.

Der Aufstand sei von niemandem geplant gewesen, weder von der PLO noch von den politischen Führern im Gaza-Streifen. Allerdings sei die Situation schon seit Monaten explosiv gewesen. Er erzählt uns von dem fünfzehnjährigen Sohn eines Freundes, der eine fünfjährige Gefängnisstrafe absitzt. Er hatte ein Jahr vor dem Aufstand mit ein paar Freunden Molotow-Cocktails gebastelt und sie auf eine israelische Militärpatrouille geworfen, ohne daß ihm jemand das befohlen habe, ohne daß jemand von seinem Vorhaben wußte. Er gehörte keiner politischen Organisation an. Und er war keine Ausnahme.

Die Leute verloren langsam die Geduld. Die PLO war mit sich selbst beschäftigt. Die arabischen Länder versuchten, ihre Differenzen mit Israel ohne PLO und ohne Palästinenser beizulegen, und Syrien führte einen Krieg gegen die Palästinenserlager im Libanon. Hilfe von außen war nicht zu erwarten.

Trotzdem rechnete niemand mit einem Volksaufstand. Die ersten Demonstrationen nach dem Unfall vom 8. Dezember waren nicht mehr als ein Protest gegen die Praktiken der Besatzungsmacht. Aber diese Protestbewegung war anders als frühere Proteste. Im ganzen Gaza-Streifen gingen die Menschen auf die Straße, in den Flüchtlingslagern, in den Dörfern, in Gaza City. Jeden Tag kam es zu neuen Demonstrationen. Und noch etwas war neu: Die Menschen schienen vor nichts mehr Angst zu haben. Im Gegenteil – jedes Opfer zog neue Demonstrationen nach sich. «Irgendwann kamen wir zu dem Schluß, daß Forderungen nach Verbesserung der Lebensqualität oder Abschaffung der Steuern, wie wir sie früher immer aufgestellt hatten, dieser neuen Qualität und der Opferbereitschaft der Leute nicht mehr angemessen waren. Und so begannen wir, politische Forderungen zu entwickeln: Ende der Besatzung, Abhaltung einer internationalen Nahost-Konferenz und die Errichtung eines unabhängigen palästinensischen Staates.» Die Protestbewegung begann sich zu einem Aufstand zu entwickeln, an dem sich die ganze Bevölkerung beteiligte. Es wurde notwendig, diese Bewegung zu organisieren. Überall entstanden Volkskomitees. Es gab aber noch ein zweites Problem. «Am Anfang war die Koordination zwischen den politischen Organisationen hier am Ort ungenügend. Die Einheit ist jedoch die Voraussetzung für den Erfolg des Aufstands. Eine Woche nach dem Unfall am Kontrollpunkt Erez begannen die verschiedenen politischen Kräfte, Kontakt aufzunehmen. Sie bildeten dann das, was man heute die ‹vereinigte nationale Führung› des Aufstands nennt.»

Diese nationale Führung versteht sich nicht als Konkurrenz zur PLO, sondern als verlängerter Arm der PLO in den besetzten Gebieten. Sie ist «ein verkleinertes Abbild» der PLO, wie unser Gesprächspartner meint. Das Programm und die politische Zusammensetzung sind die gleichen. Der vereinigten Führung gehören die wichtigsten PLO-Organisationen, nämlich Al-Fatah, die Demokratische und die Volksfront sowie die palästinensische Kommunistische Partei an, also alles Organisationen, die auch in der PLO vertreten sind. Es gibt auch gute Kontakte zur Jihad Islami, die zwar nicht in allen Punkten mit den anderen Organisationen der nationalen Führung übereinstimmt, aber man hat sich auf ein Minimalprogramm geeinigt.

Trotzdem ist das Verhältnis zur PLO-Führung nicht ohne Probleme. Versuche von Teilen der PLO-Spitze, politische Kompromisse mit Jordanien und Ägypten zu bekommen, stoßen in den besetzten Gebieten auf wenig Gegenliebe. Alle, mit denen wir sprachen, bekennen sich zur PLO. Die PLO verkörpert für sie die Einheit ihres Volkes, ihre Identität. Das bedeutet jedoch nicht, daß sie jeden politischen Schachzug einzelner Repräsentanten gutheißen.

Für die drei Husseins im Schati-Camp war die Antwort auf die Frage, was die PLO für sie bedeute, ganz klar: «Wir alle sind die PLO.» Und Umm Hussein meinte: «Ich hör auf die PLO, aber Personen sind dabei nicht wichtig. Und wenn wir unseren unabhängigen Staat haben, wollen wir zuerst einmal freie Wahlen.»

«Es gibt Probleme in der Koordination und im täglichen Umgang mit den Menschen», meint der Freund von Abu Saleh. «Die Kräfte, die außen am meisten Einfluß haben, behandeln die Massen oft von oben herab und gehen an den Bedingungen, unter denen wir kämpfen, vorbei. Wir dagegen zwingen den Menschen nichts auf. Zu Beginn des Aufstands waren die einfachen Leute sogar weiter als die politischen Organisationen. Es waren die Organisationen, die hinter den Leuten hergelaufen sind. Aber das sind keine prinzipiellen Differenzen. Weder wir sind ein Ersatz für die PLO noch ist die PLO ein Ersatz für die vereinigte Führung.»

Die Komitees stehen in ständigem Kontakt zu den Leuten in ihrem Stadtteil, diskutieren mit ihnen über die nächsten Schritte und versuchen die Meinung der Leute in Erfahrung zu bringen. «Der Aufstand hat ein neues Gleichgewicht zwischen ‹außen› und ‹innen› geschaffen. Der Hauptschauplatz dcs palästinensischen Kampfes sind die besetzten Gebiete. Vorher war das anders. Früher lag die Priorität auf dem bewaffneten Kampf und der Hauptschauplatz war ‹draußen›. In der Intifada kommt der politischen Arbeit die entscheidende Bedeutung zu.»

Die nationale Führung strebt eine Kampagne des zivilen Ungehorsams an, was natürlich wegen der großen Abhängigkeit der besetzten Gebiete von der israelischen Wirtschaft einer langfristigen Vorbereitung bedarf. Ziviler Ungehorsam bedeutet, der Besatzungsarmee alle zivilen Institutionen aus der Hand zu nehmen, die die Fortsetzung der Besatzung noch irgendwie rechtfertigen könnten. Der Rücktritt der von den Israelis eingesetzten Gemeinderäte, Steuer- und Zollbeamten waren erste Schritte. Ziviler Ungehorsam bedeutet, alle Gesetze und Anordnungen der Besatzungsmacht zu mißachten. Die Volks-, Händler-, Gesundheits- und andere Komitees sind palästinensische Macht- und Dienstleistungsinstitutionen, die das entstandene Vakuum füllen sollen.

Ziviler Ungehorsam bedeutet auch die wirtschaftliche Abnabelung von der Besatzung. Israelische Waren werden boykottiert, Arbeitsverhältnisse in israelischen Fabriken und auf Plantagen gekündigt, Steuern, Einfuhrzölle und andere Gebühren nicht mehr bezahlt. Statt dessen hat die nationale Führung dazu aufgerufen, Kooperativen zu gründen und keinen Quadratmeter palästinensischen Bodens unbebaut zu lassen.

Für die Palästinenser ist ziviler Ungehorsam keine Alternative zu Steinen und Molotow-Cocktails. Er ist viel mehr: die totale Befehlsverweigerung eines ganzen Volkes. Die Besatzung soll vor der Weltöffentlichkeit erscheinen, was sie ist, eine fremde Armee, die ein anderes Volk mit militärischer Gewalt an der Ausübung seines Rechts auf Selbstbestimmung hindert.

Schon jetzt hat die Intifada viel erreicht, meint unser Gesprächspartner. «Das Selbstbewußtsein der Menschen ist enorm gestiegen. Sie sind heute davon überzeugt, daß sie siegen können. Außerdem gibt es erste Erfolge. Wir haben den reaktionären arabischen Regimen die Initiative aus der Hand nehmen können. Heute kann kein arabisches Regime mehr den Willen des palästinensischen Volkes übergehen. Die ganze Welt kennt das palästinensische Problem und weiß, daß eine Lösung gefunden werden muß. Die Intifada hat die israelische Gesellschaft selber gespalten und in Israel eine landesweite Diskussion über die Zukunft der besetzten Gebiete provoziert. Das alles sind Entwicklungen, die unseren Kampf um unsere Unabhängigkeit und einen eigenen Staat erleichtern.»

*

Eine Gruppe von Palästinensern aus einem arabischen Dorf ist heute nach Gaza gekommen, um Lebensmittel und Geldspenden zu überreichen – ihre Unterstützung für die Intifada. Sie haben noch zwei Plätze frei und sind bereit, uns wieder zurück nach Israel zu nehmen. Sie sind zu dritt. Der Bürgermeister des Ortes, der Fahrer und ein junger Lehrer aus Haifa. Wir verabschieden uns von unseren Freunden, steigen in den Kleinlaster und fahren in Richtung Erez, der Grenze zwischen dem Gaza-Streifen und Israel. Es ist nicht das erste Mal, daß die drei mit Lebensmittel- und Geldspenden nach Gaza kommen. Stolz erzählen sie, daß jede Familie in ihrem Dorf so viel für die Intifada gibt, wie sie kann. «Die meisten sagen, die Hälfte ist für uns und die andere Hälfte für unsere Brüder im Gaza-Streifen», erzählt der Bürgermeister.

In jedem palästinensischen Dorf in Israel gibt es Solidaritätskomitees für die Intifada. Selbst die Frauen auf den von Israel besetzten syrischen Golan-Höhen haben zentnerweise Brot gebacken, um es während der Belagerung der Flüchtlingslager in den Gaza-Streifen zu schicken. Es ist mehrfach vorgekommen, daß israelische Soldaten, die Transporte anhielten, die Lebensmittel auf die Straße kippten und vernichteten. «Wir sind zum Glück noch nie kontrolliert worden», sagt der Bürgermeister. «Aber wenn uns die Soldaten einmal fragen sollten, was wir mit den ganzen Lebensmitteln vorhaben, werden wir ihnen ganz offen sagen, daß das für unsere Brüder im Gaza-Streifen ist. Wir sind ein Volk. Deswegen unterstützen die Palästinenser in Israel die Intifada so gut sie können.»

Hat sich für sie etwas durch den Aufstand geändert? Der Lehrer antwortet: «Wir sind endlich aufgewacht. Wir sind nicht länger bereit, alles zu erdulden. Wir haben jetzt mehr Achtung vor unseren Brüdern, die sich gegen die Besatzung erhoben haben, und wir haben mehr Achtung vor uns selber, die wir Teil dieses Volkes sind. Wir können endlich wieder mit erhobenem Kopf gehen.»

Literatur

AL HAQ – LAW IN THE SERVICE OF MAN: Dahriyyeh: Centre For Punishment, Ramallah, Mai 1988

AL HAQ – LAW IN THE SERVICE OF MAN: Twenty Years Of Israeli Occupation of the West Bank and Gaza

AMNESTY INTERNATIONAL: Israel and the Occupied Territories. Deliberate Misuse of Teargas, London, Juni 1988

AMNESTY INTERNATIONAL: Israel and the Occupied Territories. The Use of Live-Ammunition by Mambers of the Israel Defence Force, London 1988

ANTONIUS, SORAYA: Fighting on two Fronts: Conversations With Palestinian Women, aus: Journal of Palestinian Studies, Spring 1979

AL-QUASIM, ADONIS, DARWISH: Victims of a Map, a Bilingual Anthology of Arab Poetry, London 1984

BAHIRI, SINCHA: Industrialization in the West Bank and Gaza, Jerusalem 1987

BENVENISTI: Bilan économique et social des Territoires occupés en 1986, in: Pour la Palestine, 4. Quartal 1987

BRAUCH, HANS-GÜNTER: Der chemische Alptraum, Bonn 1982

BRÖNNER, WOLFRAM: Der Nahostkonflikt und die Palästinafrage, Frankfurt 1979

BSEISSO, MUIN: Palästinensische Hefte, Hanau 1979

COSSALI, ROBSON: Stateless in Gaza, London 1986

HOLLSTEIN, WALTER: Kein Frieden um Israel, Frankfurt 1972

INTERNATIONAL COORDINATING COMITTEE FOR NGO'S ON THE QUESTION OF PALESTINE: Health and the Palestinian Uprising, N° 4 / 1988

KAHAN, DAVID: Agriculture and Water Resources in the West Bank and Gaza, the West Bank Data Base Project, Jerusalem 1987

LEBRECHT, HANS: Die Palästinenser, Frankfurt 1982

LÖHR, MAX: Volksleben im Land der Bibel, Leipzig 1907

METZGER, ORTH, STERZING: Das ist unser Land, Bornheim 1980

ÖKOINSTITUT FREIBURG: Reizkampfstoff CS, Ökobericht Nr. 22, Freiburg 1982

PAECH, NORMAN: Besatzungsrecht in Palästina, Bericht für die Vereinigung Demokratischer Juristinnen und Juristen, Februar 1988

ROCKWELL, SUSAN: Palestinian Women Workers in the Israel Occupied Gaza-Strip, in: Journal of Palestine Studies, Winter 1985

ROY, SARA: The Gaza-Strip – A Case of Economic De-Development, in: Journal of Palestine Studies, Autumn 1987

ROY, SARA: The Gaza-Strip Survey, Jerusalem 1986

SAYIGH, ROSEMARY: Encounters with Palestinian Women under Occupation, in: Journal of Palestinian Studies, Summer 1981

SAYIGH, ROSEMARY: Palestinians: From Peasants to Revolutionaries, London 1979

SEMYONOV, MOSHE, und LEWIN-EPSTEIN, NOAH: Hewers of Wood and Drawers of Water, Noncitizen Arabs in the Israeli Labor Market. Cornell International Industrial and Labor Relations Report Number 13, Ithaca 1987

Turki, Fawaz: The Future of a Past, Fragments of the Palestinian Dream, aus: Journal of Palestinian Studies, Spring 1972
Watz, Zschiesche: Die Erde habt ihr uns genommen, Berlin 1986

Fotohinweise

zu S. 11:	Flüchtlingslager Kalendiya bei Ramallah, Soldatenwache am Haupteingang (Foto: Regina Bermes / Laif)
zu S. 27:	(Privatfoto)
zu S. 47:	(Privatfoto)
zu S. 69:	Flüchtlingslager (Foto: Regina Bermes / Laif)
zu S. 93:	Flüchtlingslager (Foto: Regina Bermes / Laif)
zu S. 127:	Eine Demonstration sechs- bis zwölfjähriger Kinder nimmt das Militär zum Anlaß, Hausdurchsuchungen vorzunehmen und die Bewohner zu verhören (Foto: Immo Erman / Laif)
zu S. 137:	Ein verletzter junger Palästinenser wird von seinen Freunden nach Hause getragen, nachdem er in einem leerstehenden Gebäude von israelischen Soldaten bewußtlos geschlagen wurde. (Foto: Immo Erman / Laif)
zu S. 155:	Israelische Soldaten schießen mit Tränengas auf demonstrierende Jugendliche (Foto: Immo Erman / Laif)
zu S. 171:	Nablus: Nach einer Demonstration im Anschluß an das Freitaggebet gehen die Kämpfe auf den Straßen weiter (Foto: Immo Erman / Laif)